興亡の世界史

地中海世界とローマ帝国

本村凌二

講談社学術文庫

目次

ローマ帝国の版図と主な史蹟

ローマ帝国は、トラヤヌス帝の時代（98～117年）に度重なる遠征によって最大の版図を実現した。戦勝記念碑に描かれたダキア戦争によって黒海西岸のダキア地方（ほぼ現在のルーマニアにあたる地域）を征服。さらに東征してパルティア王国を破りアルメニア、メソポタミアも属州とした。これにより北はブリタニア北部（現在のスコットランドとの境界付近）、南はアフリカの地中海沿岸、東はカスピ海に至る広大な地域を支配した。

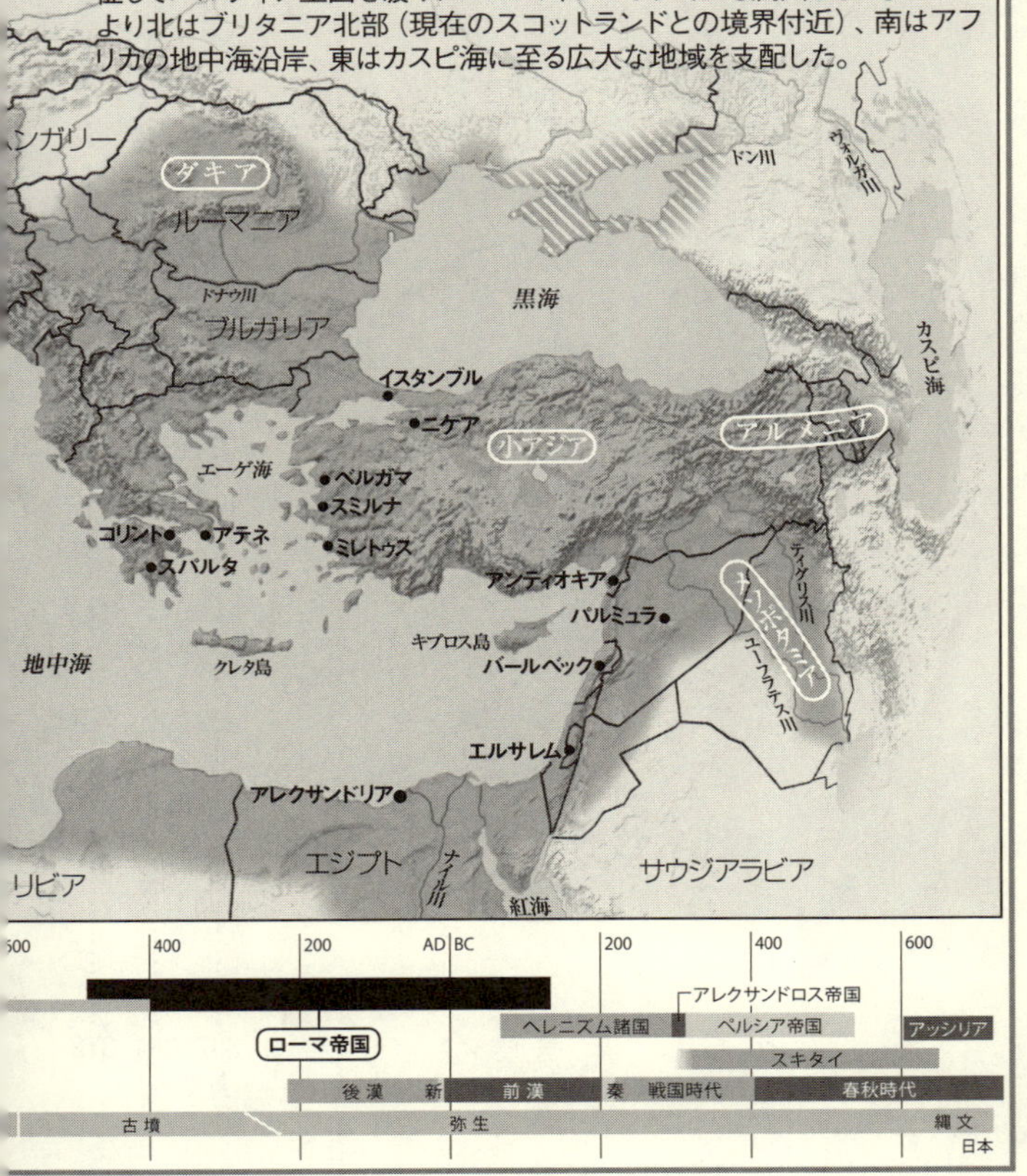

北海
ハドリアヌスの長城
ヨーク
ブリタニア
チェスター
コルチェスター
バース
テムズ川
ロンドン
エルベ川
ケルン
ライン川
ゲルマニア
トリアー
セーヌ川
ランス
パリ
ウィーン
ロワール川
ガリア
リヨン
ミラノ
ヴェローナ
ニーム
オランジュ
アルル
ラヴェンナ
ローヌ川
ピレネー山脈
エブロ川
ポンペイ
カプア
ローマ
セゴヴィア
バルセロナ
クマエ
ナポリ
ヒスパニア
パエストゥム
タレントゥム
メリダ
シチリア島
カルタゴ
マラガ
シラクサ
チュニス
トゥガ
ティムガド
チュニジア
モロッコ
アルジェリア
レプティス・マグナ
117年、トラヤヌス帝時代のローマ帝国最大版図
ローマ帝国の主な史蹟が残る都市
古代地域名
※ 地形、国境線、国名、都市名は現在のもの
2000
1800
1600
1400
1200
1000
800
アメリカ合衆国
大英帝国
東ローマ帝国
ロシア帝国
オスマン帝国
モンゴル帝国
イスラーム帝国
清
明
唐
江戸
戦国
室町
鎌倉
平安
奈良

地図・図版作成
ジェイ・マップ
さくら工芸社

興亡の世界史

地中海世界とローマ帝国

まえがき

医学と修辞学のはざまで

歴史学は医学の兄弟として生まれたという。たしかに歴史学の父ヘロドトスと医学の父ヒポクラテスは前五世紀のギリシア人だった。どちらも過ぎ去った事象から多くを学習している。歴史家は昔の出来事に思いをはせるのだが、医者はかつては生きていた人間の死体の解剖から判断の材料をひきだすのだ。

しかし、歴史学と医学の間には大きな溝がある。なによりも医学には急がなければならない要請がある。目の前にいて苦痛にあえぐ患者には余裕がないのだ。だから、医者は病状を判断し正確に説明し適切な措置をほどこさなければならない。このような医学にはまずもって正確さが求められていることになる。

これに比べれば、歴史学にはそれほど緊急に要請されることはない。たとえば昨今しばしば話題となる「憲法九条」の問題について考えてみよう。たしかに人類の歴史は紛争解決の手段として戦争に訴えることの愚劣さを教えてくれるし、その事例に事欠くことはないだろう。「戦争の放棄」はもはや選択の余地などないとさえ言っていい。だが、「自衛力の放棄」まで固持すべきかどうか。それはじっくり歴史、つまり人類の経験をふりかえって考えるべきことだろう。そうすれば、この国というもの、あるいは故国という形がかけがえもなく大切なものであるかどうかという問題にさえつきあたってくる。

そのとき歴史学はもう一人の兄弟を見出すのである。それはこの事態をどう説明するかにかかってくる。なるほど患者個人が相手なら緊急で正確な判断が求められる。だが、現実の社会を生きる多勢の人々であれば、人類の経験と世界の情況を考慮しながら、将来に悔いのない判断をくださなければならない。

そのとき、もし人々が歴史家の言葉に耳をかたむけてくれるなら、歴史家には説得の才覚がなければならない。だから、歴史学にはもう一人の兄弟がいるはずである。それこそが修辞学であるのだ。だから、二〇世紀を代表する古代史家の一人であるモミリアーノは「歴史学は医学と修辞学のはざまで生まれた」と語っている。

人類の経験のすべてがつまったローマ史

この「興亡の世界史」シリーズのなかでも、ローマ帝国はもっとも関心の深い国家であり、あるいは文明であるとまで言えるかもしれない。戦後日本を代表する知識人であった政治思想史家の丸山真男は、ある対談のなかで「ローマ帝国の歴史には人類の経験のすべてがつまっている」と語っているほどである。

紀元前八世紀半ばに生まれた小さな村落がほどなく都市国家となり、やがて近隣諸国を併合してイタリアの覇者となった。それにとどまらず、西地中海域にも東地中海域にも勢力をのばし、前二世紀半ばにはもはや地中海世界に並ぶもののない世界帝国へと変貌していたのである。いかにしてこのような興隆がありえたのだろうか。それは同時代の古代人にとっても、とてつもない驚異であったらしい。

それだけではなく、それほどの大いなる覇権が数世紀にわたって維持され、「ローマの平和」Pax Romanaのなかで安寧（あんねい）と繁栄がつづいたのである。これに比せられるかどうかは別にして、二〇世紀に生まれた社会主義国家のソ連はわずか七〇年ほどで同世紀のなかで姿を消してしまった。「自由」を標榜（ひょうぼう）したローマ人は数百年間もその勢力を保持したのであるが、「平等」をかかげた社会主義国家はわずか数十年で崩壊してしまった。ここには「自由」と「平等」に思いをはせながら、人類の行く末を案じるための素材が満ちあふれていると言ってもいいだろう。いわば古代史と現代史との対話でもあるのだ。

それにもかかわらず、あれほどにも平和と繁栄をきわめたローマ帝国ですら衰退をまぬがれなかった。古代末期をめぐる昨今の議論は世界史の再考をせまるものであるが、少なくともローマは国家の姿あるいは文明の形を変貌させずには生き残れなかったのである。この一二〇〇年におよぶローマ人の興亡史のなかで、人類はいかなる体験をしたのだろうか。もとより、このローマ史の長大な経緯について、わずか三〇〇頁あまりで語れるものではない。読者を説得するはおろか、言及すらままならない出来事も少なくない。なにを取捨選択するかも筆をとって叙述する者の意図や嗜好にかかっている。だが、その点について弁解すべきではないだろう。

日本人が気になるその興隆と衰退

この二一世紀になって、ローマ史に興味をいだく人は少なくないらしい。作家の塩野七生さんの『ローマ人の物語』全一五巻が広く読まれている背景には、現代日本がかかえている課題がひそんでいるかもしれない。

戦後七〇年以上がすぎて、日本人はさまざまな体験をした。その記憶をたどれば、敗戦の苦境から立ちあがり、高度成長の波にのり、やがてバブル経済の崩壊を体験してきた。今またグローバル世界のなかで国際競争力が低迷し、未来の兆しはいっこうに明るくない。

それとともに、幕末維新期以来、欧米列強に追いつけ追い越せでやってきたが、第二次大戦で大きな挫折をしてしまった。その後もふたたび欧米に追いつき追い越せで働きまくり、昭和末期にはまるで世界の頂点にまでのぼりつめたかのようだった。だが、平和こそ維持されてきたものの、その繁栄はバブルのように消え去ってしまったのである。

われわれ日本人が欧米社会を模範としてきたとき、二度も挫折したことになる。そこから、それに代わるモデルとして浮上したのが古代ローマ史ではなかっただろうか。そこには興隆も衰退もあり、戦争も平和もあり、苦難も繁栄もあった。これほど起承転結にあふれる完結した歴史世界がありえただろうか。そんな感慨をいだきつつ過去をふりかえるとき、やはりローマ帝国の興亡史はことさら気になる題材として身近にせまってくるのだろうか。

でも、たんなる書き手としては、それほど深刻に考えこまなくてもいいような気がしないでもない。ともあれ、ひとときの座興にでも、ローマ人をめぐる歴史叙述を楽しんでいただければ、歴史家としてこれにすぎる幸せはない。

第一章　前一四六年の地中海世界

カルタゴ炎上

強敵滅亡を目前に祖国の命運を憂える

男のまなざしには意志がひそんでいた。高貴な顔つきは力づよくもあり、身体のすみずみにまで重々しさがただよっていた。のちの世の大雄弁家キケロでさえ「永遠の生命は別にして、人間が望むはずのもののなかで、彼の手に入らなかったものがあるだろうか」と感嘆したくなるほどの人物だった。まだ四〇歳にとどかない、まさしく男ざかりだった。男の名はスキピオ＝アエミリアヌス。ローマ軍を率いる統領（コンスル）である。

　スキピオの目前でカルタゴの市街地が燃えさかっていた。創建以来七〇〇年にいたる繁栄をきわめた大国の中心部である。そこがまさに燃えおち灰燼（かいじん）にきすところであった。海洋国家カルタゴはローマを悩ませた宿敵だった。だが、この火炎のうずまく光景を目にすれば、涙はとめどもなくあふれでる。もはやその滴をぬぐう気にさえならないのだ。ただぼうぜんとたたずみ、時のたつのもかえりみず、思いに沈むのである。往古の歴史をふりかえれば、名高き国家の数々がその運命とともに念頭をかすめる。それらに思いをはせるとき、かのギリシアの詩聖ホメロスの唇からもれる悲歌が聴こえてくる。

いずれ必ずやその日はやって来る。われらの聖なるイリオスも、国王プリアモスも、国民も、すべてが滅び去る日が訪れるのだ。（『イリアス』）

イリオスとはトロイヤの別名であり、トロイヤは一〇〇〇年以上も前に姿を消した大国である。伝説によれば、トロイヤ人の末裔がローマを建国したという。この詩句こそはそのトロイヤ滅亡を予見した者のもらす悲嘆であった。しかし、トロイヤだけがその運命にもてあそばれるわけではない。わが祖国ローマにもいつの日か同じ運命が待ちうけているかもしれないのだ。祖国は今まさに最大の強敵カルタゴを壊滅させたばかりだった。地中海世界に並ぶもののなき大いなる覇権をまざまざと見せつけた瞬間だった。そのただなかにあって、スキピオの心はローマの栄華の彼方にかすむ命運におよぶのである。

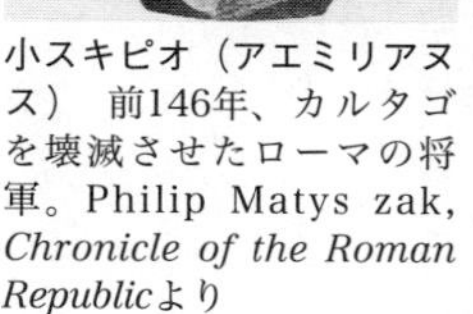
小スキピオ（アエミリアヌス）　前146年、カルタゴを壊滅させたローマの将軍。Philip Matys zak, *Chronicle of the Roman Republic*より

スキピオは冷静沈着であるばかりか、情感あふれる男でもあった。かがやくような栄光のなかにあっても悲愁に沈みこんでしまうのだ。この場面は、その人物像をありあまるほど物語っているではな

いだろうか。

ローマを救った二人の英雄

スキピオ＝アエミリアヌスはアエミリウス＝パウルスの次男として生まれている。実父パウルスが再婚すると、長男はファビウス家に次男はスキピオ家に養子に出された。このため次男は実父名にちなんでスキピオ＝アエミリアヌスと名づけられた。わが国の戦前期までのように、ローマの貴族のあいだでは、養子縁組は稀なことではなかった。じっさいパウルスは「ローマで誰よりも愛情深い」父親という評判だったが、息子二人を養子に出すことにためらいはなかったのである。

スキピオの養子縁組は実父パウルスがスキピオ＝アフリカヌスと義兄弟であったことにもよる。このスキピオ＝アフリカヌスこそが、あの闘将ハンニバルを破ってカルタゴをローマの軍門に降(くだ)らせ国民的な英雄となった人物である。ローマ人の名前は同名のものが少なくない。だから、のちの世の人々は、大スキピオ（アフリカヌス）と小スキピオ（アエミリアヌス）とよんで区別することがある。パウルスの妹は大スキピオに嫁いだのであり、その間に生まれた長男が後に小スキピオを養子としてもらいうけたのである。

実父パウルスは、前一六八年のピュドナの戦いにおける凱旋将軍として勇名をとどろかせている。マケドニア軍を撃破し、ローマ人にことのほか安堵感をもたらしたのである。すでに前二世紀初めの戦いで、マケドニアはローマ軍に敗れており、それ以後、虎視(こし)眈々(たんたん)と報復の機会を狙っていた。そのことはローマ人にとって脅威であった。パウルスの勝利はその脅威をとりのぞく出来事だったのだ。

パウルスは清廉潔白でも知られた人物である。マケドニア戦争の戦利品のためにローマ市民は免税にされている。だが、パウルスその人はマケドニア王の蔵書を手に入れただけで満足したという。

この戦いのおり、若きスキピオは実父の指揮下に従軍している。戦闘も終わりになるころ、ローマ軍の陣営は大騒ぎになった。スキピオが行方不明になり安否が気づかわれたのである。スキピオは同志数人とマケドニア兵を遠くまで追撃し、味方のローマ陣営と連絡できなくなっていたのだ。幸いスキピオは夕刻には無事帰還し、周りはほっと胸をなでおろしたという。

歴史家ポリュビオスの感化

マケドニア戦争のなかで、マケドニアを支援しローマに敵対するギリシア人も少なくなかった。戦後、それらのギリシア人のなかから有力者一〇〇〇人がイタリアに抑留されることになった。そのなかにのちに歴史家として知られるポリュビオスがいた。凱旋将軍パウルスはポリュビオスの非凡な資質に気づき、息子たちとの知的な交わりをのぞんだ。ローマの軍門に降ったとはいえ、ギリシア人の文化と教養ははるかな高みにあったからである。

パウルス家とスキピオ家の血筋と伝統をひきつぐスキピオは、なによりもローマ古来の厳

ポリュビオスの浮彫り　人質ながらギリシアの歴史家としてスキピオ家に迎えられた。アルカディア出土。長谷川博隆著『ハンニバル』より

格な規律を重んじる人であった。それとともに、洗練されたギリシア文化への関心においてもひときわ目立っていた。それもポリュビオスの感化によるところが少なくないだろう。

そのころポリュビオスは中年であり、分別ざかりの賢人ともいえる域にあった。この人物には、ローマの若者たちは戦利品で贅沢になり外来文化にかぶれるだけのもろさと危うさをひめているようにしか思われなかった。そうした若者がひしめくなかで、ギリシア文化を学びながらもローマ古来の伝統を重んじるスキピオの姿はひときわ光彩をはなっていた。文武両道にすぐれた有徳の指導者となるのは、この若者をおいてほかにない。彼にそういう思いをよせながら、のちの歴史家は期待していたのかもしれない。

ポリュビオスは、生涯を通じて、スキピオの讃美者でもあり友人でもあった。じっさい、あのカルタゴ壊滅の場面でも、スキピオのかたわらにはポリュビオスがいた。彼のような教養人が同行していたからこそ、トロイヤ滅亡を予見したホメロスの詩句がスキピオの口にのぼったのである。

昇り龍ローマの勢威を説き明かす

ところで、ポリュビオスはなぜ歴史を書くことになったのだろうか。人質として抑留されていたが、劣悪な環境のなかで幽閉されていたわけではない。それどころか、彼はまさに興隆にわく有望国ローマに居住し、その有力者たる名門貴族と結びつきを深める仲にあったのである。とはいえ、彼はその体質においては異邦人であった。しかも、かつては地中海世界にひときわかがやかしい文化をもたらしたギリシアの威光を背負っているのだ。

その誇りをすてることのないポリュビオスの目には、勢いづくローマの姿はどのように映っていたのだろうか。彼はこう問いかけざるをえないのである。

いかにして知りうる世界のほとんどがひとつ国家によって征服されたのか、いかなる国制がローマの単独支配を可能にしたのか、それもたった五三年間しかなかったのだ。(『歴史』)

ここに記された知りうる世界とは、地中海世界とよぶべきものであろう。これを越えた彼方の空間といえば、ギリシア人にもローマ人にもおぼろげな未知の世界でしかなかった。また、この五三年間とは、前二二〇年から前一六七年までのことである。その期間にふくまれるのは、第二次ポエニ戦争の直前からマケドニア王朝の消滅までのことである。それにつづく前一四六年のカルタゴ破壊までの歴史を語ること、それが彼の叙述すべき対象であった。

なるほど地中海世界にはおびただしい数の国家があった。それらは都市国家であったり王国をなしたりしていた。なかでも大いなる覇権が目にとまるものといえば、アッシリア帝国、ペルシア帝国、さらにアレクサンドロスの帝国があるにすぎない。しかし、これらとて地中海世界に住む人々をまるごとのみこむほどの巨大なる覇権ではなかった。だから、これまでの歴史はかぎられた期間をあつかうだけであり、たんなる戦史であり、王朝史であり、一国史であり、あるいは偉人伝であったにすぎないのだ。そこに自分の歴史叙述と過去の作家の歴史叙述との違いがある、とポリュビオスは主張する。というのも、彼の意図する歴史叙述は「普遍史」あるいは「世界史」であるからだ。

彼の目には、世界中の出来事がまるで運命(テュケー)に導かれるかのごとく一つの方向にかたむいていると映るのである。ばらばらのように見える出来事が運命という演出家の采配で因果の連鎖をなして大団円をむかえている。その運命劇のごときものに形をあたえ、筋道を説き明かさなければならない。それが「普遍史」あるいは「世界史」を描く歴史家ポリュビオスの課題なのである。だから、それはたんなる退屈しのぎの読物であってはならない。そこにくりひろげられる人々の営みから、読者はさまざまな実例や教訓を引き出すことができるのだ。そう考えながら叙述したポリュビオスにとって、歴史はたんなる物語ではなく実践に役立つ範例でもあることになる。

ポリュビオスがこのように自負しえたのも、ローマがもはや比類なく偉大なる覇権を築きつつあったからにほかならない。さながら昇り龍のごとき勢威を目のあたりにして、教養にあふれ洞察力にめぐまれた者なら思わず筆をとらずにおられなかったのだろう。それほどまでに、異邦の地に育った者にはローマという経験は衝撃的であった。

ヒスパニア戦線から北アフリカへ

さて、カルタゴ陥落の場面から書きおこしたので、それにいたるまでのスキピオの足跡をたどってみよう。

マケドニアとの戦いが終結したときにさかのぼる。そこを征服した凱旋将軍は実父パウルスであった。そのために、いずれスキピオはその地に赴任するのは当然のことだと思われていた。だが、彼が選んだ任地はほかならぬイベリア半島であった。

ローマ人がヒスパニアとよぶイベリア半島は、かつてカルタゴの覇権の下に服した地域である。第二次ポエニ戦争はハンニバル戦争でもあったが、イベリア半島はその大きな火災にまきこまれた舞台のひとつであった。その大火災の鎮火後、すでに数十年が経っていた。それにもかかわらず、その地には今にも再燃しそうな残り火がくすぶっていた。というのも、原住部族民たるケルト＝イベリア人の一派にはローマの覇権は不快きわまりない侵略としか映らなかったからである。彼らは屈従をよしとせず、激しく抵抗することをいとわなかった。ローマ人からすれば、文明を理解しない野蛮な部族民の愚劣きわまりない抵抗運動であった。そのようなヒスパニアの戦況について、ポリュビオスは「火の戦い」と形容している。それは大火の沈静後にもくすぶる残り火にたとえられたのである。

果てしなくつづく泥沼のような戦争。神出鬼没のゲリラ兵に急襲される行軍は危険きわまりなかった。さらにまた、これら敵兵の大胆さは広く知れわたっていた。それらを耳にするたびにローマの民衆は嫌気がさし、厭戦(えんせん)気分がしのびよるのだった。なかには徴兵にあらがう者たちもいたらしい。このような戦争忌避(きひ)の風潮がただようなかで、三四歳になるスキピオはヒスパニア戦線の軍隊に参加したのである。野蛮人が相手なら、なおさら文明国の威力を見せつけなければならない。スキピオは奮起して立ちあがる。その祖国に献身する姿は無気力になりかけていた若者たちの気分を少なからず高揚させたという。

このヒスパニアにおける戦いで、あるときスキピオはめざましく先陣をきった。さらには、敵の城壁に一番乗りして軍旗を立ててしまう。このために、一番乗りにあたえられる城壁冠(コロナ・ムラリス)の名誉をになっている。しかし、よき兵士だからといって、よき指導者にめぐまれるとはかぎらない。やがてローマ軍を統率する司令官としてルクルスが来ることになった。この男は公私のみさかいもない赤裸々な野望をいだいていた。このために、ローマ軍の戦いそのものがほめられたものではなくなってしまう。ルクルスは、前一五一年の統領(コンスル)の一人に選出されていたが、武勲への渇望ばかりか私腹をこやすことにあくなき期待をもっていた。彼はとほうもない量の金銀や家畜の提供を原住部族民につきつけ、そむけば攻撃するのである。

そのころ、スキピオは北アフリカのヌミディアに渡ることになる。表向きは象と兵力を要請し調達するためであった。だが、スキピオは祖国の戦争のために厳正に任務を遂行する男である。そのゆるぎない姿はルクルスとそれに群がる一派には快く思えるわけがなかった。彼らにはスキピオはどうしようもなく煙たく感じられたにちがいない。

スキピオが派遣されたとき、ヌミディア国王はマッシニッサという快人物であった。彼はもはや老齢にあったが、アフリカ征服者である大スキピオとの交友を温めた人物でもあった。その縁をいいことにして、その由緒に結びつくスキピオをヒスパニアから遠ざける策謀があったのかもしれない。

ヌミディアはカルタゴと国境を接していたせいで、なにかと紛争の種がつきなかった。スキピオはこの両者の間に立って仲介役を務めることも思案していた。だが、ローマの元老院はカルタゴに対する反感が消えないばかりか、敵意すらあらわにすることもあった。ヌミディアが同盟国であることを言いわけにして、露骨に支援してはばからないのである。その後ろ盾があるために、マッシニッサは国境を越えて侵入をくりかえし、カルタゴを悩ませつづけた。

第三次ポエニ戦争とスキピオの壊滅作戦

永くローマに遠慮してきたカルタゴも、ヌミディアのたびかさなる侵入に耐えかねるときがきた。ついにカルタゴはヌミディアに応戦して反撃する。かねてからローマにはカルタゴの復興を快く思わぬ主戦派が少なくなかった。彼らにとって、これはカルタゴと交戦し、たたきつぶす絶好の機会が訪れたことになる。

ローマの元老院はすかさず無理難題をつきつける。今住む都の港と市街地を放棄して内陸に移住するようにカルタゴに命じたのである。しかし、カルタゴにすれば、ローマの命令は理不尽きわまりないものだった。弱者に甘んじてきたとはいえ、カルタゴはそのような無謀な要求に応じられるわけがないのだ。カルタゴは戦争を決意するほかに道がなかった。こうして第三次ポエニ戦争がはじまる。前一四九年のことであった。

　数において劣るにしても、カルタゴ勢は死にもの狂いであった。ローマ軍は攻勢につぐ攻勢に打ってでる。劣勢とはいえ、カルタゴの防戦もすさまじく、徹底抗戦のかまえをくずそうとはしなかった。ここにいたっては、ローマはカルタゴ包囲網を企てる術しかない。しかし、その包囲網も首尾よくいかなかった。そればかりか、ローマ軍はカルタゴを支援する同盟軍を撃破することもかなわなかった。

　このような戦況とはいえ、戦場に立つスキピオはここでも果敢な戦闘をみせている。ある戦いで、カルタゴ軍の将軍の一人を投降させたのである。このことはスキピオの名をさらに民衆の心に刻みつけることになった。

　カルタゴ勢はねばりづよく必死で抵抗した。このために戦線は膠着(こうちゃく)したままだった。前一四七年、スキピオはいったんローマに帰国する。このとき彼はまだ四〇歳に達していなかった。そこで、按察官(アエディリス)に立候補するというふれこみだった。統領(コンスル)になるには、よほどのことがないかぎり四〇歳を越えていなければならない。だが、スキピオはこれまでも数々の勇姿にかがやいており、世上に人気が高かったのである。ほんとうのところ、今や彼は統領の座を狙っていたのだろう。スキピオが人々の前に姿を現すと、民衆は熱狂的な拍手喝采をおしまないのだ。その絶大な人気を目にすれば頑迷な元老院とてもおれざるをえなかった。特例としてスキピオに統領就任が認められる。それは対カルタゴ戦線の軍指揮権をあたえることでもあった。

スキピオは戦線に復帰する。新司令官としては包囲網をこれまでになく堅固にする強硬策にでる。籠城するカルタゴ勢は陣地死守に全力を尽くすのだが、じわじわと追いつめられていく。ローマ軍の攻撃がくりかえされ、市街戦は激しくなった。もはやカルタゴ軍は絶望的に抵抗するしかない。ローマ軍は進撃し、また進撃した。やがて、前一四六年春、スキピオは最後の大攻勢にでる。カルタゴ軍の城砦は六日間にわたって必死で抵抗した。彼らのなかには屈強の戦士たちもおり、神殿の廃墟のなかで非業の死をむかえる。

カルタゴは陥落した。町は略奪され、生き残った住民は奴隷として売りとばされた。カルタゴの地は都市の礎石も残らないほどに破壊され、焼き尽くされた。そこを永遠に不毛の地とするために

カルタゴの軍港跡　カルタゴ遺跡の丘上から見た軍港・商港跡の入り江。チュニジア共和国のチュニス近郊にて。2009年、著者撮影

塩をまいて呪いがかけられたという。これほどまでの徹底的で無残な破壊があるだろうか。カルタゴはまさしく地上から消滅してしまったのだ。それほどまでにローマはカルタゴの脅威に怖れをいだいていたのである。海洋国家カルタゴはかつて海の覇者であり、敗者となっても復興し栄華をとりもどすかもしれない。その大国の幻影はローマを怯えさせつづけたにちがいない。

カルタゴの炎上する様を見つめながら、スキピオは涙を流し、ホメロスの悲歌を口ずさむのだった。いつの日かローマもまたかかる天高く炎の燃えさかるなかで滅び去る運命にある。それをまぬがれることはできないのだ。その憂いを遠い未来に見通しながらも、スキピオはカルタゴを微塵も残さないほどに徹底的に破壊することを命じた。

それはほかに類例をみないほどの壊滅作戦であった。しかし、彼は司令官として元老院の勧告を忠実に実行したにすぎない。そこには一個人のむごさや冷酷さが反映しているというべきものではないだろう。

地中海世界に空前の大覇権をなしとげたローマが、国家の体質そのものとしてもっていたものがあるのではないだろうか。それについては、本書のなかで、おいおい考えていきたい。

地中海帝国の幕開け

偽フィリッポスを破り、マケドニア併合

前一四六年の東方世界に目を転じてみよう。そこにもローマの圧倒的な覇権の跡が刻みこまれることになる。それはたまたまそうなったと言ってすませられない出来事なのである。

前一六八年にピュドナの戦いがあり、そこでマケドニア王ペルセウスはとらえられている。ペルセウスは有為の王であり、もともとローマとの戦いをのぞんでいたわけではなかった。時代にめぐまれなかった不幸な人物といえるかもしれない。

ローマ軍を統率する武将にとって、なによりも名誉となるのが凱旋行進である。そのパウルスの凱旋行進のなかでペルセウスはローマ市中をひきまわされ、幽閉中に没してしまう。王朝は断絶したが、マケドニア王家を再興しようとする男が現れた。自称フィリッポスは有為の王ペルセウスの息子であると主張する。いかなる世であっても、このような人間がいるものである。じっさいフィリッポスは死んだはずだったが、どうも風貌が似ていたらしい。それだけならまだしも、ローマと戦って国土の再統一を企てようとよびかけたのである。

ペルセウス王　マケドニアの最後の王。ローマの捕虜となり没した

もちろん、初めのころ周囲は相手にせず、人々はこの男を偽フィリッポスとよんでいた。ところが男は執念深く、どこからか資金を調達し、現状の変革を希求する下層民に訴えた。いつの間にか多くの都市を味方にひきよせ、勢力をましながら、トラキア（現ブルガリア）に進出する。そこはまだローマの覇権がおよばず、ローマを敵視する部族も少なくなかったからであ

る。

やがて偽フィリッポスは一軍を率いながらマケドニアに侵入する。民衆には反ローマ感情がくすぶっていたので、彼は民衆からあつく支持され、ついにはマケドニア王を僭称した。この偽フィリッポスは、じつのところアンドリスコスというのが本名だった。小アジア西北岸の都市に生まれた身分卑しい男だったという。

そんな卑賤の輩のことだから、ローマ人はこの偽者を侮蔑しきっていた。だが、騒動はおさまる気配がなかった。そこでやおら軍隊を派遣することになる。ところが、反乱を鎮圧できないばかりか、前一四九年には全滅寸前の大敗北をこうむる有り様だった。

ここにいたって、ローマは事の重大さに気づく。勢いづく偽フィリッポスの軍勢はギリシア北部にも侵攻し、各地を略奪してまわった。そのころ西地中海でローマと戦っていたのがカルタゴである。とりもなおさず、カルタゴは偽フィリッポスと提携する。そのうえ、資金や軍艦を提供するとまで約束したという。世のならいどおり、大覇者きどりになった男の専横ぶりはもはや手がつけられない。数多くの富裕者が偽フィリッポスの軍勢の刃で殺されてしまった。そのなかにはポリュビオスの友人もいたらしい。

ローマにとっては軍勢の多くはカルタゴとの戦いにさかざるをえないときだった。だが、やむなく大軍をマケドニアに派遣し、やっとのことで偽フィリッポスの軍勢を打ち破るのである。偽フィリッポスはトラキアに逃れたが、やがて裏切られ、身柄はローマ軍の手に渡された。

これら一連の事件は常軌を逸した熱情家の反乱としてすますわけにはいかなかった。そこにひそむ問題は、先住民の反ローマ感情にほかならない。そのことはもはや疑うことはできないのだ。とりわけ下層民の間では破壊者ローマを恨み憎しむ気分があふれていた。これらの民衆は偽フィリッポスになにを期待したのだろうか。それはかつてマケドニア王家が果たしていた役割ではなかっただろうか。

マケドニア王家の滅亡後、ローマはその地を手つかずのままにしておいた。しかし、戦争の被害は甚大であり、人口は減少し、農地は荒廃し、民衆は貧しくなるばかりだった。それにもかかわらず、ほんのわずかばかりとはいえ、富裕者だけが私腹をこやしていた。たしかに戦乱がない平穏さは資産をもつ者にはことさら有利であった。とはいえ、生活苦に泣く人々はあふれていた。とりわけ、奴隷、無産者、負債者には不満がつのり、不穏な気配がくすぶっていた。それだからこそ、偽フィリッポスがごとき者が現れ、扇動して挙兵することになったのである。

マケドニアは無秩序あるいは無政府状態にあったといえる。このような混乱が生まれるのはマケドニア王家のような覇権がないからである。民衆の多くはそう感じていたにちがいない。だから、そのマケドニア王家の役割をローマは果たさなければならなくなる。といっても、ローマにとって、担うべき役割はまったく前例のない新たなものではなかった。前例はいくつもあり、第一次ポエニ戦争後のシチリア島、第二次ポエニ戦争後のイベリア半島などに見られるものである。それこそが属州（プロウィンキア）として占領地をローマ支配下に併合することである。属州とするからには、上級の公職者あるいは公職経験者を派遣して恒久的にその地を管轄させるしかない。こうして前一四六年、マケドニアはローマの属州となった。

ローマの覇権を見せつけたコリント破壊

マケドニア王朝が没落し、ローマはますます勢いをますばかりだった。それは、かつての栄華をなつかしむギリシア人にとって不気味すぎるほどの脅威であった。もともとギリシア人のポリス国家はことさら自立志向がつよすぎるきらいがある。しかし、それだけでは大きな覇権を前にすれば、為す術もなくなる。そこで、アカイア同盟という連合体制をとり、現実に対応していた。といっても、同盟のなかでの足並みはそろうどころではなく、乱れっぱなしだった。

それでも、この同盟にある人々にとって、そろって心痛の種だったことがある。ほかならない前一六七年、ポリュビオスをふくむ要人たち一〇〇〇人がローマに連れ去られ抑留されていたことである。同盟はこれら要人たちの身柄の返還をくりかえし申し出ている。だが、ローマの元老院はその要請を頑として認めなかった。

アカイア同盟の人々のなかにも親ローマの立場をとる一派がいなかったわけではない。というよりも、前一六七年の連行事件以後、親ローマ派だけが許されていたことになる。しかし、現実には、反ローマ感情は根強く広くくすぶっていた。それどころか、親ローマ派を憤(ふん)懣(まん)やるかたない裏切り者とみなす人々は日ましに勢いづいていた。底流にひそむ反感があるとはいえ、要人たちの身柄返還が実らないかぎり、親ローマ派への怒りをあらわにするわけにはいかなかった。

前一五〇年、やっとのこと元老院は抑留されていた要人たちの帰国を認めることになる。おりからカルタゴとの緊張関係が高まっており、ギリシア人との平穏な関係を望んだのであろう。そうはいっても、それはローマの権威を認めその覇権に服するという条件内でのこと。それには、せめてアカイア同盟のなかはまとまっていなければならない。しかし、内部では親ローマ派と反ローマ派の亀裂は深まるばかりであった。なにしろ、半数以下に減ってしまったとはいえ、一七年間の抑留後に帰国した貴族たちが加わったのである。彼らのなかにはローマを讃美し親ローマ派の立場をとる者も少なくなかった。同盟内は混乱に混乱をかさねることになる。

この混乱ぶりを察知したローマは、前一四七年夏、とほうもない命令を下す。スパルタ、コリントなどの有力都市を同盟から切り離すというのである。これにはアカイア同盟のギリシア人も仰天した。筋もへったくれもない、まったくもって理不尽であり、恣意的な介入でしかなか

ローマ時代のコリントの遺跡　前146年に破壊された後、前44年にカエサルが植民地として建設した町の跡

った。

もはや同盟には残された道は二つしかなかった。ローマに屈服して同盟そのものを解消してしまうか、ローマとの徹底抗戦の火蓋をきるか、の選択である。もともと負債に苦しむ民衆はローマに対して憎しみをいだいていた。このために、ローマを敵視する世論が勢いづくのに年月はいらなかった。今や言語道断なローマの命令が下され、貴族や富裕民の心もローマから離れてしまう。反ローマ感情は社会層の上下を問わず、広く人々の心をとらえたのである。

それに加勢する見通しもあった。北アフリカ戦線におけるカルタゴ人も、ヒスパニア戦線におけるケルト＝イベリア人も、しぶとく抵抗していた。ローマがそれらの鎮圧に手を焼いているという知らせは、ギリシア人の耳にもとどいていた。前一四六年春、アカイア同盟は、開戦を決議する。

これに対して、マケドニアに駐屯していたローマ軍はただちに軍事行動をおこし南下した。なにしろ圧倒的な軍事力をもつローマ軍である。その軍勢を前にして、もはやアカイア同盟軍は抵抗する術もなかった。むなしく撃破され、戦線離脱者も出る有り様だった。あえなくアカイア同盟は敗退した。

同盟の中心であったコリントは占領され、殺戮と略奪はすさまじいばかりだった。住民のなかでも、男は殺され、女と子供は奴隷として売りとばされる。さらに、伝えによれば、元老院の決定はコリントの破壊であった。コリントは火焔につつまれて滅びさるべく定められ

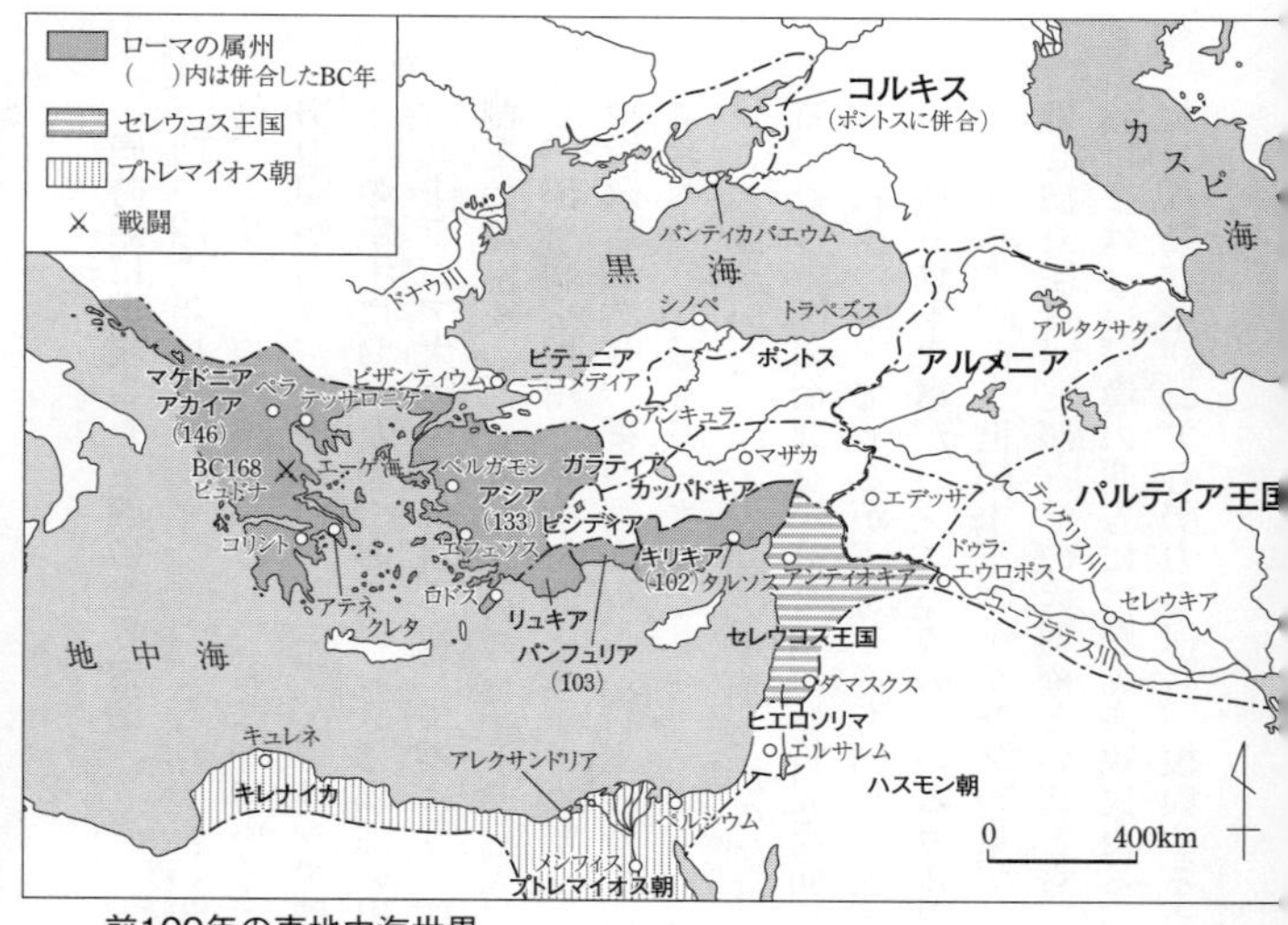

前100年の東地中海世界

たという。しかし、カルタゴほど徹底したものではなかったらしい。考古学は公共建築物の多くが焼失をまぬがれたことを示唆してくれるからだ。

文化において、ギリシアはローマにはるかに優っていた。そうした負い目があったせいか、ローマはギリシア文化を完膚なきまでに破壊するほどには、かりたてられなかったのかもしれない。それにしても、ローマの権威に服さなかった先進文化国の傲慢さには、腹立たしいものがあった。なにかを見せしめにするべきだとローマ人は思ったにちがいない。コリントの破壊という凄惨さには、傲慢なギリシア人に対して大いなるローマの覇権を見せつける狙いがあったと言えるのではないだろうか。

同時期に出現した東西の世界帝国

前一四六年は、ローマにとって忘れがたい年である。カルタゴの破壊、マケドニアの属州化、コリントの破壊が相ついでおこっている。イタリア半島を基点にして、西にはカルタゴ勢力圏があり、東にはマケドニア・ギリシア勢力圏があった。今では、それらのすべてがローマの掌中におちたのである。これは偶然の出来事なのであろうか。

ユーラシア大陸の東に目を転じてみよう。前三世紀後半の東アジアでは、戦国時代の群雄割拠の混乱を終わらせ、秦の政による統一帝国が誕生している。政はみずから皇帝と名のり、郡県制を採用し、度量衡・文字・貨幣などを統一した。そこには、これまでにない中央集権政治があり、まったく新しい君主の姿があった。しかし、この始皇帝の死後、秦は内乱におちいり、滅んでしまう。

この混乱のなかから、楚の項羽と漢の劉邦が戦い、後者が勝利して漢帝国が生まれている。この中国の命運を決めた戦いは終局場面における四面楚歌の故事でも名高い。それは前二〇二年のことであるが、奇しくも同年、地中海世界ではザマの戦いがあった。大スキピオの率いるローマ軍がハンニバルの率いるカルタゴ軍を打ち破ったのである。

こうして、前三世紀末、ユーラシアの東では漢が大覇権を打ちたて、西ではローマが大覇権を樹立する。だが、その大覇権といえども、いかなる周辺の脅威をも拭い去ってしまったわけではない。漢の北方には騎馬遊牧民たる匈奴の脅威があり、イタリア半島の周辺ではマケドニアもギリシアも勢力を保ち、復興するカルタゴも油断がならなかった。

しかしながら、前二世紀後半になると、これら東西において名実ともに世界帝国が姿をあらわす。漢の武帝は匈奴を駆逐して覇権を拡大するのだが、それに先んじてローマは前一四六年をむかえている。

世界史はときには粋なはからいをするものだ。そういえば、かんたんにすむかもしれない。だが、たまたまそう見えるだけの類似した出来事なのであろうか。そこには、偶然ならざる必然、あるいは必然ならざる偶然があるのではないだろうか。

農耕と牧畜が始まり、数千年を経て文明が生まれた。青銅器時代から鉄器時代へと変遷するなかで、古代の諸国家の間では戦争がくりかえされる。ユーラシアの東に春秋戦国時代という乱世があれば、西のポリス世界はしばしば慢性的戦争状態として描かれている。それら諸勢力が乱立するなかから一大勢力が頭角をあらわすのである。

ふりかえってみれば、東では秦帝国が流産し、西ではアレクサンドロスの帝国がつかの間の生涯を終える。やがて、漢が台頭し、ローマが覇権を築いた。それらは、期せずして、前二世紀後半には、諸民族と諸国家を広域にわたって支配する。まごうことなき世界帝国の時代が訪れたのである。

ユーラシアの東西に位置してほとんど関係のない二つの文明世界。それらの古代史の流れを重ね合わせてみれば、それぞれの主旋律は驚くほど酷似している。中国文明圏と地中海文明圏はなによりもまして独創性を発揮したといわれる。また、周辺地域や後世への影響力にあっても絶大な足跡をしるしている。

世界史の潮流のなかにさらしてみれば、漢帝国とローマ帝国は古代の最終段階にほぼ同時期に出現した。それぞれの文明圏を政治権力によって統合し、それぞれを集約した一つの歴史世界として実現したものである。この意味において、まさしく「帝国の古典時代」とよべるのではないだろうか。それは、ユーラシアの西にある地中海世界では、前一四六年に幕を開けるのである。

では、この「世界帝国」はこのときにはじめて現れたのだろうか。次章ではローマ帝国に先行し、さまざまな意味で大きな影響を与えた帝国の「原像」を探ってみよう。

第二章　世界帝国の原像を求めて

強圧の帝国、アッシリア

枝につるされた王の首

ロンドンを訪ねる楽しみのひとつは、なんといっても大英博物館にある。私事だが、そこに行くのは夏の休暇中が多い。もう軽く一〇〇回以上も足をはこんでいるが、未だもって見尽くしたという気がしない。それどころか、行くたびに、あたらしい驚きがある。

その大英博物館にアッシリア回廊とよばれる一角がある。かつてニムルドやニネヴェに王宮が築かれた。これら王宮の壁面を飾ったのが石板浮彫りであり、それらが数多く展示されている。力強さといい、豪華絢爛さといい、造形表現のみごとさには誰もが圧倒される。遠征や戦闘の場面ばかりではなく、王宮の日常生活、儀礼祭祀、狩猟などの場面が絵巻物のようにくりひろげられる。西アジアに君臨したアッシリア王は征服地の金銀財宝をもち帰っただけではなかった。美術工芸の技能にすぐれた工人たちを首都に集めたのである。

それらの浮彫りのなかに、庭園で開かれた戦勝祝賀の宴を描いた場面がある（次頁の写真参照）。ナツメヤシと糸杉状の樹木にかこまれ、アッシリア王アッシュル＝バニパルが后と

アッシュル＝バニパル王の戦勝の宴　祝杯をあげる王と后の傍らの糸杉にはエラム王の首（左端）がつるされている。大英博物館蔵

ともにくつろいでいる。二人は祝杯をあげ、その背後に侍者たちがひかえている。だが、目をこらせば、これら侍者たちの間にある糸杉の枝に人間の首がつるされているのが見える。

この無惨な姿をさらした首の人物はエラム王テウマンである。エラム国はアッシリアの南東にあり、その全土を統一したのがテウマンであった。当然のごとくエラムはアッシリアを脅かす。そこで有能なアッシュル＝バニパルはエラムに遠征する。両軍の戦況が変化する様はやはり浮彫りにあらわされている。やがてアッシリア軍はエラム軍を追いつめ、林にかくれる敗走者テウマンとその息子はとらえられてしまう。彼ら二人は撃ち殺され、その首は切りとられたのである。前六五三年の出来事であった。

ユダヤ人の受けた屈辱

アッシリア回廊の浮彫りをながめると、つぎつぎと戦争をくりかえすアッシリア人の姿が浮かんでくる。そこから、アッシリア人は好戦的で残酷な人々だったという印象が生まれる。たびたび遠征軍をさしむけ、都市という都市、部落という部落をことごとく破壊する。住民を大量虐殺して、物資財貨を略奪して荒らしまわる。生き残った住民があれば、捕虜としてアッシリアに連行する。捕虜たちは頸に縄をつけられ、手を後ろでくくられ、唇に紐を通してつながれ、奴隷としてこきつかわれる運命にあった。その哀れな救いのない姿は勝ちほこるアッシリア人の残忍さ、無慈悲さをきざみこませるのである。

しかしながら、このアッシリア人をめぐる印象は本当なのであろうか。しばしば、征服の民はみずからの強者ぶりを謳いあげ、征服された民の惨めさをことさらきわだたせる。荘重な王宮の壁面という壁面は、強者の栄華と弱者の悲惨さを描く光景でうめ尽くされるのである。そこを訪れるたびに拝謁者はアッシリアに刃むかう者の運命を予感せざるをえないのだ。

このような残酷無比なアッシリアという印象は、啓典の民の聖典（『旧約聖書』）によってさらに強められている。ここでいう啓典の民とはユダヤ教徒、キリスト教徒、イスラム教徒のことである。とりわけユダヤ人はアッシリアの圧政にさいなまれた経験があるために、ことさらアッシリアを憎悪する。

ユダヤ人は敵に報復する神を讃美し、救済の託宣にあずかることを願う。ニネヴェ陥落を予告する「ナホム書」はその願望が形をなしたものである。

　アッシリアの王よ
お前の牧者たちはまどろみ貴族たちは眠りこける。

お前の兵士たちは山々の上に散らされ集める者はいない。
お前の傷を和らげるものはなく打たれた傷は重い。
お前のうわさを聞く者は皆お前に向かって手をたたく。
お前の悪にだれもが常に悩まされてきたからだ。（新共同訳）

そもそも前九世紀半ばの「黒色オベリスク」の浮彫り（写真参照）から、イスラエル王エヒウの屈辱的な姿が目にとまる。国内では覇権をほこるエヒウはアッシリア王に朝貢し平伏することで自分の地位を保つことができた。この図像のなかで、エヒウは自分の従者たちのようにとがった帽子をかぶり、上着を脱いで、房飾りつきの肌着を着て帯をしめている。王からして奴隷のごとき屈従を強いられた人々であった。そうであれば、イスラエル人が征服者にいだく恨みもただごとではすまない。まして彼らの多くは住みなれた土地を離れ他の地域に移住することを強いられたのである。その様は『旧約聖書』のあちらこちらに書き記されている。

前七二二年、イスラエルの首都サマリアがアッシリア軍によって包囲され、陥落した。アッシリア王は「イスラエル人を捕らえてアッシリアに連れて行き、ヘラ、ハボル、ゴザン川、メディアの町々に住ませた」（「列王記下」17・6）のである。このような強制移住はつぎつぎにくりかえされていく。

アッシリアの属領地となったサマリアに残された人々も少なくなかった。しかし、そこにも他から移住させられた人々が押しよせるのである。「アッシリアの王はバビロン、クト、アワ、ハマト、セファルワイムの人々を連れて来て、イスラエルの人々に代えてサマリアの住民とした。この人々がサマリアを占拠し、その町々に住むことになった」(「列王記下」17・24)。やがて、これら東方から移住してきた植民者たちとサマリアに住む人々は混血していくことになる。生き残ることはできても故郷を追われた人々がおり、故郷にあっても得体の知れぬ外来者の侵入に脅かされる人々もいた。彼らには恐れおののく不安な日々が果てしなくつづくのである。

このようにしてアッシリアの強制移民がくりかえされるなかで、イスラエル王国の下でひとまずまとまっていた諸部族は離散消滅する運命にあった。圧政者としてのアッシリアの姿が後世の人々に刻まれるのに『旧約聖書』の記述は大いにあずかっていたにちがいない。だが、これはユダヤ人の側から見ただけの一方的な告発にすぎないのだろうか。それとも公平に見ても残酷無比なアッシリアという印象は否定できないことであろうか。

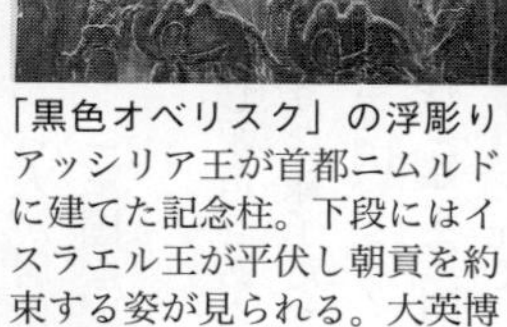

「黒色オベリスク」の浮彫り
アッシリア王が首都ニムルドに建てた記念柱。下段にはイスラエル王が平伏し朝貢を約束する姿が見られる。大英博物館蔵

騎馬遊牧民との接触で戦術を習得

アッシリアはもともとティグリス川中流域の西岸にある都市国家アッシュルを拠点

としていた。前三千年紀中ごろから人が居住し、交易の中継地として栄えている。前二千年紀には、バビロニア王国、ミタンニ王国などの圧力を蒙りながらも、栄枯盛衰の命脈を保った。

アッシリアが勢力を盛りかえし頭角をあらわすのは前一〇世紀ごろである。そのころ東地中海・オリエント一帯はどのような様子だったのだろうか。

バビロニア王国、ヒッタイト王国、ミタンニ王国などの覇権大国はなくなって久しかった。また、「海の民」と総称される難民集団が東地中海沿岸一帯に出没し、少なからざる混乱をもたらしてからも、すでに歳月を経ていた。それとともに、ギリシアのミケーネ文明も崩壊し、小アジアのトロイヤ王国、シリアのウガリトなどの都市国家ももはや破壊されていた。

諸民族あるいは諸部族はさまよい、また、そこに侵入する人々もいて混乱につぐ混乱であった。アラム人はシリア、さらにはメソポタミアを侵攻していた。パレスティナには「海の民」の流れをくむペリシテ人が住みついていた。ヘブライ人の統一国家イスラエルはソロモン王の栄華も過ぎ去り、分裂の危機に瀕していた。ようするに、言語、宗教、慣習を異にする多数の小さな国家がひしめきあい、諸々の都市国家や部族王国が興亡をくりかえしているだけだった。

それに加えて、メソポタミア北方には騎馬遊牧民の動きが目立つようになる。遊牧民は、家畜をあつかい、それを生活の基盤にする人々である。そのなかでも馬を活用する遊牧民を騎馬遊牧民とよぶ。これら騎馬遊牧民のなかでも最初に歴史の舞台に登場するのがキンメリア人という印欧語系の人々であった。

キンメリア人はメソポタミア北方で猛威をふるい、定住民の集落に脅威をあたえたという。その実態については断片的な二次史料しかないので曖昧模糊(あいまいもこ)としてとらえどころがない。それでも、同じ騎馬遊牧民であるスキタイ人と密接な関わりがあるらしい。自由自在に馬に乗り、神出鬼没ですばやく行動するので、農耕定住民にははかりがたい恐れを感じさせた。

前一千年紀初頭の東地中海からオリエントにかけての世界。そこはめまぐるしい諸勢力の群雄割拠があり、さらには得体の知れない騎馬遊牧民の脅威にさらされていた。そこからアッシリアが国力をたくわえ、大きな勢力として成長するのである。

世界史を広く見わたせば、永い混乱期を経るなかで、しばしば大きな覇権が生まれている。東アジアにおいては群雄割拠する春秋戦国の五〇〇年をくぐって、秦帝国が生まれ、やがて漢帝国が成立した。その事態は、東地中海からオリエントにかける一帯では五〇〇年ほど先立っていたようだ。

このように、ある勢力が急成長をなしとげるには、その背後になんらかの技術革新がひそんでいる。アッシリアの場合、騎馬遊牧民とふれあう位置にあったことはやはり心にとめておくべきだろう。アッシリアは騎馬遊牧民にやられっぱなしだったわけではない。騎馬遊牧民の脅威にさらされればさらされるほど、アッシリア人も馬と騎乗についての知識を得ていったにちがいない。

もともとアッシリアは自然による境界がなく、豊かな土壌にも恵まれていた。このために、周辺に住む人々にとっても移住も侵入もしやすい地域であった。このような外来者の侵攻に直面して戦闘をかさねながら、アッシリア人は実戦力をみがきあげていった。そのような外敵のなかに、ときおり騎馬遊牧民が姿をあらわすようになる。アッシリアはオリエントのなかでもかなり北に位置していたので、北方にいた騎馬遊牧民と一足早く接触していたにちがいない。

アッシリアより南にあるヘブライ人の住む地域は騎馬遊牧民とふれあう機会が少なかったはずである。それにもかかわらず、前一〇世紀に繁栄をきわめたソロモン王は「戦車用の馬の厩舎四万と騎兵一万二〇〇〇を持っていた」（「列王記上」）と伝えられている。伝承が事実ならソロモン王は史上最大の馬主になるのだから、この数字はかなり誇張されたものだろう。だが、メギドの要塞遺跡には厩舎跡（写真参照）が残されている。そこからヘブライ人の王国でさえかなりの馬を所有していたことがわかる。まして北にあるアッシリアはもっと大規模な形で馬と騎乗術をとりいれたはずだ。

じっさい、楔形文字の粘土板文書のなかには、野生ロバや馬について、また戦車について、さらには馬の飼育や調教方法について、言及している記録もある。そのなかでも注目されるのは、戦争の軍備を示す文書があることである。そこには、前九世紀の北ウラルトゥの戦いで、戦車一〇六両、騎兵九三七四騎、歩兵二万人がいたことが記録されている。アッシリアの北方にあるウラルトゥ国との戦いは、その東南に位置するマンナイ国をめぐるものであり、そこは馬産の盛んな地域であった。

アッシリア帝国の初期において一万人近い騎兵がいたことからも、戦力として騎馬軍団がどれほど重視されていたかがわかる。彼らは騎馬の風習にふれるなかで、逸早く騎馬戦術を軍事力として組織することができたのである。戦争や狩猟を描いた浮彫りからも、騎乗者が自力で弓を射るようになっていく様がうかがわれる。このようにして、騎乗術とともに弓術にも習熟していったにちがいない。

メギドの要塞の厩舎跡　北パレスティナ。青銅器時代

それとともに、アッシリアの馬は筋肉がもりあがり、体軀が大きくて重厚であることに驚かされる。ことに頭をまっすぐ伸ばして走っているのが目につく。別種の馬の血がまじったことも、飼料が改良され育成の技術が向上したことも考えられる。騎馬軍団を強化するにはそれを支える馬の育成・調教が肝要であることは言うまでもない。このようにして軍事力が増強されれば、それは近隣諸国との戦いのなかで大きな成果をおさめることになる。

オリエントの覇権国家・アッシリア

前一〇世紀までのアッシリアはアラム人の侵攻に脅かされ、その支配領域の大半を失っていた。そのために、その世紀末におけるアッシリアの台頭は国土回復運動として始まっている。軍事遠征がくりかえされ、征服地が拡大し、集落も再建され、多数のアッシリア人が入植していった。その後も内政的に大きな崩れもなく、軍事遠征がたびかさなり、大国としての覇権を周囲に示したのである。

それでも、アッシリアが「帝国」とよばれるほどの覇権をにぎるのは、前八世紀半ばごろからである。とりわけ、西方では、アラム系諸国、ヒッタイト系諸国を滅ぼし、南方ではバビロンの王権を握り、由緒あるバビロニア王をも兼任することになる。ここにいたって、アッシリアはこのオリエントの地でかつて類例を見ない巨大な覇権国家である世界帝国に成長したのである。とりわけ、前八世紀末からは、サルゴン二世にはじまるサルゴン王朝が一世紀間つづく。このサルゴン王朝四代の時代がアッシリア帝国の最盛期であった。大英博物館の浮彫りに描かれる勇将アッシュル゠バニパル王はその四代目の王であったのである。

アッシリア帝国はニネヴェを首都とし、征服地を直接統治の属州とし、服属地を間接統治の属国とした。この統治法はのちのペルシア帝国やローマ帝国でも用いられている。いわば世界帝国というもののモデルをなしたのである。

アッシリアの王宮には官僚機構があり、官職名だけでも二〇〇におよぶという。王を頂点とするピラミッド型の統治組織はオリエントの専制政治の様式にはまったものである。だが、その規模において膨大なものであった。

一〇〇を越える数もある属州には州都があり、長官の住む官邸を中心とする官僚組織があった。役人たちは税として農作物と藁を集めて管理し、公民には一定期間の労働や従軍の義務が課されている。王の要請に応じて、兵士、賦役、軍馬、武器、手工業品および糧食を提供するのが属州のなすべきことであった。といっても、宮廷官吏や地方役人らによる私的土地所有も大規模にあり、小作人の耕作地から集まる富は都市部に住む富裕階層に集中していた。

アッシュル＝バニパル王のライオン狩り
ライオンを捕獲する勇敢な姿が描かれている。前７世紀、ニネヴェ出土。大英博物館蔵

もちろん、属国であれば、アッシリアの宗主権を認め、その方針に協力し、貢納することを義務づけられた。ときには属国の王族や有力者、あるいはそれらの子息令嬢などがアッシリアの宮廷に差し出されることもあった。

誓約文書に書かれた呪詛

古代については、どこでも見られることだが、史料がきわめて少ない。王宮と官僚層によって書かれた文書なら残っており、ある程度の情報を手にすることができる。そのなかでも特異なのが、王位継承の定めを遵守するための誓約儀礼が催され、誓いをたてる各人に誓約文書が発行されていることである。

アッシュル＝バニパルの祖父センナケリブは末子エサルハドンを後継者に指名したが、ほかの息子たちの反感をまねき、殺害されてしまう。身の危険から亡命したエサルハドンはやがて反逆勢力を斥け、王位に就くことになった。彼は長男ではないアッシュル＝バニパルを後継者に指名したときに、誓約儀礼を催し、誓約文書を発行した。

アッシリア王エサルハドン、皇太子アッシュル＝バニパル、その兄弟、王の実息に対して、反逆と陰謀を企て、皇太子が王にならず、ほかの王子が我々と子孫の上に戴くことがあれば、神々が我々と子孫にその責任を追及なさいますように。(『世界の歴史1・人類の起原と古代オリエント』所収の渡辺和子訳を簡略にした。以下同)

これらの一人称の誓いの言葉の前後には、二人称による威嚇（いかく）と呪詛（じゅそ）の言葉が、書き連ねられている。

もし万一、皇太子アッシュル＝バニパルに邪悪で陰険なことをしたり、彼を捕らえたり、殺したり、彼の敵に引き渡したり、彼をアッシリアの王位から遠ざけたり、また、ほかの王、ほかの主人に誓いを立てたりするならば……神々の王アッシュル、天命を定める者が、災難と不健康を、あなた方の天命として定めるように。そして、老齢に達し、充実した生涯をおくる恩恵をあたえることのないように。（以下略）

これらの呪詛にはさまざまな種類があるらしい。ある呪詛はバビロニア文化圏に由来し、また別の呪詛はヒッタイト文化圏に発し、ほかの呪詛はアラム文化圏に起源をもつ、という具合だった。どのような民族であれ、誓約文書ができるだけ効力をもつように配慮されたのである。それはまさしく世界帝国にふさわしいことであった。

アッシリアについては、圧倒的な軍事力による覇権ばかりが強調されがちである。しかし、アッシュル＝バニパル王はみずから文字を読めることを誇り、文書を収集することに大きな興味を示した。そのために古来の記録を集めた「ニネヴェの図書館」が造られ、その遺跡は今日でも見ることができる。この図書館から出土する多数の粘土板文書が蓄積されているせいで、アッシリア学とよばれる学問が成立している。アッシリアを中心としたメソポタミア地域全体の歴史は、そのような文書記録を通じて研究されるのである。

それらの文書記録のなかで、商業交易に関する情報がほとんど見られないのはひどく目につく。支配領域の膨張にもかかわらず、遠距離交易が盛んになったという形跡がないのは奇異ですらある。必需品の多くが、貢物、租税あるいは戦利品として流入したので、遠距離交易はかえって阻害されたのかもしれない。たとえば、フェニキア人はその当時、東地中海世界の商人として活躍していたが、彼らの港市の交易からあがる利潤はアッシリア王に吸い上げられたのである。このような徴収組織の拡大強化は自由な商業交易活動を限界あるものにとどめていたのだろう。

強制移住策で反感を買う

それにしてもアッシリアはかつてない大規模な覇権をオリエント世界に築いたのである。さまざまな地方の相異なる民族を統治するにしても、それはどの国もかつて体験したことのないものであった。すべてをみずから案出しなければならないのである。そこに、あの悪名高い強制移住という手段が生まれる余地があったのではないだろうか。

もっとも、アッシリア以前にも、征服地の住民を強制移住した例がないわけではない。メソポタミアのみならず、エジプト、ヒッタイトでも見られ、オリエント世界では慣例化していたともいえる。しかし、その規模が大きく組織され恒常的であったことにおいて、やはり他例をはるかに凌ぐものであった。

この大量捕囚ともいえる強硬策は、まずもって征服地の有力者層を根こそぎ移住させることで、反乱の芽をつむことであった。それとともに帝国の組織を運営するために必要な数の兵士、職人、労働者を必要な場所で確保することでもある。さらにまた、捕囚民の流出した地域が荒廃しないように、そこには他国からの捕囚民が強制的に移住するような措置もなされている。

こうして強制移住され捕囚民となった人々が類例のないほど大量にいたという。そのことがアッシリアの強圧的支配をことさら印象づけるものになったにちがいない。アッシリア帝国滅亡後、名高いユダヤ人のバビロン捕囚があったのも、帝国支配の強硬策が踏襲された例にすぎないのである。

アッシリア帝国が強圧的な態度であればあるほど、被征服民の反感を買うのは当然であった。アッシュル＝バニパル王の死後、帝国の内外の勢力が離反したり、独立を企てたりする動きが目立ってくる。さらにはアッシリアの統治力では抑圧できない新興勢力が台頭する。そうしたなかで、前六〇九年、またたく間にアッシリア帝国は崩壊してしまうのである。

アッシリア帝国は、広大な支配領域あるいは多様な異民族支配において、かつてどの国も直面したことのない事態に対処しなければならなかった。そこには試行錯誤があり、乱暴で粗野な施策も少なくなかっただろう。その意味で、世界帝国としてはじめて登場した勢力としての欠陥も目につく。そのような「強圧の帝国」であるかぎり、アッシリアの覇権が永くつづくことはなかったのである。

寛容の帝国、アケメネス朝ペルシア

乗馬、弓術、正直が教育のかなめ

ギリシアの歴史家ヘロドトスは「世界中でペルシア人ほど外国の風習をとり入れる民族はない」（『歴史』）と語っている。メディア人の衣装が自国のものより綺麗ならそれを着るし、戦争にはエジプト式の胸当てをつけていくともいう。また、それにつづいて、「戦場において勇敢であることについで、多くの子供をもつことが男子の美徳とされる。最大の子福者には毎年国王から贈物を賜わる。ペルシア人は数の大はすなわち力の大であると考えているからである」と述べている。

ペルシア人の異国趣味と子福志向とでもいうべきものだろうか。これらはペルシアが世界帝国にのしあがることと分かちがたく結びついていたのではないだろうか。なにしろ、もとものペルシア人は中央アジアの香りをただよわせながら、オリエントの先進文明地域に遅れてやって来たのである。しかも、少数民族でありながら、支配者でなければならなかったのである。

ペルシア人はセム語系ではなく、印欧語系の人々である。最古のシュメール人はともかくとして、メソポタミア文明にはセム語系の要素がしみついていた。その東の端にあるイラン高原に住むのがペルシア人であった。そこはパールサ地方とよばれ、それがペルシアという名の由来である。すでに前八世紀末の文書に姿を現している。

アッシリア滅亡後の混乱のなかで、ペルシア人はメディア王国のなかの弱小な一勢力でしかなかった。おそらくペルシア人はスキタイ人から騎兵術を学び、それによって軍事技術や情報伝達にかなり習熟していたのではないだろうか。古代の最良馬といわれるネサイオン馬はメディア地方やアルメニア地方において育成されていた。こうした地域をこそペルシア人はなによりも征服下においたのである。そのころからアケメネス朝ペルシア帝国とよばれる

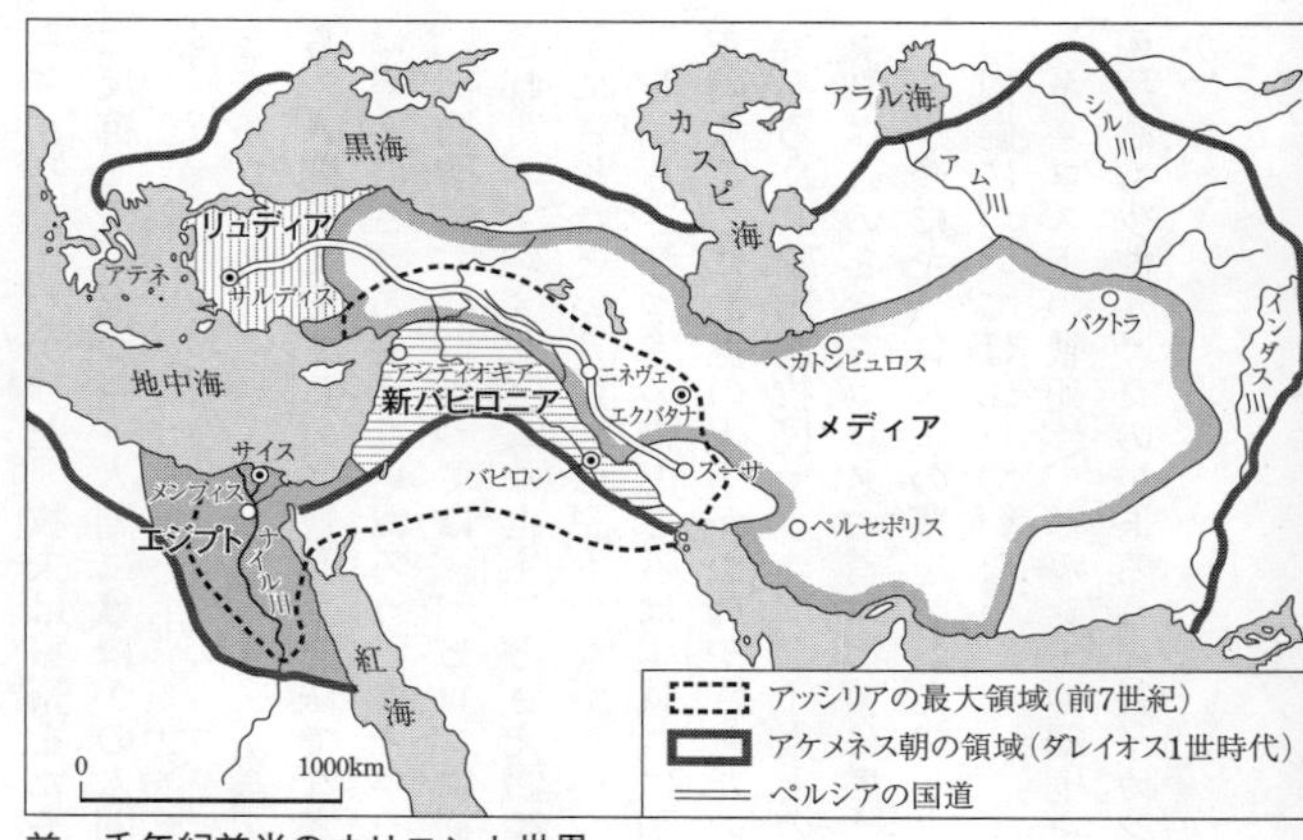

前一千年紀前半のオリエント世界

が、それはキュロス二世以後のことである。

アケメネス朝の発祥地パールサ地方は、ヘロドトスによれば、「良き馬と良き人に恵まれた」地方であった。ペルシア人には、乗馬とともに、弓術、正直の三点だけが、子供の教育のかなめであったという。やはりギリシア人のクセノフォンは、ペルシア人が馬術をきわめることに並々ならぬ熱意をもっていると伝えている。ダレイオス大王は、みずからが優れた騎兵であることに、ことのほか誇りをもっていたらしい。

キュロス王の戦死とダレイオスの即位

アケメネス朝の始祖と目されるキュロス二世は後世の人々からも王の理想と讃えられている。異邦人であるクセノフォンでさえ、統治者としてのキュロスのすばらしさに驚嘆し、その生い立ちと生き方について思いめぐらさざるをえなかった。牧夫は家畜をたやすく服従させるのに、人間は支配しようとする者に反抗する。だから、人間にはほかの人間を支配するより動物を支配する方がかんたんである。だが、とクセノフォンは語る。「ペルシア人にキュロスという人がおり、その人がまことに多くの人間、多くの都城、多くの種族を自分に隷属させたということを心に留めるなら、人間を支配するのに賢明な方法でなされるなら、不可能でも困難でもない、とわれわれは考え直さざるをえないだろう」(『キュロスの教育』)

『旧約聖書』にいたっては、バビロンに捕囚されていたユダヤ人がキュロス王によって解放されたので、メシア(救世主)とさえ讃美している。それだけに、王家に生まれながら捨て子にされたという類の伝説も少なくない。

しかし、じっさいのところは、戦いに明け暮れる日々だったらしい。各地の対抗勢力を打ち破ることに治世の大半がついやされたのである。王として軍団の先陣をきることもあったであろう。騎馬遊牧民マッサゲタイ人との激闘のなかで、ついには戦死してしまう。ヘロドトスはこのときキュロスの首は復讐に燃える敵の手で切り取られたと伝えている。だが、二〇〇年後にキュロス王の墓を訪れたアレクサンドロス大王はその遺体を見たというが、遺体の損傷についてはふれていない。

キュロス王の戦死は、ペルシアの覇権を揺り動かすことはなかった。それだけ王の統治への反感も少なかったのであろう。長子カンビュセスの王位継承にはなんらの混乱もおこらなかった。

ヘロドトスによれば、カンビュセス王は理性に欠ける極悪非道な男であった。たとえば、エジプト遠征中のメンフィスで、とつぜん聖牛アピスに飛びかかり、これを剣で殺してしまったという。だが、その聖牛アピスの埋葬所が発掘されると、前五二五年の八月に死んだ遺体には刺殺された跡はなく、自然死と判断されている。しかも、その聖牛の死骸を納めた棺はカンビュセス王が寄進したこともわかっている。むしろ、キュロス王の後継者として、カンビュセス王は異国や異民族の伝統や宗教を尊重したとの人物評があり、近年の学者はそのように推定している。

カンビュセスの後に王位に就いたのがダレイオス一世である。彼の即位をめぐる伝承はひどく錯綜しているが、イランのビストゥーンの断崖に刻まれた碑文は彼自身の弁明でもある。

王ダレイオスは告げる、祭司ガウマータがカンビュセスから奪ったこの王国は起源以来われらが一門のものであった。やがて祭司ガウマータが、ペルシア、メディアをはじめ他の諸国をも奪い、独占し、みずからの領土となして、王となった。

王ダレイオスは告げる、この王国を祭司ガウマータから奪回しえる者は、ペルシアにも、メディアにも、われらが一門にも、誰ひとりとして存しなかった。民は彼をひどく恐れた。バルディヤをかつて知っていた民を、彼は多く殺害していた。彼が民を殺害したのは、〝自分がキュロスの息子バルディヤでないことを知らせてはならぬ！〟という理由からである。

余が登場するまで、祭司ガウマータについて、あえて何事も口にせんとする者はいなかった。そこで余はアフラマズダ神に祈願し、アフラマズダ神は余に助けを賜ったのである。

こうしてバガヤディの月の十日に、余は少数の者とともに、祭司ガウマータ、ならびにその主たる側近の者どもを殺害した。メディアのニサーヤ地方のシカヤウヴァティという城砦にて、余は彼を殺害した。アフラマズダ神の御力により、余は彼から王国を奪い返し、王になった。アフラマズダ神が余に王国を授けたもうたのである。

王ダレイオスは告げる！　以下が、バルディヤと名乗る祭司ガウマータを余が殺害したその時まで、現場にいた者どもである。彼らはその時、余の同志として手を貸してくれた。ペルシア人ヴァヤスパラの息子インタフェルネス、ペルシア人テュクスネの息子オタネス、ペルシア人マルドニオスの息子ゴブリュアス、ペルシア人バガビニャの息子ヒュダルネス、ペルシア人ダトュヴァフヤの息子メガビュゾス、ペルシア人オコスの息子アルデュマニ。

王ダレイオスは告げる！　将来王となるなんじは、これらの者どもの一門の世話をよくするべし。（P・ブリアン『ペルシア帝国』所収の小川英雄「資料篇」より）

これはあくまで統治者としての意図をひそませたダレイオス自身の弁明である。ヘロドトスをはじめとする多数の言及があり、それらの異同もさまざまである。事件の動機や背後関係をめぐる実態はともかく、出来事は次のようであったらしい。

カンビュセス王の弟バルディヤがひそかに殺された後、王はエジプト遠征に出かけた。秘密を知った祭司ガウマータはバルディヤを僭称して王位就任を宣言した。やがて真相に気づいたダレイオスは六人の同志とともに祭司ガウマータを襲撃して殺害し、みずから王位に就いた。このとき、すでに遠征中のカンビュセスは死んでいた。

ビストゥーンの碑文　ダレイオス1世が刻ませた碑文は、高さ90メートルの絶壁に彫られている

事の真相はもっと複雑かもしれない。たとえば、カンビュセス王の死後、弟のバルディヤが即位した。それに不満をもつダレイオス一派はバルディヤ殺害に成功する。だが王家の血筋を継ぐ者を殺したのでは都合が悪いことははなはだしい。そこで、バルディヤはすでに殺害され、祭司ガウマータがバルディヤになりすましていたと弁明したのである。

いずれにしろ、その背景には王権への不満が高まっていたことがあるだろう。キュロス、カンビュセスとつづく四〇年足らずの間に、ペルシアの軍事行動は拡がるばかりだった。かつては服属民に軍役と貢納の義務を守らせるだけでよかった。そこにはペルシア王を盟主とする王侯たちの連盟があったにすぎない。だが、支配圏が拡大するとともに、卓越した王権の姿が露骨になっていた。とくに専制的な王権の伝統をもつバビロニアの征服は大きな転換点であった。圧迫されたペルシア貴族のなかには反意をいだく者も少なくなかった。それらを糾合したのがダレイオスであったことになる。

二〇行政区に総督、民族毎に年貢を

しかし、キュロス王の血筋にないダレイオスが王位に就くと、統治体制の動揺という事態は同じようにのしかかった。とどのつまり、誰が即位するにしろ、同じ問題に直面しなければならなかったのである。王になる者はペルシア人同胞の目にことさらさらされたのである。

先のビストゥーン碑文からも明らかだが、ダレイオスは同志であるペルシア貴族には一目おいている。彼は「ソグディアナのかなたのサカからエティオピアまで、インダスからサルディスまで」を版図とする帝国の「大王、諸王の王、ペルシアの王、諸国の王」であった。それにもかかわらず、ペルシア人同胞にはことさら配慮を怠ってはならない。ペルシア人同胞を優遇するのはいうまでもないことだった。支配民族としてのペルシア人には免税の特権があたえられる。

しかし、それだけでは足りないのである。大帝国の大王であるには、周囲をとりまくペルシア人同胞のなかでひときわ卓越しなければならないのだ。それには、ペルシア人以外の諸民族から王権が熱心にあがめられることが肝要なのである。

王が大王とよばれるほどのものになるには、眩い（まばゆ）ほどの王権が大地のすべてをつつみこむことである。それには軍事活動で征服地を拡げ、覇権を生き生きとさせるだけですむものではない。なによりもそれらの征服地に安定した行政システムが根をおろさなければならない。

ヘロドトスによれば、「ダレイオスはペルシア帝国に二〇の行政区を制定し、その総督（サトラップ）の任命後、民族毎にその年貢を定めた」（『歴史』）のである。ダレイオスにすれば、諸民族をゆるやかに支配するつもりだったかもしれない。その内容は、王宮のひとつがあるペルセポリスの謁見殿に刻まれた貢納行列の浮彫り（写真参照）からもうかがわれる。そこにはそれぞれの民族衣装を着た代表がさまざまな自国の特産物をたずさえて参上する様が描かれている。

たとえば、バビロニア人は聖牛と布地と杯を、騎馬遊牧民のサカ人（スキタイ人）は種馬と布地と装身具を献上した。また、エジプト人も、リュディア人も、パルティア人も、アルメニア人もあり、さらには、バクトリア人、

貢納行列の浮彫り　聖牛と布地と杯を献上するバビロニア人（中段）。ペルセポリス謁見殿。Werner Felix Dutz & Sylvia A.Matheson, *Persepolis*より

ガンダーラ人、インド人さえも、それぞれの特産物を献上したのである。

もちろんそこに描かれた貢納行列はじっさいの年貢量にすれば、ほんのさわりのものにすぎない。なにしろ、ペルシア帝国支配下には五〇〇〇万人の住民がいたという。そのなかでペルシア人だけが免税にあずかったわけだから、莫大な収入があったはずだ。たとえば、アナトリア半島の東南部にあるキリキア地方について、ヘロドトスはこう語っている。


キリキア人からは、一日一頭の割で三六〇頭の白馬、および銀五〇〇タラントンが納められた。このうち一四〇タラントンはキリキア地方を防衛する騎兵部隊の費用にあてられ、残りの三六〇タラントンがダレイオスの許へ届くのである。これが第四徴収区である。(『歴史』)

王の目、王の耳による監視

ところで、このような年貢の徴収が王宮側の要求した額を超えることがなければ、それほど問題は生じない。それはダレイオス大王がめざすゆるやかな支配であった。だが、現実には、それらの要求額をはるかに超えて徴収されることがある。というのも、総督のなかには多大な年貢を徴収し、私腹を肥やす輩も少なくなかったからである。ときおり各地でおこる反乱の底には、このような過大な負担に対する諸民族の敵意がひそんでいる。

一定の貢納、賦役と軍役、それだけが被征服民に課された義務であった。それさえ果たせば、彼らの文化も、慣習も、言語も、宗教も、なにも制限されるものではなかった。いわば寛容な帝国支配という理念であった。

たとえば、キュロス王の時代にバビロン捕囚から解放されたユダヤ人のことがある。ユダヤ人はキュロス王の許可でエルサレムにヤハウェ神殿を再建していた。ところが、神殿造営は大規模で工事は遅々として進まず、それでも近隣の諸民族にはなにやら不信と不安がつのるばかりだった。そのため王直属の知事が視察に来ることになる。神殿造営許可の確認をめぐって、ユダヤ人側はキュロス王の勅令を提示できなかった。あわや工事も中止かというとき、王宮の記録所で勅令の写しが発見されたという。ダレイオス大王は「知事とその同僚たち」に神殿再建を続行させるように命じたばかりか、銀と資材を授けてユダヤ人を激励したのである。

このような王の寛容な措置がある場合も少なくない。だが、徴税となると、地方行政区ではそのとおりに実施されるとはかぎらないのだ。

年貢の不当徴収などで地方行政が過重な負担をかければ、民衆が帝国支配に反感をいだくに決まっている。だから、地方行政が悪政におちいらないようにするためには、たえず監察しなければならない。そこで帝国各地に「王の目」とよばれる監視官が派遣されたが、彼らは王直属であり、全権をあたえられていた。自分勝手で傲慢(ごうまん)なふるまいをする総督がいるなら、節度をもつように諭(さと)す。国家税収、住民警護、土地耕作をなおざりにし、王の命令を無視する総督があれば、すべてを元に戻させ、公正な秩序を保たせるのである。そのような指示に従わない場合には、監視官はそのことを王に報告することになる。

このような監視制度があっても、目のいきとどかないところもある。そこで、「王の耳」とよばれる密偵が暗躍する。彼らは、属州民の不平不満や不穏な動きを察知するだけでなく、総督のみならず監視官の行動にも耳をとぎすますのである。というのも、監視官と総督とが手を結んで不正をなすこともありえないことではなかったからだ。いずれにしろ地方行政にも十分に目くばりしたものであり、過重な税負担が属州民を苦しめないようにする配慮であった。

壮麗な儀式、絢爛たる饗宴

とはいえ、王宮のなかをのぞけば、とてつもなく豪華絢爛たる絵巻がくりひろげられている。王宮そのものがひとつではなく、スーサにもバビロンにもエクバタナにもペルセポリスにもあった。

ペルセポリスの王宮建設にあたっては、帝国全土から召集された職人が働いている。シリアからもエジプトからもイオニアからもカリアからも、石切工、木工、彫刻師、金細工師などの熟練職人が集められている。彼らは建設工事現場で働くだけではなく、都市の工場で羊皮紙や織物などの作業に従事することもあったらしい。さらには、王宮の判断で、帝国の各地を転々として働かされることもあったという。

その王宮では、側近はもとより、高級官吏や外国使節などが謁見に参上する。それらの謁見は、一万人を収容する建物で開催されたという。ペルシア王の御前にお目みえするというのはまばゆいほどの名誉であった。数ヵ月を待ってやっと王の御前に出ることができたのである。彼らはプロスキュネシス（跪拝礼）とよばれる礼儀作法に従って謁見することになる。上半身を屈めて平伏し、王に対して投げキスをする。王は威風堂々たる態度でのぞみ、儀式の壮麗さは目をみはるものであった。

ペルセポリスの鳥瞰図　Ch.Chipiezによる彫版

ひとたび宴会となると、王宮の食卓には、総計一万五〇〇〇人分の食事が用意されることもある。金銀の食器が並び、贅をこらした料理が運ばれてくる。王の食事する場所は仕切られており、会食者には王の姿は見えないが、王には宴会の様子が見えるしくみになっていた。さらに、招待者には食糧や食器などのおみやげがくばられるのである。このような絢爛たる饗宴は王権を誇示するためであり、また、王の富を再分配する機会でもあった。これらの機会にあずかることは、たいそう名誉なことであったという。しかしながら、過剰な奢侈はギリシア人の目には「ペルシア人の頽廃」という決まり文句でくりかえし批判されることになる。

「王の道」を使い、昼夜を問わず命令実行

広大な帝国がつくられるならば、なによりも中央と地方を結びあわせる交通手段が整備されなければならない。軍隊のすみやかな移動のみならず、情報の迅速な収集は治安維持を旨とする為政者の肩にかかっていた。中央の権力闘争の混乱が地方の反乱を招き、即位直後のダレイオスはその鎮圧に忙殺されたことがある。その苦い経験からして、ペルシア帝国の大王たる者であれば、事の重大さを誰よりも気がついていたにちがいない。そのためには、幹線道路が敷設され、それらの間で情報通信のネットワークが生まれることがのぞまれた。

それらのなかでも、名高いのは「王の道」とよばれる幹線道路である。なかでも小アジア西端のサルディスからペルシア湾に近い帝都スーサまでの道路は名高い。そこには駅伝制が設けられ、徒歩なら一一一日かかった行程を早馬で一週間あれば行くことができるようになった。宿駅ごとに宿泊施設があり、食糧と馬糧を給する穀物倉庫および駅馬や厩舎も備わっていた。また、要所には関門や衛兵所があり、街道の警戒は厳重をきわめ、治安はよかったという。同じような幹線道路は帝都スーサと帝都ペルセポリスの間にも敷設されていた。ここには少なくとも一〇の宿駅があったことが確認されている。

このような道路網の整備は、すべてがゆるやかに流れていた古代にあって、情報伝達の飛躍的な進歩をもたらした。ヘロドトスは「およそこの世に生を受けたもので、ペルシアの使者より早く目的地に行けるものはない」と驚嘆している。たんに時間の短縮なら狼煙(のろし)などの手段もないわけではないが、それでは複雑で正確な内容を伝えることはできない。だから、

ダレイオス大王は「夜であれ昼であれ、わが命令は実行される」と豪語したのである。

アラム語も公用語の広大な文化圏に

これらとともに、狭い地域経済を越える商業交易のために、通貨制度が確立し、度量衡が統一されなければならなかった。ダレイオスは帝国通貨として金貨と銀貨を発行したが、その純度は金貨が九八パーセント、銀貨が九〇パーセントという驚くべき良質の鋳造貨幣であった。きわめて画期的な政策であったが、思いがけず皮肉な結果をもたらすことになる。しばしば蓄財の手段として貴金属とともに退蔵されてしまったのだ。通貨の出土状況が示唆するところでは、鋳貨使用の先進地域である小アジア西部などの一部でしか流通しなかったらしい。

また、ペルシア帝国は諸地域の日常言語に干渉することはなかった。行政上の共通語となる公用語もペルシア語だけが認められたわけではない。帝国内にはセム語系のアラム人の商人たちが古くから活躍していた。このために、商業交易の実情に応じて、アラム語とアラム文字を国際共通語としての公用語に採用している。今日の英語ほどとはいえないにしても、本来なら伝えにくい諸民族間の情報の伝達、さまざまな意思の交換、相互理解を深める文化の交流がなされるようになったのである。

このようにしてペルシア帝国の時代には、およそ二〇〇年にわたって平穏な状態がつづいたのである。やがて宮廷政治の弊害があらわれ、中央の統制が緩みだしていたことは否めない。しかし、広大な帝国領域内において寛容な支配体制下に新しい世界秩序が生まれる。それは、ペルシア語のみならずアラム語を公用語として採用し、異なる人々の間でも意思の疎通をはかるというところに典型的である。そこには新しい世界文化というものが形づくられ、その広大な文化圏に国際交流が開ける素地となる。少なくともユーラシア西部においては、ペルシア帝国によって世界秩序がつくられ、そのなかで新しい文明が生まれていくことになる。

ペルシア帝国の支配体制によって、古代人は、広大な地域を統治し管理することは不可能ではないと思うようになっただろう。のちのローマ帝国はこのペルシアの試みから多くのことを学んだにちがいない。もし、前三世紀後半に野望に燃えるアレクサンドロス大王が東征しなければ、ペルシア帝国は生きながらえただろうか。おそらく分裂の危機をはらみながらも、王朝の交替ほどでペルシア帝国の余命はまだつづいたのではないだろうか。それは寛容な世界帝国というモデルの長所でもあり弱点でもあったのだ。

アレクサンドロス大王の野望の帝国

軍事力と外交戦略でギリシア統一

イタリアの古代都市ポンペイ。その遺跡のなかでも最大規模の邸宅は「ファウノの家」である。玄関を通ると、浅い水槽の中央に両手をあげて踊る牧神（ファウノ）のブロンズ像がある。その奥に入ると回廊中庭があり、向こう側にそって談話室がある。その床に一〇〇万個の小細石を敷きつめたモザイク画が描かれていた。それが「イッソスの戦い」とよばれるアレクサンドロス大王の東方遠征のなかの一挿話である。騎乗するアレクサンドロスと戦車に乗るペルシア王ダレイオス三世が対決する戦闘場面があざやかに浮かびあがる。

数万人の軍勢を率いる総大将どうしが戦場で身近に相まみえるなど、現実にはありそうにない。だが、古代人には決してそうは思われなかったのだろう。アレクサンドロス大王の物語は、数百年を経ても、異邦人であるローマ人の口の端にもまるで神話のごとくのぼっていたのである。

「イッソスの戦い」のモザイク画　左端がアレクサンドロス、右が戦車に乗るダレイオス３世。ポンペイ出土。ナポリ国立博物館蔵

アレクサンドロスは自分自身について、こう語っている。「生きていることは父のおかげだが、よく生きるようになったのはアリストテレスのおかげである」と。父とはマケドニア王フィリッポス二世であり、アリストテレスとはもちろんかの大哲人である。

マケドニア人はもともとギリシア系であるらしい。しかし、ポリス都市国家の栄華をきわめたギリシアからすれば、はるか北辺にあり、野蛮人も同然であった。たしかに、アテナイ、スパルタ、コリントなどを

ギリシア世界の中心とすれば、マケドニア人は異民族のようなものだった。その地域はポリス都市国家としてまとまることもなく、部族連合のような形で国家をなしていた。

そもそもギリシア人のいうポリスとは、平時には農耕市民である人々が有事には兵士として戦場におもむく共同体なのである。ところが、ペロポネソス戦争後の前四世紀になると、この農耕市民の戦士共同体たらんとする団結力がほとんど失われつつあった。いたずらに分裂し諸勢力が乱立するばかりであり、ギリシア連合としての結びつきすらほころび始めていた。そうしたなかで強力な覇権国家が触手をのばしてきても不思議ではない。

マケドニア王フィリッポスはなによりも国内の結束をはかることに意をそそいだ。「マケドニア人に欠けていたのは勇気ではなく王であった」と人々はいう。王とよぶにふさわしい王が登場したのである。フィリッポスは金銀に恵まれた地方をふくむ隣接地域をつぎつぎと併合する。やがてマケドニア王国は強国としての姿をあらわしたのである。

フィリッポスは国力を増強するにあたって、まず軍事力の強化をはかった。それには、騎馬軍団を充実し、長槍（サリッサ）を駆使する密集部隊を編制する。その威力はことのほか大きかった。それに彼はそれだけですむ男ではなかった。外交戦略にも巧妙であり、ギリシア世界の政治問題にも介入する。あくまでギリシアの平和を祈願する姿勢をくずさないようにふるまいながら、マケドニアの存在感を誇示するのである。しかし、和平交渉は決裂し、前三三八年、アテネ・テーベ連合軍とカイロネイアで決戦の時をむかえる。

アレクサンドロスは一八歳にしてこの戦いに参加し、マケドニア軍左翼の騎兵隊を率いたという。これに対して、ギリシア同盟軍も善戦している。しかし、よく訓練され経験ゆたかなマケドニアの軍勢がはるかにまさっていた。フィリッポスは同盟軍を斥け、ギリシア世界に広く覇権を確立する。ポリスの代表者をコリントスに集めてヘラス同盟を結成し、その盟主となった。ペルシア遠征の野望はこのときめばえたのであろう。ギリシア人すべての同盟がなりたつには、共同の敵ペルシアを討つという目的にまさるものはないからだ。当然のごとく、マケドニア軍とともにギリシア同盟軍を率いてペルシア征討にのりだす。だが、不運にもその準備中に側近の手で暗殺されてしまうのである。

マケドニアからアフガニスタンへの覇権

フィリッポスの息子アレクサンドロスは父王に招かれたアリストテレスの薫陶をうけてい

アレクサンドロス像　４ドラクマ銀貨。Otto Mørkholm, *Early Hellenistic Coinage*より

フィリッポス２世像　４ドラクマ銀貨。René Ginouvès, *La Macédoine*より

る。一三歳から三年間の少年期だった。最も多感な時期に、大哲人を教育係として勉学にはげみ、ギリシア文化の真髄を身につけたのである。そのせいか生涯にわたって読書することを厭(いと)わなかったという。

前三三六年、アレクサンドロスは弱冠二〇歳で王位に就く。だが、治世当初は、父王の死後各地におこった蜂起を抑えなければならなかった。

即位から二年後、アレクサンドロスが父の遺志をついで東方遠征の途につくときが来た。マケドニア軍とギリシア軍を合わせれば、もはや四万人をこす軍勢になる。この連合軍を率いて小アジアに渡り、グラニコス河の戦いで緒戦をかざった。つづくイッソスの戦いではペルシア王ダレイオス三世が率いる大軍を打ち破る。ペルシア側から和議を申し出てきたが、アレクサンドロスはこれを拒否した。この大勝で遠征への自信を深め、あらためてペルシア帝国全土の制圧を志すのである。

その後、南下してフェニキア諸都市を制圧し、エジプトをも掌中におさめて、そこにアレクサンドリア市を創設した。やがて、ペルシア帝国の中心部に進軍する。アルベラの戦いでペルシア軍に大勝すると、前三三〇年、アケメネス朝は瓦解(がかい)した。勢いにのる大王は、スーサ、ペルセポリスをも占領する。

ペルセポリスの占領をめぐっては、その豪奢きわまりない王宮が炎上したことはよく知られているだろう。古代の伝承によれば、戦勝の祝宴で酩酊したアレクサンドロスが遊女にそそのかされて放火したという。また、別伝では、一五〇年前のペルシア戦争のときアテナイ

アレクサンドロスの遠征路

を略奪し神殿を焼きはらったペルシア人への復讐だとも言われている。衝動にかられたものか計画していたことなのか、現代の研究者の頭を悩ますのである。それらのなかには、そそのかされての放火では聞こえが悪いので、復讐の信念をもっていたとの伝承が生まれた、と説く研究者もいる。

それにまた、大王がもともと大酒のみだったからとも、また、部下との付き合いがよすぎたせいだとも、古代の伝承は語っている。どうやら、伝承を研究書とともにひもとけば、ペルセポリス炎上という出来事はアレクサンドロスの人物像を探る格好の手掛かりにもなるようだ。

その後、アレクサンドロス大王の軍勢は中央アジアからインド北西部へと進攻する。これらの東進の途中で、各地にアレクサンドリア市を創設し、ギリシア人を入植させている。しかし、長年にわたって遠征をつづければ、兵士たちも疲れはて、軍隊の士気が低下するのは定めであろう。大王もそれに気づくときがきた。やがてインド侵入を断念し、帰還の途につくのである。

前三二三年、王はバビロンに帰り着く。だが、不幸はあまりにも早くやって来た。半年後、熱病に冒され、急逝してしまう。この死をめぐっても、熱病ではなく、前夜の過度の飲酒のせいだという伝承もある。享年三二歳であった。アレクサンドロスの覇権はマケドニアからアフガニスタンにおよぶ。この広大な地域を掌中におさめた青年はまさに大王の名にふさわしい人物であった。

ペルシア帝国の後継者・アレクサンドロス

この巨大な覇権の大部分を占めるのはかつてのペルシア帝国であった。というよりも、アレクサンドロスはアケメネス朝の継承者でもあった。ペルセポリスの王宮こそ炎上させたが、ペルシアの儀礼や慣行を尊重し、ペルシア人を公職に登用することに配慮している。しかし、帝国統治の中枢部を占めるのはマケドニア人とギリシア人であった。

しばしばアレクサンドロス大王は、ギリシア世界とオリエント世界を融合した英雄と讃えられる。たしかに、ギリシア人とペルシア人との混血を奨励し、みずからもペルシア貴族の娘ロクサネと契りを交わした。また、ペルシアの専制君主政をささえる官僚統治機構をそのまま踏襲するなど抜かりがなかった。もっとも、行政機構の中枢にはギリシア人がおり、その配下でペルシア人の官僚が行政の実務をとったのである。軍隊にあっては、マケドニア人とペルシア人が混成部隊をなしていた。こうして、旧支配体制を継承しながら、新しい国際関係が生まれる気運がただようことになる。

それにしても、なぜアレクサンドロスはこれほど広大な世界に覇権を築こうとしたのだろうか。ペルシア遠征は父王フィリッポスが希望していたことである。全ギリシアの同盟ができたからには、かつてギリシアを苦しめたペルシア帝国に一矢を報いるのは覇者の夢であったのだろうか。だが、ペルシアにとどまらず、まるで憑かれたように東に向かって進軍したのである。砂漠を越え、神出鬼没の騎馬遊牧民との苦戦をおして進まなければならなかったのに。

アレクサンドロス大王の覇権を世界帝国とよぶことができるなら、それは「野望の帝国」としか言いようがないのではないだろうか。そのような野望をいだくにあたって、師たるアリストテレスの影響がなかったはずはない。といっても、アリストテレスが野心に火をつけたわけではない。しかし、師こそはまぎれもなく古代最大の知識人であったのだ。ギリシア文化の知がいかなる世界でも通用すること、それを身をもって伝えたにちがいない。師が校訂して贈った叙事詩『イリアス』を大王は陣中でも持ち歩いて愛読したという。なかでもトロイヤを滅ぼしたギリシアの英雄アキレウスにはとことん惚れこんでいた。

若きアレクサンドロスは、人格の気高さ、危険に立ち向かう勇気、計画実現の迅速さ、服属者への誠実さ、捕虜への寛大さ、快楽への自制心、どれをとっても欠けるところのない天賦の君主であったという。しかし、ペルセポリス炎上のころから、どこか歯車が狂っていく。側近で重臣の父子を殺し、酒宴の口論が高じて幼なじみの親友まで自分の手で刺殺してしまう。

たしかに、ギリシアとオリエントとの融合を企てようとする大王がマケドニア人の側近には〝ペルシアかぶれ〟としか見えなかったふしがある。しかし、彼らにはアレクサンドロスの果てしない野望がもはや理解できないものになっていたのかもしれない。

それとともに、広大な帝国領土を統治していくには、その人生はあまりにも短かすぎた。この支配領域にいかなる秩序と安定をもたらすか、それは後継者たちの課題として残された。とはいえ、商人をはじめとする人々の往来は活発になり、商業交易にともなう経済活動はひときわ刺激されている。それらが拡大発展する道が開け、東西文化の交流がますます盛んになった。なかでも、これらの広大な地域でギリシア語が共通語（コイネー）として用いられる素地が生まれるのである。そのことがもつ世界史における意義は大きい。

アフガニスタンはアレクサンドロスの踏破した世界からすれば東端に位置する。そこの古代遺跡からギリシア語の箴言碑文が出土している。大王の死後数十年が経っても、さいはての地でギリシア語は立派に根づいていたのである。

古人の賢きことば、有名なる人々のことばが聖なるピュートーの神域に捧げられていた。これらをクレアルコスが注意深く写し取って、はるか遠いキネアスの神域で輝かせるために掲げたのである。

子供のときは、規則正しく
若きときは、自制の心を
大人となったときは、正義の心を
老いたときは、よき忠告者に
死にのぞんでは、悲しむことなきようにせよ。（『西洋古代史料集』の田村孝 訳）

ピュートーの神域とはほかならぬギリシア北部のデルフォイの神域をさす。ギリシア人なら誰でもがデルフォイの神託をあがめていたのである。

「強圧の帝国」としてのアッシリア、「寛容の帝国」としてのペルシア、「野望の帝国」としてのアレクサンドロスの帝国について述べてきた。もちろん、世界帝国の支配などをもちだせば、さまざまな力や利害が複雑にからみあっており、一面ではとらえきれない。しかし、これらの帝国支配を越えて、ローマ人は広く永く、しかも安定した世界帝国を築いたのである。これらの先行する帝国から、いかにしてローマ人は学んだのか。それとも、あらたな試練に挑みながら、地中海世界帝国を樹立していったのか。それについて語ってみよう。

第三章　イタリアの覇者ローマ　S・P・Q・R

建国神話を読み解く

狼に育てられた双子の兄弟

いかにしてローマは建国されたのか。そう尋ねられると、とたんに歴史家は陰鬱な気分になる。史実として確信をもって語れることなどほとんどないからである。もちろん、神話のような伝説としてなら、どれだけおしゃべりしてもよい。というのも、七〇〇年後の歴史家リウィウスがファンタジックな物語をふんだんに伝えてくれるからである。だが、当のリウィウス自身からして伝説について慎重であり懐疑的ですらあるのだ。といっても、ローマ人としての誇りを忘れることもないのだが。

都ローマが創建される以前あるいは創建の意図がめばえる以前については、出来事の記録がそのまま伝わったというよりも詩情あふれる伝説で飾られている。だから、私はこれを肯定しようとも否定しようとも思わない。人間の所業と神々の所業とを混ぜながら諸都市の起源をさらに尊厳なるものにするのであれば、それは太古の人々には許されている。

さらにまた自らの起源を神聖視したり創建者を神々に帰したりすることは、いずれの民にも許されて然るべきである。そうであれば、戦いの栄誉こそはローマの民のものであり、だからこそ軍神マルスをローマ創建者の父でありローマ人の父でもあるとしてもよいではないか。このことを人類の諸族は甘んじて認めるであろうし、だからこそ偉大なる支配に服するのである。（『ローマ史』）

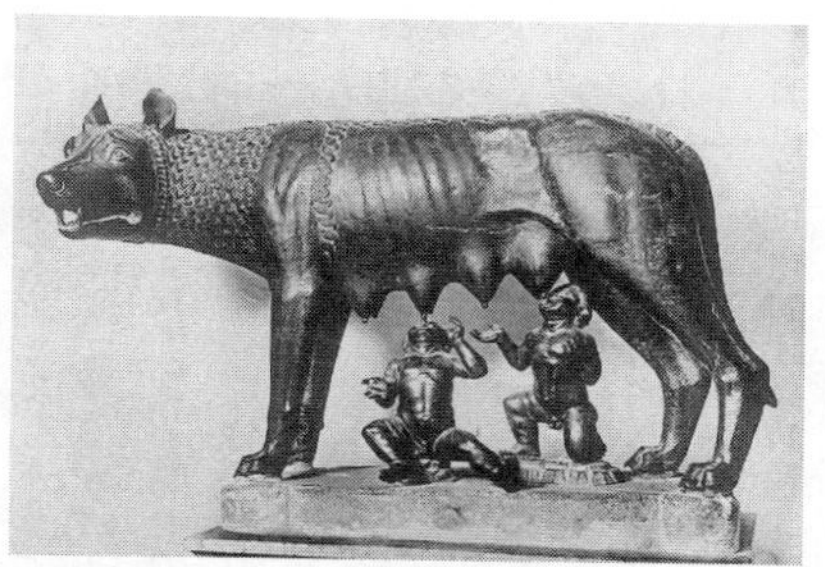

ロムルスとレムスを育てる牝狼像　ローマ建国神話に登場する兄弟と牝狼。カピトリーニ美術館蔵

建国物語が幻想に満ちた伝説であるのはローマにかぎられたことではない。どこの国であれ大方は不確かなのだから、偉大なる支配者ローマであれば、軍神マルスが祖先であってもいいではないか。リウィウスはそう居直っているかのようである。

周知のように、ローマ建国物語の初めにはロムルスとレムスの双子の兄弟がいる。その話をさかのぼれば、近隣の都アルバにたどりつく。アルバ王ヌミトルは弟のアムリウスに王位を奪われ、息子は殺され、娘はウェスタ女神の巫女にされた。この巫女は生涯を処女ですごさなければならなかったのである。しかし、この乙女が森の川辺で居眠りしているとき、軍神マルスが見そめて犯してしまう。ほどなく身ごもり双子を産む。アムリウスは怒り狂い、双子をテヴェレ川に棄てた。やがて漂着したところで、一匹の牝狼が近づき、双子に乳をあたえた。その後、双子は羊飼いの夫婦に発見され、ロムルスとレムスと名づけられた。双子は成人して自分たちの素性を知り、若者たちを率いてアルバを攻略、アムリウスを倒して祖父ヌミトルを復位させたのである。

しかし、双子の野望はそれにとどまらなかった。自分たちが拾われた場所に新しい都を建てることにする。ロムルスはパラティヌス丘を選び、レムスはアウェンティヌス丘を選んだ。どちらが新都の支配者になるべきか、その決定を鳥占いの神意に仰いだ。曙のさすころ鷹があらわれ、アウェンティヌス丘に六羽、パラティヌス丘に一二羽がとまる。神意は支配者にロムルスを指名した。ロムルスは聖域を定め、そこに周壁をめぐらす。神意に不満だったレムスはこの周壁を壊して飛び越えてしまった。怒ったロムルスはレムスを殺し、聖域侵犯者は死刑に処すと宣告する。この地の王となったロムルスにちなんで、新都はローマと名づけられたのである。この伝説上の出来事は前七五三年の四月二一日のこととされ、今でも永遠の都の誕生を祝う祭りの日にあたる。

略奪された娘たちをめぐる争い

もうひとつ建国物語のなかで「サビニ女の略奪」という伝説がある。王となったロムルスの都に大勢の若者が集まっていた。それにしても街は殺風景で、華やいだところがない。男たちばかりで女がいないのである。ロムルスは一計を案じ、近隣のサビニ族を楽しげな祭り市に招くことにした。サビニ族の人々が市場で世にも珍しい豪華な品々に見とれているうちに、ローマの若者たちは剣を抜いて襲いかかり、若い娘たちを奪いとってしまう。サビニ族の男たちは武力で威嚇され、われさきに逃げ出すほかはなかった。かどわかされた娘たちははじめこそ悲嘆にくれたが、やがてローマの若者たちのやさしい愛撫と高価な贈り物で涙もかわいてしまうのである。

いつの世も、女のことになると男は目の色を変える。あのトロイヤ戦争でさえ、スパルタの王女ヘレネたった一人が誘拐されたばかりに始まったのだ。まして多数の若い娘が略奪されたのだから、サビニ族の男たちの怒りは燃えさかった。やがて、カピトリウム丘の砦に立てこもるローマ人を武装したサビニ族が攻めたてるのである。両軍の激しい攻防がくりひろげられ、一進一退、戦いは泥沼のようになる。そこに略奪された娘たちが両軍の間に割って入る。そして、「どちらが勝っても私たちは不幸になってしまいます。サビニ人が勝てば夫を失い、ローマ人が勝てば親兄弟を失ってしまうのです」と訴えた。これまた、いつの世も、女の涙に男はひたすら弱い。彼女たちの願いは聞き入れられ、ローマ人とサビニ人との間に和平が成立する。

これら二つの物語はまったくの作り話であろうか。そんなことには、古代の歴史家同様、現代人とて肯定も否定もできない。だが、まったくの作り話として片づけるには惜しいのではないだろうか。むしろ、色とりどりの尾ひれをまとって粉飾されながらも、なんらかの事実がその核にあると考えてもよいのではないだろうか。

このような推測がありうる。前八世紀ごろの出来事としよう。テヴェレ川の周辺にはさまざまなラテン人の部族集団が散在していた。これらの集落のなかで、家族の資力にあずかれない若者があり、もともと貧しい家にあり職もない若者もいた。なかには犯罪者や恥さらし者で部族集団のはみ出しの輩も少なくなかったかもしれない。

これらの若者たちがどこからともなく集まり、ひとかどの群れをなしていく。その群れが勢いをなすにつれて、少数の有能な若者が指導者におどりでることになる。群れは、やがてテヴェレ河畔の七つの丘のある地域に、とくにパラティヌス丘を中心に定住するようになった。これらの指導者のうち、ロムルスらしき若者があり、ほかの有力者を斥(しりぞ)けて、群れの統率者になったのである。

ところで、このような群れの性格からして、当然のことながら、女性は圧倒的に少ない。血気さかんで精力旺盛な若者たちであるから、近隣の部族に住む女たちを略奪する事件がしばしばおこった。それは個々人であれ集団であれ、甘い言葉でさそったり、暴力的に連れ去ったりするものだっただろう。とりわけサビニ族の女たちが拉致されたのかもしれない。それが頻発すれば、サビニ人とローマ人との争いになることもあった。しかし、そうした紛争がつづくなかで、やがて両者は和平にいたったのである。

じっさいパラティヌス丘では前八世紀のものと見なされる小屋の跡が発掘されている。ロムルスなる人物が実在したかどうかは疑わしいにしても、前八世紀ころローマの地の丘上に大きな村落規模の集団が形をなしていたらしい。大規模なネクロポリス（墓地）が出現していることは考古学者も認めるところである。伝説上のローマ建国は前七五三年であるが、発掘調査の成果とほぼ大差ないというわけだ。

追放されたエトルリア人の王

ところで、伝説によれば、このあとローマはローマ人とサビニ人の共同統治の国になったという。建国の王ロムルスは三七年にわたって国を治め、軍神マルスの野で天上に召される。約束どおり王位にはサビニ人の賢人ヌマが選ばれた。太平の世がつづき、治世四〇年、民衆は王を慕った。三代目の王はローマ人のトゥッルス＝ホスティリウスである。血気にはやり、母国アルバを襲撃して破壊してしまう。焼死したとき、神々の逆鱗（げきりん）にふれたと民衆は感じたという。四代目はサビニ人のアンクス＝マルキウスである。敬神の心は強かったが、前王に似て侵略主義をとった。このために、周辺の諸都市国家はたえず脅かされていた。

前六世紀ころといえば、イタリアはエトルリア人の時代である。トスカナ地方は温暖な気候と豊かな自然に恵まれ、イタリアでもっとも住みやすい。だからこそ早期に住み着いた人々こそそこにいたのである。そのトスカナ地方を中心にしてエトルリア人はイタリア中部一帯に勢力をのばしていた。技術力にすぐれ、なかでも土木建築では抜きんでていた。彼らはあちらこちらに進出したから、なかにはローマにもぐりこむ人々もいた。

こうしたなかでも策を弄しローマの王位までのぼりつめたのがタルクィニウス＝プリスク

「カエレの陶棺」　横臥するエトルリア人の夫婦像。前500年ころ。ルーヴル美術館蔵

スという大金持ちである。母はおそらくエトルリア人であり、妻もエトルリア人であった。貧しい人々には援助を惜しまなかったという。また、湿地帯を干拓し、市街の衛生に配慮する。さらに、広場や道路を整備し、戦車競走場を設けて娯楽で人々を楽しませた。ローマの外観と生活は一新されたかのようだった。平民には人気があったが、貴族の妬み(ねた)をかって殺されてしまう。

　これまでの王は、なにはともあれ民に選ばれていた。ところが、前王の后はセルウィウスという利発な少年を後継者として育てていた。そのために王妃は玉座を死守するのである。だが、セルウィウスとは奴隷女（セルウァ）の子という意味だから、素性のほどはわからない。

　それにもかかわらず、このセルウィウス＝トゥッリウスの治世はすばらしかった。近隣の国家との戦いに圧勝。あまりの見事さに、治世四四年、外敵に脅かされることはなかった。そのために内政は充実する。都市には周壁がめぐらされ、都市計画にもとづく土木事業が遂行される。じっさい、考古学者の確認するところでは、堅固な道路、広場、神殿、城塞、排水施設、都市防壁などがこのころ築かれた痕跡がある。

さらにまた、市民団の編成が進められ、国政と軍制の基盤がかためられた。貧しい階層にも心を配ったので、人望は高まるばかりだった。でも、いつの世もそれを妬む貴族はいるものである。そうした輩にそそのかされて、王の娘婿タルクィニウスは王を殺害する。

ところが、この暗殺者はかってに玉座を手にしてしまう。傲慢（ごうまん）で横暴な男だったから、スペルブス（傲慢な）というあだ名でよばれた。度をこした人気とりの征服戦争と建築工事に明け暮れたが、かえって民衆の反感はつのるばかりだった。やがて美しい人妻を強姦した息子の蛮行が発覚してしまう。圧政にたまりかねていたローマ市民は激怒して決起した。エトルリア人の傲慢王を追い出し、みずからの手で国家を樹立するのである。ときは前五〇九年の出来事であった。

元老院と共和政国家の誕生

もちろんこれらは伝承として残されているにすぎない。だが、これらの伝承の裏には、ローマがエトルリアの影響下にあったことがあるにちがいない。そればかりか、エトルリア人の勢力に支配され、服属していたと考える学者もいる。だからこそ、エトルリア人の王を追放した後、ローマ人は心の底から王政を憎んだ。王は傲慢で独善的であったばかりではなく、よそ者であったのだ。

自尊心を傷つけられることほど人を敵意にかりたてるものはない。エトルリア人に服したローマ人には王政は憎んでも憎みきれないほど耐えがたいことだったかもしれない。少なくともローマ人の貴族たちにとっては、王政は二度とあってはならない体制であった。

困ったことに、ローマ人が本腰を入れて歴史を記述するのはかなり遅く、前三世紀末のことである。それ以前は宗教儀礼として出来事を記した板、碑文があるほどで、大方は口から口へ伝えられていただけだった。

やがて建国以来の伝承は多くの作家の手で書きとめられた。彼らの作品も今ではほとんど散逸してしまった。しかし、幸いなことに、それらの伝承や作品を参考にしながら執筆された膨大な史書がある。すでに述べた歴史家リウィウスの作品である。彼は、皇帝アウグストゥスの時代に、一四二巻の史書をまとめあげた。もっとも四分の一ほどしか残っていないし、なにしろリウィウス自身にとっても建国以来の太古の歴史なのである。だから、王政期はもとより、その後の三〇〇年ほどについても、そのままを史実として語るのははばかられるのだ。

しかし、史実であるかどうかを問うことがそれほど大切であるだろうか。生まじめな歴史家なら眉をひそめそうな意見かもしれない。それと知りつつ、あえて史実かどうかにこだわらない立場でいたい。というのも、「ローマ人の物語」として語りつがれてきたということに注目するからだ。

ローマ人には子供のころからくりかえし聞かされてきた父祖の物語があった。それらの話はローマ人の心に刻みこまれ、彼らの精神をきたえあげたのだ。ローマ人という人間ができあがるとともに、ローマ帝国が築かれていったのである。そう考えれば、「ローマ人の物語」

はなによりも精神の血となり肉となる経験ではなかっただろうか。

ローマの長老たちは父たち（パトレース）とよばれていた。彼らの集まりこそが元老院である。王が追放されると、さっそく元老院が増員されることになった。父たちに加えて、あらたに登録者たち（コンスクリプティ）が選出される。もちろん、これら新参の元老院議員は平民出身であった。そこで、伝承はこのとき門閥派と平民派の区別ができたという。

それはともかく、ローマ人はみずからの国家をS・P・Q・Rとしるす。これは、Senatus Populusque Romanusの略号であり、「ローマの元老院と民衆」を意味する。だから、今日でも、ローマの街角にはあちこちに、この略号が目につく。公示板に「ゴミを捨てるべからず　S・P・Q・R」とか、はたまたマンホールの蓋にS・P・Q・Rとだけ刻まれていたりする。もっとも、生まじめな日本なら、奈良市の公示板に「生ゴミ収集は月曜日のみ　大和朝廷」とか、東京都のマンホールの蓋に「大日本帝国」と刻んだりすれば、眉をひそめるかもしれない。でも、偉大なるローマ帝国は陽気なイタリア人には今でも誇りなのだろう。

リウィウス像　40年の歳月をかけて142巻の『ローマ建国史』を著した歴史家。『ハンニバル』より

それとともに、国家とはなによりもres（レス）publica（プブリカ）（公事）であった。やっとのことで独裁者を排斥したのである。もはやローマ人にと

って国家は有力者の集いですべてを決める体制よりほかにありえなかった。だから、公事であるレス・プブリカとは共和政そのものであった。その名残はrepublic（共和政）やrepublican（共和党）などの英語の言葉にもとどまっている。

その共和政国家こそがローマ人のS・P・Q・Rなのである。「ローマの元老院と民衆」という国名そのものからして、国家にはおのずから身分制秩序があることをにおわせる。ギリシア人のポリス国家なら、少なくともたてまえの上では市民のなかに差別をもうけることはしない。だが、ローマ人は元老院と民衆の間に身分の違いがあることを堂々と宣言しているのだ。だから、カエサル時代（前一世紀半ば）の歴史家はこう記している。

父祖から伝え聞くごとく、国家は貴族と平民に二分されていた、と私は信じています。古い時代には、貴族には最大級の権威があり、平民は人数において圧倒的でした。そのために、国家にしばしば平民の国外退去がおこり、貴族の勢力はしばしば折れて、民衆の権利は拡大されました。とはいえ、平民は次のような理由からも自由に振る舞っていたのです。すなわち、いかなる者の権力も法を超えることはなかったし、貴顕（きけん）の人々は財力や傲慢（ごうまん）さによるのではなく名声と勇敢な行為によって無名の人々を凌いでいたからです。どんなに卑賤な者であれ田畑や戦場で誉れを受けることができ、自分にも祖国にも満ち足りた気分でいたのです。（サルスティウス『カエサル宛書簡』）

ここにもあるように、平民が不満をいだくとき、彼らはローマ近郊の聖山に立てこもり、労働も軍務も国事への奉仕を拒んだ。そうやって民衆は自分たちの代表者となる護民官を認めさせている。同じようにして、最初の成文法である「十二表法」も獲得している。

先進の国に派遣された国家の要人

ところで、話はとんで、二三〇〇年後の日本のことになる。維新をなしとげた明治政府は、欧米列強に並ぶ近代国家たらんと躍起になっていた。そのためには欧米の憲法に学ばなければならない。もはや国家の重鎮となっていた伊藤博文もヨーロッパを訪れている。彼の憲法の師はウィーン大学の国家学教授ローレンツ＝フォン＝シュタインであった。そのシュタイン大先生はこう語っている。

　現在、極東の島国から、たんなる若い学生たちばかりでなく、ひとかどの大人たちもがここ欧州へと赴き、この地のことを、そしてこの地の法のことを学ぼうとしている。一体、われわれのなかのいかなるファクターが、彼らをそのように駆り立てているのであろうか。このような事態と比肩しうることは、世界史上、ほとんど一例しか見当たらない。
（瀧井一博『文明史のなかの明治憲法』より）

明治中期にあって「シュタイン詣で」とよばれる流行であった。ここで大先生が引き合いに出す一例が、前五世紀半ばの「ローマ人の物語」である。

たしかに、伝承によれば、成文法公開のために、ひとかどのローマ人三名がギリシアのアテナイに派遣されている。立法者ソロンの法やその他を学ぶべくというが、民主政の立役者ペリクレス時代が華々しいころである。ギリシアの古典古代文明がまぶしいほどだったときである。伝承の史実そのものが疑われており、シュタイン自身もそのことには気づいているという。

しかし、大事なことは、この物語が永く伝えられていったという事実である。明治の新生日本が欧米の先進文明と法を学んだごとく、ローマ人もまたギリシア先進文明と法を学ぼうとした。それを世界史という大画面でながめれば、文明の灯が意識的に継承されるという事件として浮かびあがる。シュタイン大先生の目には、十二表法は明治憲法とともに文明史上の異例の出来事として映ったのである。

子供も暗記した最初の成文法

伝承をつづけてみよう。アテナイへの使節団は三年後に帰国した。それにつづいて、成文法制定のための十人委員会が組織される。一年後、一〇項目からなる法案が公表され、民会で承認された。十人委員会はさらに二項目の法案を作成するために、あらたな十人委員会を設置することになった。

ところが初年度の委員はすべて辞任したのだが、ひとりアッピウス＝クラウディウスだけが再選をめざした。この男は選挙を操作して反対派を封じ込め、委員会を意のままにあやつることになる。しかも、この男は女ぐせが悪かった。六〇歳にも手がとどくというのに、百人隊長の娘ウェルギニアに夢中になった。そこまでは老いらくの恋ですむが、手口が汚かった。ウェルギニアは奴隷の娘なのに幼女のときさらわれたと嘘八百を並べたのである。

たまりかねた父親の百人隊長は娘の貞節を守るため自分の手で娘の命を絶つのである。これでは民衆の涙をさそわずにはおかない。民衆は激怒して反乱をおこす。アッピウスは捕えられ、十人委員会は解散した。しかし、すでに二項目はできあがっており、こうして最初の成文が歴史の舞台に登場したのである。各項目はそれぞれ一二枚の銅板に刻まれたので、十二表法とよばれるようになった。これはローマ法の基礎となるものであった。

ローマ人はこの十二表法を教養の根幹をなすものと考えていた。だから、雄弁家キケロも「たとえ世界中から大声で反論されようとも、私は自分の思うところを述べたい。もし法の起源や拠り所を知りたいなら、十二表法を書きしるした小冊子ひとつが、権威においても、実用においても、すべての哲学者の蔵書を集めたものよりもまちがいなく勝る、と私には思える」（『弁論家について』）と主張するのである。それはローマ人の知恵だったのか、彼らは子供のころから十二表法を暗記させられたという。じっさい、制定時から四〇〇年後のキケロも、当時まだこの習慣があったことを思いおこしている。

このローマ人の丸暗記のおかげと言うべきだろうか、十二表法の断片は後世の諸著作のなかでしばしば引用される。だから、最初の原文が散逸してしまった現在にあっても、その内容はおおよそ修復できるのである。それらの例をいくつかひろい出してみよう。

第一表　一　もし原告が被告を法廷に召喚すれば、被告は出頭すべきである。もし出頭しなければ、原告はまず証人を召喚すべきである。その後に原告は被告を捕らえてもよい。

第一表　六　両者が事件について妥協したなら、公言すべきである。

第三表　一　債務が認められ、また、裁判において事件の判決が下ったときは、三〇日の猶予期間があたえられるべきである。

これらの例をみると、公権力は示談の仲立ちをしているかのようである。それでも被告ないし債務者が判決を履行しなかった場合、債権者は債務者を引きつれることができる。

第三表　三　最小一五ポンドの鎖あるいは足枷(あしかせ)で拘束してもよい。

しかしながら、ここでも拘束する場所は債権者の家であった。公権力はあくまで当事者間での問題解決をのぞんでいるのである。それでも和解が成り立たないこともある。そのときは六〇日間鎖につながれ、債務の履行を誰かがしてくれるのを待つのである。

それでも請戻金が支払われなければ、広場につれていって誰かが支払ってくれるのを待つことにもなる。それでも、それすらできなかったときには、どうなるのか。

第三表　五　処刑されるか、テヴェレ川のかなたの他国に売却されるのである。

これであっても、公権力は債権者が債務者を殺しても奴隷として売りとばしてもよいと言っているだけであろう。公権力はあくまでみずから手をくだそうとしない。というよりも、公権力には係争はすべて当事者どうしの話し合いでつけてもらいたかっただけである。民事ならともかく、刑事ならそうもいくまい。だが、公権力の姿勢はそれほど変わらない。

第八表　二　もし他人の身体を傷つけ、この者と和解しなかった場合、同害報復である。

同害報復とはかのハムラビ法典で名高い「目には目を、歯には歯を」の原則である。ただ、この十二表法の規定では、まずは被害者側と加害者側との話し合いが先であった。つまり当事者どうしで賠償金の和解があれば、それでよいのである。公権力はみずから処罰するのではなく、あくまで被害者側の判断にゆだねるというにすぎない。

このことは家内の問題になればさらにはっきりしてくる。

第四表　二　父には息子に対する生殺与奪（せいさつよだつ）の権があたえられる。

もはや公権力は家内の問題には一切かかわらない。実子を生かすも殺すも父親次第というのである。家父長権は絶大なり、とはローマ法をとりわけ際立たせるものであった。

共和政ファシズム国家

難攻不落の都市を攻略

護民官が設けられ、十二表法が公開される。そのような潮流のなかで、貴族と平民との緊張関係はかなりときほぐされてきた。とはいえ、あいかわらずローマは外患にさらされていた。とくにウォルスキー族やアエクウィー族らの異民族は侵寇（しんこう）をくりかえしローマを脅かす。これらの侵寇をくいとめることはまさしく祖国防衛であった。だが、侵入する敵を斥けるだけでは、民衆は満足しない。戦いが長びけば、疲労と困窮しか残らないのだ。ひたすら不毛な防衛戦争をくりかえすだけなら、従軍する平民たちは不満をつのらせるしかない。

とはいえ、戦いに勝てば、戦利品が手に入り、領土が拡大することもある。それまで守勢にあったローマがいつしか攻勢に転じる時がきた。その見通しさえつけば、いつしか刃を交える敵の姿もはっきりする。

ウェイーはエトルリア人の勢力のなかでもローマにもっとも近い都市である。美しい街並みをもちながら、難攻不落の都市であった。エトルリア人は建築土木技術にすぐれ、ローマよりはるかに進んだ文化にあった。なによりもウェイーは広く豊かな土地であった。それに商業交易がさかんであった。

このような都市を攻撃するのである。遠征軍を出したからといっても、必ず勝てるとはいえない。戦争が長期にわたれば、民衆の不満はちがった形で暴発する。本気で遠征し攻略するとなると、そこには大きなジレンマがあることになる。そこで、兵役につく市民には国家が報酬を支払うという提案が出された。これはローマにとって大きな改革であった。遠方にかすむ不確かな戦利品よりも、目の前にぶらさがった確実な利を保証してやること。それが民衆を説得する至上の手段と見なされたのである。

前五世紀末、生き残りをかけたイタリア半島のなかでは、攻撃こそ最大の防御であったかもしれない。少なくともそれを見通していた元老院貴族がいたのである。

ともかくウェイーへの遠征がはじまり、そこを包囲する作戦に出る。しかし、難攻不落の評判は嘘ではなかった。事態は思惑どおりには進まず、包囲は長びくばかりだった。包囲したからには解除するわけにはいかない。ローマ軍の兵士たちは塹壕（ざんごう）のなかでいくども寒い冬をすごすはめになった。

共和政ローマは一年任期の二人の統領（コンスル）が国政をつかさどる。だが、重大な危機に直面すれば、半年任期の独裁官が指名され、ひとりで国家をみちびく。ウェイーの要塞は堅固であり、住民も勇敢だった。一〇年におよぶ苦戦がくりかえされ、戦局は暗礁にのりあげる。前三九六年、デルフォイの神託をあおぐほどの非常事態におちいり、さらにカミルスが独裁官に指名された。

カミルスは不屈の魂と明晰な頭脳をあわせもつ指導者であった。伝説によると、彼は地下道を掘らせたという。その坑道はウェイーの心臓部にあるユノ神殿の真下に通じるものであった。やがて、城壁の外側からいっせいに攻撃がはじまった。それとともに、ユノ神殿の床が砕けて割れる。そこからローマ兵がおどり出たのである。勝敗はもはや明らかだった。ウェイーは陥落し、生き残った捕虜は奴隷として引きまわされた。膨大な戦利品でふくらみ、領土はこれまでの四倍になる。この勝利のおかげでローマの勢威は高まり、近隣諸国に睨み(にら)をきかせるようになった。

敵を感銘させた気高い将軍

ウェイーが敗北したことで、エトルリアの南部は不安におちいる。とりわけファレリーはローマに反目し、軍勢をさしむける。これに応じて、ローマ軍が出動した。しかも、凱旋将軍カミルスが率いるのである。この名声の高い戦略家が相手では勝ち目がない。ファレリー軍は早々と城壁のなかに撤退してしまう。ローマ軍は例によって町を包囲する。

この町に貴族の子弟を教える教師がいた。城外の草地で遊んだり運動したりしても、ローマ兵は教師と子弟を妨げるわけではない。それをいいことに、教師はローマ兵に近づき、カミルス将軍に会わせてくれ、と懇願した。将軍の前に進みでて、この子供たちを人質にすればファレリーは必ず降伏するでしょう、と忠告した。カミルスは「ローマの武人は正々堂々と戦うのだ。抵抗できない子供が相手ではないぞ」と怒鳴って、教師を追い返してしまった。これを知ったファレリーの人々は「なんという気高い人物だろうか」と感銘したという。憎悪は讃美と畏敬に変わり、降伏を願い出るのに異存はなかった。

ところが、兵士たちはファレリーを征服して略奪するつもりだったから、当てがはずれた。それに、カミルスの武勲はあまりにも輝かしかった。多くの人々がねたみ、兵士たちは不満をぶちまける。カミルスへの非難が続出し、とうとう誹謗中傷（ひぼうちゅうしょう）まで出る。カミルスは戦利品でうまい汁を吸ったという噂が広がった。高潔なカミルスにとっては謂（い）われなきことでしかない。反論する気にもならないことだった。

欠席裁判にかけられ、賠償金支払いの判決がくだった。深い悲しみに沈みながら、カミルスは祖国をすてる決心をする。城門を出て祖国をふりかえりながら、神々に祈願した。「わが民の忘恩を悔いさせたまえ。ローマがふたたびカミルスを必要とする時が訪れるように計らいたまえ」と。

ガリア人の略奪とローマ再建

その日はやがて来た。しかし、その前にローマは予期せぬ大災禍にみまわれる。ガリア人が北方からイタリア半島に侵入し、ローマに迫っていた。ローマの十数キロ近くにアリア川が流れている。前三八七年、その河畔で両軍が激突した。ガリア人は今まで見たこともない姿だった。巨大な体軀、ぎらぎら燃える目、ぼうぼうとした長髪、狂ったような雄たけび。

その異様な外貌がローマ軍の戦意をなえさせてしまう。いつのまにか背後に回られ、混乱し迷走した。目もあてられないほどの敗北だった。ついにはローマの都まで明けわたす始末。建国から三六六年目、共和政国家から一二二年目にして都は初めて敵の手に落ちた。ガリア人のなすがままに蹂躙（じゅうりん）されるしかなかった。

この国辱の敗戦は七月一八日。ローマ人はその日を忌むべき不吉な日として暦に刻むのである。ローマ人は追いつめられ、ついには亡命していたカミルスをよびもどすことにした。カミルスは離散していたローマ兵をかき集め、軍団を編制する。そして、ローマに向かった。

ローマに居残っていた人々もいた。なかには、大量の金をわたせばガリア人が撤退してくれると期待する者もいた。その合意がなり、ガリア人が金の重量を計ったときのことだった。秤が不正に操作されていたことがわかる。ローマ側が抗議すると、ガリア人の言葉は強烈だった。

「災いあれ、敗北者よ！」

このときカミルスがローマに到着する。「ローマ人は金ではなく剣でお返しする」と怒鳴りつけた。勇ましい武将に率いられたローマ軍の勝利は明らかだった。ガリア人は蹴散らされ、逃げ出してしまった。民衆はひたすらカミルスに感謝し、救国の英雄とたたえる。やがてローマは再建され、カミルスは第二のロムルスとよばれることになる。

一連のカミルス伝説はどこまでが事実であるか、真偽のほどはわからない。だが、ローマがガリア人に征服され蹂躙されたことは疑いない。考古学調査からすれば、さらに三〇年もしないうちに都が復興したこともまちがいない。祖国を蹂躙された悲しみに泣き、ローマ再興の喜びに酔いしれた。その記憶がカミルス伝説に結実したのであろう。ローマ人は敗北を忘れないのだ。

第一次サムニウム戦争の勝利

カンパニアとよばれる地域は、ナポリ湾をとりかこむようにして北に広がっている。古代から陽光にあふれ風光明媚にして豊饒な土地であった。あたり前のことだが、誰もが目をつける土地でもある。海岸地域にはギリシア人が多く、ナポリはネアポリス（新しい都市）という名のギリシア人の植民市であった。内陸部には太古からオスキ人が住み、ポンペイなどを築いている。やがてエトルリア人も勢力をのばすようになった。

カンパニアのさらに北に広がるのがラティウムである。この地域に住む人々はラテン人とよばれ、ローマ人はその一派である。ラテン人は、古来、諸都市がひとつの同盟をなし、ローマとだけは反目していた。といっても、すでに前五世紀初めにはローマとの間にも友好攻守同盟の条約を結んでいる。それでも、ローマは領土を拡げてのさばっていたのだ。ラテン同盟の人々が快く思うはずがない。それはそれとしても、ローマ人にはラテン同盟の協力が必要だった。とりわけ、あのガリア人の略奪にこりてからは、なおさらだった。ガリア人の脅威はまったくなくなっていたわけではないのだ。

前３世紀半ばまでの南イタリア

そこに、さらなる脅威が加わる。山岳民サムニウム人が山を降りて平地に侵寇(しんこう)したのである。山岳民の降山活動そのものはそれほどめずらしいことではない。じっさいサムニウム人はすでに前五世紀後半にはカンパニアに侵入し勢力を拡げていた。しかし、前四世紀半ばの活動は大規模だった。ふたたび狙われたのはカンパニアの平原である。

伝説によれば、カンパニアの有力都市カプアからローマに援軍の要請があったという。当初、ローマ人はためらったともいう。だが、豊饒なカンパニアの混乱を手をこまねいて見ているわけにはいかなかった。というより、カンパニアの地に足場をつくる誘惑に抗しきれなかったのかもしれない。

ローマは軍隊を派遣し、サムニウムとの戦いがはじまった（第一次サムニウム戦争・前三四三～前三四一年）。だが、戦争はそれほど深刻な事態にはおちいらなかった。ローマは戦いにおいて勝っていたが、かんたんに和平を結んでしまう。双方とも深入りしたくなかったのかもしれない。それでも、ローマはカンパニアに勢力をのばすことになった。

ますます勢いづくローマ。その横暴きわまる姿はラテン同盟の人々にはおもしろいはずがなかった。とうとう怒りを爆発させ、反乱がおこる。カンパニアのローマ軍が鎮圧に向かい、他愛もなくラテン同盟軍を粉砕した。ラテン同盟は解体され、諸都市はそれぞれローマとだけ絆を結ぶことになった。諸都市は相互に同盟関係にあってはならないのである。それだけではなく、通商や通婚も禁止され、ローマ軍に兵を提供する義務すら負うのである。これこそ「分割して統治せよ」という必勝の格言である。ローマ人が支配の天才とよばれる所以(ゆえん)でもある。ラティウムにおける覇権が確立し、イタリア全土を制覇する拠り所となった。

屈辱の生還から嵐のような反撃

ところで連戦連勝のごときローマ人にもふたたび試練が訪れる。イタリア南部の覇権を賭けた戦いにそれほどの理由はいらなかった。とくに覇権を拡げるローマは外からすれば領土拡張の亡者にしか見えなかった。前三二七年、ふたたびローマ人とサムニウム人との戦いがはじまる（第二次サムニウム戦争・前三二七〜前三〇五年）。それはいつ果てるともない奇妙な戦いであった。

山岳兵はゲリラ戦術を得意としており、勇敢で手ごわい敵と見なされていた。おまけにローマ軍が敵地に遠征すれば、明らかにサムニウム人に地の利がある。ローマ軍の苦戦が予想されることは一目瞭然だった。

前三二一年、カルウィヌスとポストゥミウスが統領(コンスル)に選ばれる。二人は敵地に遠征し攻撃する強硬策を激しい口調でくりかえしていた。そこで、サムニウムを壊滅するまで戦争することが決議された。この年、四軍団がカンパニアの東部辺境地帯を通って敵地に侵入する。まだアッピア街道もないころだから、行軍そのものが過酷をきわめた。計画はあまりにも早急すぎたし、敵地の事情を知らなさすぎた。たぶん統率者が二人とも無能だったのだろう。

サムニウム軍の首領はポンティウスとよばれる男だった。不運なことに、ローマの統率者よりもはるかに知略にすぐれた勇将であった。彼は一〇人の兵を選び、羊飼いに変装させて、ローマ軍の陣営に送りこんだ。その羊飼いたちはローマの同盟国がサムニウム軍に包囲され陥落寸前だと吹聴したのである。それとともに、ポンティウスはカウディウム峡谷の森林にひそかにサムニウム人の軍勢を配置しておいた。

ローマの統領はこの情報の真偽を確かめるべきだった。否、それなりに確かめたのだろうが、信じてしまったのだろう。主戦論者の統領二人にとって、さらに進軍できるという好都合な情報だったのだ。ローマの軍勢はいい気になって山あり谷ありの森林地帯に深入りしてしまうのである。重い行李（こうり）を背にかついだローマ兵にはこの行軍はかなりの難行だっただろう。それでも力をふりしぼってローマ軍は進んだ。やがて、おびきよせられるように、カウディウムの谷間の隘路（あいろ）のなかにすっぽり入りこんでしまうのである。

というよりも、まさしくおびきよせられ、罠にはまったのである。気がつくと、前後左右のどこからもおびただしい数のサムニウム兵が姿をあらわす。完全に包囲されてしまったのである。進むことも退くこともできず、袋のネズミであった。それでも、ローマ兵は必死になって包囲網を突破しようとした。だが、それも無駄だった。もはや、眼前に迫る死の恐怖がローマ兵をとらえる。

だが、ここで不思議なことがおこった。サムニウム兵は樹木と岩の間をめまぐるしく動きまわるのだが、いっこうに攻めてくる気配がない。昼となく夜となく何日もつづいた。サムニウム人にはある恐れがあったという。ローマ人を皆殺しにした場合、ローマの報復を恐れていたのだ。

ローマ人を解放することによってローマとの和平を回復すること。それがサムニウム人の望んだことである。ポンティウスは勇将であるばかりか知将でもあった。そこで、ローマの統領(コンスル)を談判に招く。もちろん要請したのは敵対行為を止め占領地を返還することであった。しかし、敗者は恭順(きょうじゅん)の意を示さなければならない。それができないなら、槍の頸木(くびき)の下をくぐりぬけるという屈辱刑を受けてもらう。それが帰国の条件だった。

隷従の象徴としての頸木の下をくぐるというのは、とほうもない屈辱だった。そんな恥にまみれるなら、いっそ戦って死んだほうがましだった。ローマ兵たちは口々にそう叫んだ。しかし、統領の決断はローマ兵の生還であった。二本の柱が立てられ、その上に槍の横木がのせられる。その下をローマ兵は一人ずつくぐらされるのだ。兵卒は下着を脱がされ、士官は勲章も位階章もはずされた。まわりでサムニウム兵が口汚くののしる。そのなかで、えんえんと屈辱の儀式がつづけられたのである。

帰路にあるローマ兵はとぼとぼと歩く薄汚い浮浪者の集団のようなものだった。打ちのめされ、勇者の見る影もない、亡霊の行列だった。それを見た貴族の若者は「敵は武器とともにローマ人の勇気をも奪ったのです。もはやローマ人の誇る高邁な英雄精神は失われてしまったのです」と叫んだ。だが、それを聞いた経験豊かな元老院の長老は答えた。

「ローマ兵は打ちひしがれて物こそ言わぬが、屈辱感にさいなまれ痛憤に胸をこがしておる。それこそは名誉心と復讐心をよびさますにちがいないのだ。この陰鬱な沈黙はやがて嵐のごとくサムニウム人に襲いかかる。敵どもに頸木の下をくぐらせ、城壁を吹きとばしてしまうのだ」

じっさい、そのとおりになる。新しい統領のもとで軍団が編制され、サムニウムに進撃した。そして的確な情報を得ながら、敵の陣地を急襲した。戦場は峡谷でも森林でもなかった。ローマ兵は怒りに燃えながら「ここでものをいうのは勇気だけだ」と叫んだのである。サムニウム兵の屍が重なり、生き残った兵は城壁のなかにのがれた。ほどなく抗戦を断念したサムニウム軍はローマ軍に降伏する。七〇〇〇人のサムニウム兵は首領ポンティウスを先頭に槍の頸木の下をくぐらされたという。

これもまたリウィウスの筆になる伝承である。たしかに、山岳民サムニウムとの戦いは長期化した。急襲、包囲、奇襲がくりかえされ、戦闘は果てしなくつづいた。その戦争の被害は甚大であり、イタリア農業に重大な危機をもたらしたと指摘する学者もいる。しかし、ここではその種の議論に深入りしないでおこう。

それよりも、ここでも注目しておきたいことがある。ローマ人は父祖の物語に耳をかたむけ、精神の滋養の糧としていた。連戦連勝のごときローマ人であるからといって、戦勝の喜びに酔いしれていたばかりではない。むしろ、勝者でありつづける傲慢こそ注意しなければならない。その落とし穴によく気がついていたのではないだろうか。だからこそ、ローマ人は敗北を決して忘れないのだ。敗北者としてなめさせられた屈辱には必ずや仕返ししなければならない。そうしてこそ、ふたたび勇ましく高邁な覇者として君臨できるのである。勇気と名誉はどうあるべきか。その数々の姿を父祖の物語はくりかえし後世のローマ人に刻みつけていたのであろう。

和平案を吹き飛ばした古老の演説

この山岳民サムニウム人との戦いに二〇年以上が費やされた。じつに困難な戦いであった。この戦争のさなかの前三一二年、カンパニアのカプアに向けてアッピア街道が敷設された。ローマ市民を総動員してつくったというから、山岳民との戦いがそれをいかに急かせたかがわかる。ローマの道はまずなによりも軍道であるのだ。

戦いに勝っては領土を併合する。個々の都市とそれぞれに同盟関係を結ぶ。さらに、要所要所には軍事拠点を設けることも怠らない。ローマの勢力拡張は、もはやイタリア半島全域に住む諸民族にとって大いなる脅威であった。それでもサムニウム人はしぶとかった。ふたたび反旗をひるがえし抵抗する部族がいたのである。周辺の部族をもだきこみ、戦乱は拡大する（第三次サムニウム戦争・前二九八～前二九〇年）。さらには、エトルリア人やガリア

アッピア街道　前312年、ローマ市民を総動員してつくられた軍道は、カンパニアの紛争地へと向かっている

人までがサムニウム人を支援した。しかし、苦境にあっても、さすがはローマであった。前二九〇年、ローマはサムニウム人を完全に屈服する。もはや、イタリアにおける覇権は揺るがしがたいものになった。

イタリア半島の南岸には古来ギリシア人が住んでいた。マグナ・グラキア（大いなるギリシア）とよばれた地域である。これらギリシア人たちにもローマとの衝突はさけがたい宿命であった。といってもイタリア半島南部のギリシア勢だけでローマに対抗できるわけではない。

地図をながめれば、イタリア半島南端とギリシア本土はかなり近い。半島南端の対岸にはエペイロス王国があった。そこを治めるピュロス王はアレクサンドロス大王を気どり野心に燃える男だった。この王にマグナ・グラキアから援軍の要請がとどいた。さっそく二万五〇〇〇人の兵と二〇頭の象を率いてイタリアにのりこむ。大王を気どるだけあって、戦術にもたけていた。戦況はピュロス王に有利に進む。イタリアの住民は動揺し、ローマを支援することをためらう人々も出てきた。ローマには和平の気運が高まる。

アッピウス＝クラウディウスはアッピア街道の創建者として名高い。彼はしばしば「ローマ人は平穏なときよりも困難なときのほうが信頼できる」と言っていたという。強大な国家は困難になるほど力強くふるまい、平和がつづくと気力がなえてしまうことに気づいていたのである。

アッピウスはすでに引退して盲目の老人であった。かれの耳元にもイタリアに侵入したピュロス王からの和平案があったとの噂がとどく。しかも、イタリア住民の寝返りを恐れる元老院はこの和平案に応じるつもりだともいうのだ。アッピウスはもはやじっとしていられなかった。息子たちにつきそわれ元老院議場での発言を求める。

「元老院に入る盲目のアッピウス＝クラウディウス」
ピュロス王の和平案に反対するため、元老院議場で発言を求めるアッピウス（中央で手を引かれている人物）。マッカリ作

わしはもはや目は見えなくなったが、耳も聞こえなければと思うくらいだ。あんなピュロス風情の和平に応ずるとは、ローマの名声に傷をつけることははなはだしいではないか。常日頃、諸君が全人類にいいふらしていた文句はどこに行ってしまったのか。〃もしかのアレクサンドロス大王がイタリアにやって来て、若者だったころの我々や男盛りの我らが父たちと戦っていたとしたら、今ごろ彼は無敵と讃えられることもな

く、敗走するかひょっとしたら命を落としていたかもしれず、その結果ローマの名声はいっそう高まっていただろうに〟と。あの気概はどうしたのだ。（プルタルコス『英雄伝』「ピュロス伝」）

ときは前三世紀初めのころである。すでに侵入してきたガリア人を斥け、近隣の諸部族も服属させ、とりわけ難敵だったサムニウム人をも打ち破って、ローマはもはやイタリア半島に並ぶものなき破竹の勢いにあったころだ。古老の心意気はローマ人をふたたび戦争の情熱にかりたててしまう。派遣された和平の使節は送り返され、帰国後こう報告する。

私には元老院は多数の王者の集まりのごとく見えました。また、民衆はといえば、切り落とされてもすぐに頭が再生する多頭怪獣ヒュドラのごときものであり、戦うのが恐ろしい相手です。前列にいる兵士の二倍が後ろで待っており、さらにその数倍の人数も武器をとるローマ人がひかえているのです。（同）

共和政の牙城である元老院は有能な王のごとき勇将にあふれていたという。また、巷では好戦的な民衆の熱気がぷんぷん感じられたにちがいない。このような雰囲気をあえて「共和政ファシズム」とよぶことにしよう。

ついにイタリア半島を支配下に

ローマ人の公職者には先駆吏がおり、ファスケスとよばれる斧と棒の束を担いでいた。これは公職者の権威を象徴するものであり、それになぞらえて近代のファシズムという言葉も生まれている。ファシズムは国家主義や軍国主義となじみやすい大衆運動であった。

しかし、古代にもそれに似た事態がなかったわけではない。否、むしろ、この言葉こそはローマという国家のかたちを表現するのに言いえて妙ではないだろうか。近代ファシズムはすぐに独裁政と結びついたが、古代のファシズムは独裁政にいたるまでに長大な歳月を経なければならなかった。エトルリア人の傲慢王を憎んだローマ人はあらんかぎり独裁政を嫌悪したからだ。だから、ローマ人の国家は「共和政ファシズム」として姿をみせたと言ってもいい。

やがてピュロス王を撃退し、長靴の形をしたイタリア半島の踵と爪先までがローマの支配下に入ったのである。このイタリアの覇者こそはS・P・Q・Rである。Sすなわち元老院(Senatus)は共和政の牙城である。元老院では経験と英知にあふれる貴族たちが議論しながら国策を決める。議論を主導する有力者はいるにしても、あくまでも合議の上でのことだ。Pすなわち民衆(Populus)はファシズムの温床である。威信にみちた元老院議員の発言はこれら民衆を好戦的な気分に変える。そのような精神を育むのが父祖の物語であった。

ファシズム国家の真骨頂といえば、軍国美談ではないだろうか。父祖の物語にその種の話は事欠かない。ひとつだけあげれば、第三次サムニウム戦争の山場の出来事である。周辺部族もエトルリア人もガリア人もサムニウム軍を支援したので、さすがのローマ軍もあわや壊滅というときだった。平民出身の統領(コンスル)デキウス＝ムースは天に向かって「わが祖国に明るい光がさしつづけるためなら、この身を犠牲に捧げよう」と叫んだ。みずから敵陣に切りこみ、壮絶な戦死をとげる。この特攻精神はローマ兵の士気をふるい立たせ、ローマ軍は勢いをもりかえして勝利をおさめたという。真偽のほどはともかく、ローマ人はこの愛国精神を末永く語り伝えたことだけは確かである。

アッシリア帝国もペルシア帝国もアレクサンドロス大王の支配も、あくまでも独裁者の率いる覇権国家であった。まさしく王者は一人しかいない。だが、ここローマでは、大勢の王者がおり、共和政とファシズムとが結びつく。父祖の物語をたどれば、そこにローマ人の国家の原型があった。少なくとも前二世紀半ばまでは、ローマは「共和政ファシズム」という形でとらえることができる。

第四章　ハンニバルに鍛えられた人々

海の覇者・カルタゴの攻勢

第一次ポエニ戦争の発端

地中海世界はなによりもその中心に海をいだいている。その海は、ヨーロッパ、アジア、アフリカの三大陸を結びつける。

エジプトの壁画には帆船を描いたものがある。前一五世紀の図像だが、たぶん竜骨のない、船首も船尾もほとんど直角に上向いたものだった。ナイル河を航行することができても、外洋に出るには適していなかった。

しかし、それ以前から東地中海には異なる種類の船が出現していた。そこに生きる海洋民族は海の冒険にのりだす。彼らの船は帆と櫂(かい)で航行した。竜骨がそなわり、そのために船体は波の衝撃に強くなり、船底が海中深く沈んで安定したものになった。この船は海に適した最初の輸送船であり、やがて方々に拡がり少しずつ改善されていく。このような船が往来するなかで、沿岸の各地が結ばれ地中海世界ができあがる。

これらの海洋民族のひとつがフェニキア人であった。彼らは西地中海にも進出し、各地に植民市を建設する。それらのなかで勢力をましたのがカルタゴである。近代世界におきかえれば、イギリスの植民地だったアメリカ合衆国がのちに列強のひとつにのし上がり、二〇世紀後半には世界の覇者のごとくなっている様を想像してもらいたい。カルタゴは北アフリカに本拠があり、シチリア島やサルデーニャ島などにも拠点をもっていた。

地中海にあって船団を自由自在にあやつる海洋交易国家カルタゴ。しかし、国政の担い手たる貴族層に目をやれば、彼らは商人というよりも軍人である。そうだとすれば、カルタゴは商人軍国主義であったことになる。これに比べれば、ローマは農民軍国主義であった。

ところで、海の覇者カルタゴはイタリアの覇者ローマにとって脅威であったのだろうか。というのも、もともと土地に根ざす農民は保守的であり、外地の征服に歩みだすにはかなりの動機がいる。まして海を越えていくのだから、民衆がすすんで故国から出て行く気になることなどほとんどない。

むしろ民衆を率いる指導者層のなかに外征への動機があるのではないだろうか。もし誰かが閉鎖的な農民集団のなかで有力者になろうとすれば、傑出した軍功をあげるにまさることはない。カルタゴのような商人軍国主義は税収奪を強化し、ますます傭兵に依存する。それによって重商主義ばかりに進出しようとする。それに匹敵する外征への動機があるとすれば、農民軍国主義の社会ではその指導者層が軍事的名誉への渇望(かつぼう)をいだくことにある。武勲に代表される名誉や権威はローマ人の間ではよくよく衆目を集めるものであったらしい。ここにも共和政ファシズム国家をなすローマ人らしさがあるのではないだろうか。

これら西地中海の二大勢力であるカルタゴとローマが激突したのが、世にいうポエニ戦争である。戦争の発端にはありがちなことだが、第一次ポエニ戦争（前二六四～前二四一年）もささいなことがきっかけになった。

シチリア島東北端にあるギリシア人植民市メッサナ（現メッシナ）からローマに使節が派遣された。イタリア半島の先端とは海を隔てて目と鼻ほどしか離れていない。このころメッサナはマメルティニ（軍神マルスの息子たち）とよばれる連中の掌中にあった。この連中はもともとシラクサ王に雇われたカンパニア出身の傭兵団であった。だが、解散したはずなのに帰国しないばかりか、メッサナを攻略して占拠し定住してしまった。

しかし、身元も不明な輩が由緒ある都市を拠点にしてのさばっているのを見過ごすほど世の中は甘くはない。シチリア島最大の都市シラクサは追討軍をさしむける。マメルティニ団を戦場で打ち負かし、メッサナの町を包囲した。町内は苦境におちいり、マメルティニ団のなかに分裂がおこる。カルタゴに援軍を要請する人々もいれば、ローマに援軍を求める人々もいた。しかも、すでにカルタゴはすばやく行動していた。だから、この援軍要請に応じることはカルタゴへの宣戦布告と同じことだった。カルタゴの資源と軍事力を熟知していた元老院の大半は慎重であった。だが、世論はためらわなかった。ひょっとしてシチリアの全島がカルタゴの手に落ちるとすれば、それははなはだ危険であった。それとともに、戦勝は市民一人一人に多大の利益をもたらすとの予測もある。そう唱える主戦論者が世論を動かしたのである。こうしてローマ軍は海を越えることになる。

ローマは陸の王者であっても、海の覇者ではない。もともと海軍力のないローマが海軍力を誇るカルタゴを相手にどこまで戦えるのか。しかし、船と船とをぶつけ合う海戦の時代であるから、頭を働かす余地がないわけではなかった。帆柱に綱でつるした橋桁（はしげた）を立てて、その端には鉄の鉤（かぎ）をつける。それは形状からカラスとよばれた。敵艦に近づいたとき、その綱をゆるめてカラスを打ち下ろすと鉤がつきささる。そのカラスを通じて兵力を敵艦に送りこめば、海上の陸戦にもちこめる。この軍略は功を奏し、農民の海軍をあなどっていたカルタゴ軍を大敗に追いやった。

総大将ハミルカルの活躍

しかし、そうした創意工夫がいつまでも通用するわけではない。やがてカラスの威力も薄れ、戦況は一進一退になった。というよりも、完勝完敗のくりかえしであった。この永年にわたって膠着（こうちゃく）した第一次ポエニ戦争をふりかえりながら、ポリュビオスはこう総括する。

これまで記した戦争にかぎっていえば、双方の国家の活動ぶりは、企図の壮大さにおいて、さらにそれを実行するさいの勇敢さにおいて、そしてなによりも頂点に立とうとする意志の強さにおいて、まったく互角であった。兵士の質を比較した場合は、ローマ兵の方があらゆる点ではるかに優秀だったが、指揮官にかんしては、当時の人物のなかで判断力の点でも勇気の点でも、ハミルカルの右に出る者はいない。バルカの異名をもつこの男こ

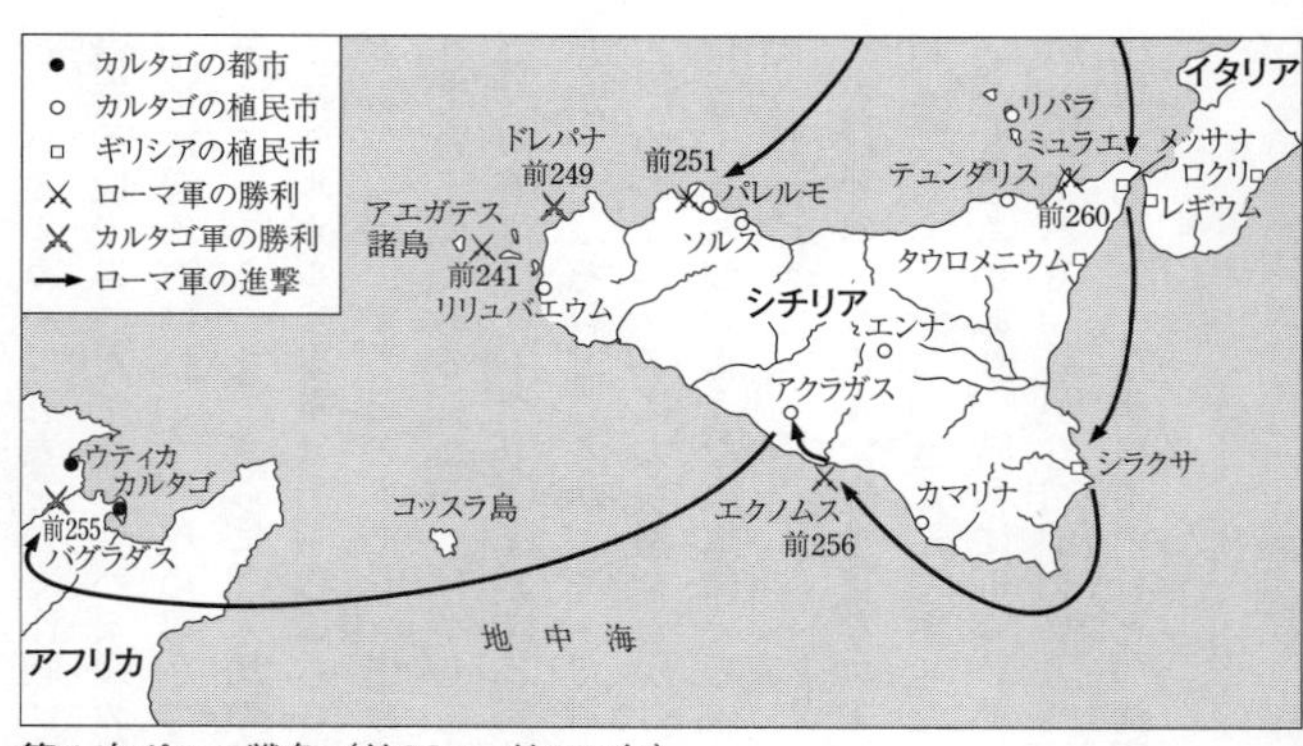

第１次ポエニ戦争（前264〜前241年）

そ、のちにローマの宿敵となるあのハンニバルの実父なのである。（『歴史』城江良和訳）

兵士の質について、ローマ兵がまさっているという。それはローマ軍が市民兵からなるのに、カルタゴ軍は傭兵の集まりだからである。ポリス市民団の栄光に思いをはせるギリシア人歴史家の目にはそう理解されたのであろう。

ところで、もともとカルタゴではアフリカの地でこそ勢力を拡張すべきだと考える人々が少なくなかった。そのころでも、バルカの異名をもつ一族は地中海における覇権こそが肝要であると主張してはばからなかったという。

すでにローマはシチリア島西端の地域にまで攻略の手をのばしていた。前二四七年、カルタゴはバルカ家の若きハミルカルを総大将にむかえる。バルカ家の伝統にのっとり地中海進出に熱意をもつ若大将の登場とともに戦況はがらりと変わった。ハミルカルは意表をつく作戦に出る。ローマ軍に包囲された都市に援軍を派遣するのが常套手段であった。だが、ハミルカルはパレルモ近郊の小高い丘に陣をかまえたのである。山頂に登る道は険しく、攻め難かった。見晴らしがよく、ローマ軍の動向を監視するにはもってこいであった。さらに、天然の良港に近かった。

ハミルカルの軍勢はあちらこちらに出没する。急襲することもあり、待ち伏せすることもある。攻勢にでることもあり、引き下がることもある。海軍もまた沿岸各地に出撃し、略奪していくのである。だが、けっして大きな合戦にもちこむことはないのだ。このような縦横無尽の暗躍にローマ軍はほとほと悩まされた。三年にわたってローマ軍はほとんど打つ手がなかった。それどころか、やがて新たな作戦をくりひろげる。ローマ軍の陣取るシチリア島西岸のエリュクスに大攻勢をしかける。さらには、シチリア島ばかりかイタリア沿岸部をも打ちよせる波のような攻撃にでる。ローマ人の財力を消耗させ、徴兵される民衆を疲弊させるつもりだった。

もはやハミルカルは生半可なローマ軍の手におえる相手ではなかった。ローマにすれば人員も物資も大量につぎこんでおきながら、ほとんど見るべき成果はなかった。数年前には優勢なところがあり、勝利に近づいているかに思われた。だが、ハミルカルはその夢を打ち砕いたのである。しかも、イタリアへの帰路の途中で、ローマの艦隊が折からの嵐のために大惨事をおこし、攻勢にでるほどの海軍力はなかった。

傭兵の反乱と鎮圧

しかし、ふたたび膠着した戦況をローマ人は手をこまねいて見ていたわけではない。富裕市民のなかに愛国心にもえる奇特な人々がおり、彼ら数名が私費を投じて艦船を建造させたのである。拿捕されていたカルタゴ艦船は性能にすぐれていたので、それをモデルにした二〇〇隻の艦隊が進水することになった。

カルタゴ船団がハミルカル軍に送る物資や食糧を満載してシチリアに向かっていた。そのカルタゴ船団を二〇〇隻のローマ艦隊が急襲する。ほとんど戦闘員もなく積荷にあふれる船団だから、まるで勝負にならなかった。またたくまに五〇隻が沈没し、七〇隻が拿捕され、ほかの船は逃げ出してしまった。そのころにはカルタゴの国庫も尽きかけていた。もはやシチリア島に物資や食糧を送る船団を再建する余力もないのだ。しかし、ローマもまた永年の

カルタゴの名将　上からハンニバルの実父、ハミルカル。ハンニバルの義兄のハスドルバル。26歳で将軍となったハンニバル。『ハンニバル』より

戦いで憔悴しきっていた。カルタゴもローマもそれ以上の戦いを好まず、和平が成立する。

　カルタゴは巨額の賠償金を支払い、シチリア島を放棄しなければならなかった。善戦したハミルカルは将軍の地位を降り、率いていた傭兵の処遇を国家に委ねる。それにしても戦いが終われば傭兵たちはしこたま報酬をもらえると期待していたから、困窮したカルタゴ当局には大きな負担だった。わずかばかり給金が支払われたが、あとは未払いのままになる。待ちくたびれた傭兵は野営地を出てカルタゴに向かう。仰天したカルタゴ当局は要求額を支払わざるをえなかった。だが、傭兵たちの不満はそれではおさまらなかった。もはや暴動にとどまらず、公然たる反乱になった。

　カルタゴ当局は市民兵と新規募集の傭兵で応戦する。だが、ほとんどお手上げ状態だった。窮地におちいったカルタゴ当局はハミルカルを召還し、鎮定の全権を委ねた。ほどなく正規軍もすべてハミルカルを支持し、反乱軍に立ち向かう。とはいえ、反乱軍の傭兵たちももとはハミルカルの指揮下に戦った兵士であった。これらの傭兵たちのなかにはハミルカルを畏敬する者も少なくなかった。そこでハミルカルはこれら旧戦友たちの忠誠心に訴える。懲罰することもなく、捕虜たちには正規軍に加わることを勧め、故郷に帰国できるように配慮する旨を伝える。

　ハミルカルの温情に傭兵反乱軍の兵士たちの心は揺れだした。名将としてのハミルカルの器を知る反乱軍指導者は兵士たちの逃亡を恐れる。カルタゴ人捕虜の手足を無惨に切り取り、生き埋めにした。反乱軍兵士のなかにはそれに抗議する者もいたが、彼らも惨殺された。これらの残虐きわまりない蛮行に加担したからには、カルタゴ正規軍の温情にすがる望みは消え去ってしまう。もはや反乱軍兵士には戦う以外の道はなかった。

凄惨きわまりない戦いがくりひろげられ、両陣営とも磔刑（たっけい）などで見せしめの残虐行為を重ねた。しかし、反乱軍は名将ハミルカルの強敵たりえなかった。やがてカルタゴ軍は傭兵反乱軍を追いつめ殲滅（せんめつ）してしまうのである。この反乱と鎮圧の一連の成り行きは、ローマ人の目には、カルタゴ人の残虐さばかりが焼きついたかもしれない。しかし、カルタゴ側にしてみれば、反徒に誘発されてやむなくとった手段だと弁解したくなるものだった。

新天地イベリア半島への遠征

前二三七年、ハミルカルはバルカ家一門を率いてイベリア半島の開発にのりだす。このころカルタゴはシチリア島についでサルデーニャ島、コルシカ島をも放棄せざるをえなかった。新天地を求めていくことは自然の成り行きだった。

イベリア半島は鉱物資源に富み、なかでも金鉱と銀鉱にめぐまれていた。それはローマに賠償金を支払う義務を負うカルタゴにはなにはともあれ魅力に満ちていたのだ。

とはいえ、イベリア半島への遠征はカルタゴ本国ではそれほど歓迎されたわけではなかった。民衆はハミルカルに声援をおくったが、カルタゴ貴族たちは冷淡だった。貴族たちの反感はハミルカルへの嫉妬（しっと）でもあり、誹謗（ひぼう）と中傷がうずまいていた。高邁（こうまい）なハミルカルはひたすら国力の回復を願っていただけだった。彼は生きてふたたびカルタゴの地をふむまいと、ひそかに決意したという。

前二三五年、祖国を出る。その門出に、長子ハンニバルと弟たちをともない、ハミルカルは主神バールの神殿にぬかずく。ローマ打倒を念じるあまり、当時九歳にすぎなかったハンニバルに命じて告げた。「ローマこそはわれらが仇敵。お前はなんとしてもこの国の怨みを晴らすのだ。このことをよく胆に銘じておけ」と。

はるか古代のことだから、ここでも事の真偽はあいまいである。だが世界史のなかでも屈指の戦術家として知られるハンニバルであれば、その生い立ちのなかでありそうな体験に思えるのだ。この父にしてこの子あり、と父子の悲壮な心情は人々の胸に響くものがある。

ところで、原住民のケルト＝イベリア人は部族間のまとまりがなかった。それをいいことにして、カルタゴは原住部族をつぎつぎと征服する。ハミルカルは服属した原住部族民をカルタゴ風に訓練し、すぐれた軍隊をつくりあげる。年とともに、カルタゴの傘下に集まる原住民の族長たちは後を絶たなかった。族長たちは軍人としてのハミルカルの才能を畏れており、また彼らにとってもハミルカルは魅力的な指導者であった。

もちろん言うまでもなく、カルタゴ人の間でもハミルカルは勇将としてその卓抜な軍才を畏敬されていた。さらに、その死に方もまた人々の涙をさそわずにはおかなかった。増水した川で部下を助けようとしてみずから溺死したのである。まさしく英雄と慕われる人物だった。

ハミルカルの死のとき、ハンニバルはまだ一八歳だった。名将の器たる片鱗はあったが、いかんせん若すぎた。それに年長者である義兄のハスドルバルは信頼すべき武将だった。新都市カルタゴ・ノヴァ（現カルタヘナ）を建設し、銀鉱を開発する。それとともに、原住部族民にも心をかけ、彼らの信頼をかちえたのである。のちにカルタゴの国力が復興するにあたって、ハスドルバルの手腕と功績は特筆すべきものがあった。

イベリア半島東北部を流れるエブロ川を境にして、北はローマの勢力圏、南はカルタゴの勢力圏とする約束だった。しかし、すさまじいばかりのカルタゴの立ち直りはローマにとって脅威であった。ローマは刺客を送りこみ、毒刃でハスドルバルを葬ってしまう。

ローマを存亡の危機にさらした男

かくしてハスドルバルの義弟にしてハミルカルの長子に出番がまわってくる。ハンニバルが二六歳のときである。彼が歴史の舞台に登場する場面はこんなふうに記されている。

古参兵たちは、父ハミルカルが若返って帰ってきたかのように思った。同じような生き生きとした顔つき、同じように力強いまなざし、同じような顔の輪郭と表情があるのを、彼らは見逃さなかった。

かつてハスドルバルは勇敢にして精力的に行動しなければならないとき、いつでも義弟よりほかに担当させたがらなかったし、兵士たちもハンニバル以外の指揮官のもとでこれほど確信にあふれ元気になることもなかった。

危険に立ち向かうとき、こよなく大胆であり、危険のただ中にあっても、ひときわ思慮深かった。どんな艱難にも身体は疲れを知らず、精神はくじけることがなかった。暑さにも寒さにも同じように耐えることができた。飲食の量は欲望にまかせず、自然の必要に応じていた。昼に働き夜に眠るというわけではなく、仕事をして余った時間が眠りにあてられた。眠るにも、柔らかな寝床も静寂もいらなかった。戦地にあっては、兵士の外套をかぶって大地に寝こんでいた。それを目撃した人々は多く、また、しばしばだった。衣服は同じ身分の者のなかでも少しも目立たなかったが、武具と馬はきわだっていた。騎兵の間でも歩兵の間でもおなじように群をぬいてすぐれていた。人に先んじて戦場に赴き、いざ戦いになれば最後に戦場を去るのだった。(リウィウス『ローマ史』)

この描写は敵であるローマ人の歴史家の筆になるものであるから、まんざら誇張されたばかりではないだろう。史実はともかく、ハンニバルが将軍の器としてこのうえなく人望を集めていたことは疑いえない。ローマの歴史家もやはり彼には一目おかざるをえなかった。

しかし、この賛辞ともいえる文言につづいて、「かくも偉大なる美徳がとほうもない悪徳と張り合っていた」と書き加えられている。悪徳とは、残忍で不誠実きわまりないことだった。また、敬虔ではなく、誓約を守る気がなく、神々への畏敬の念に欠けることだった。それは無理からぬ罵詈雑言だった。ローマはこの男のために国家存亡の危機にさらされたのだから。

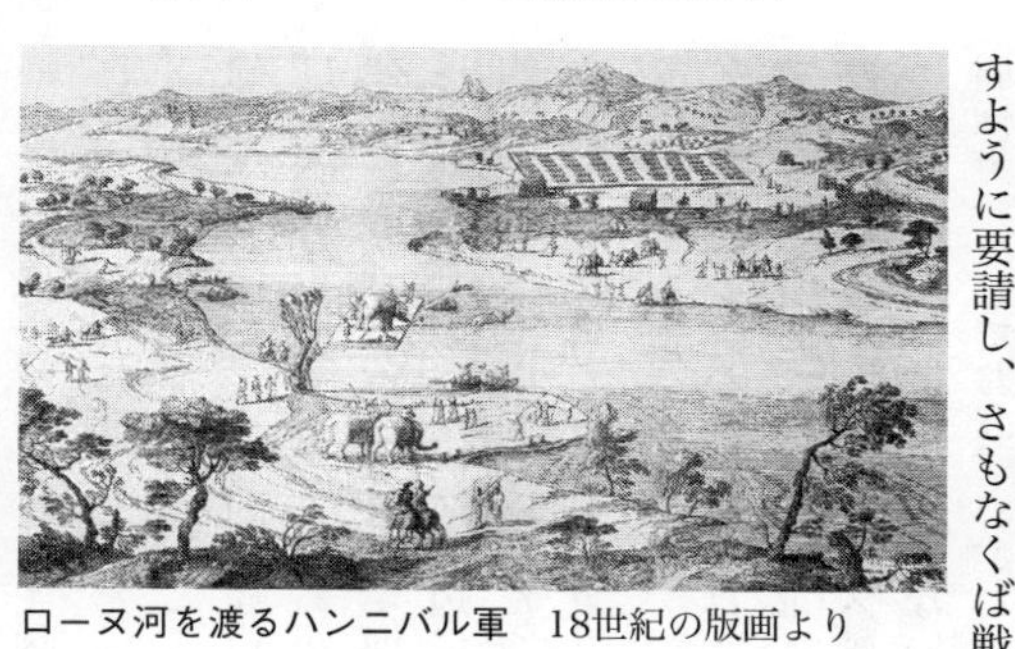
ローヌ河を渡るハンニバル軍　18世紀の版画より

なにしろ、父親の遺訓を受け継いだハンニバルである。一筋縄でいくような青年ではなかった。前二一九年、ローマの同盟都市サグントゥムを攻略し陥落させる。ローマとのあれこれの約束事がことごとく無視された。ローマは使節を派遣し、ハンニバルをローマに引き渡すように要請し、さもなくば戦争だと脅迫する。だが、もはや国力をますカルタゴにはローマは恐れ、退くばかりの強国ではなかった。とりわけ、ローマの側からすれば、ハンニバルは敬虔でないどころか、不誠実で誓約を守る気など微塵（みじん）もない男であった。もっとも、ローマ人はカルタゴ人そのものを残忍で不誠実だと見なしていたのだが。

ガリア人を味方にアルプスを越える

前二一八年春、境界線をなすエブロ川を渡る。長征のはじまりである。またたくまにスペイン北東部をおさえ、夏にはピレネー山脈を越えた。やがて今日のアヴィニオン近郊でローヌ河畔にたどり着く。このとき、歩兵三万八〇〇〇、騎兵八〇〇〇、象三七頭であったという。ピレネー越えのころは歩兵五万、騎兵九〇〇〇だったというから、兵力の減少が目立つ。とくに歩兵の脱落がいちじるしいが、おそらくイベリア半島に引き返した者たちが多かったのだろう。

ローヌ河沿いに北上し、そこから支流をさかのぼってイゼルの谷に着く。あの名高いアルプス越えの出発点である。ここからなんらかの経路をたどって今のトリノが艱難辛苦の旅の到達点であった。この間の経路をめぐっては諸説ふんぷんである。それらを詳しく吟味すれば、大部な一冊の本ができあがるほどだから、好奇心をあおる問題である。それは好事家の仕事にまかせ、伝えられる場面だけを点描しておこう。

そもそもこのアルプス周辺にはガリア人（ケルト人）が住んでいた。それはアルプスの北側だけではなく南側も同じだった。ローマ人にとって今日の北イタリアはガリア・キサルピナ（アルプスのこちら側のガリア）であった。イタリアという地理観念ではルビコン川が北限だった。

さて、ハンニバルの軍勢はまずガリア人のなかのアロブロゲス族の土地を通りぬける。この地にあるとき、たまたま北イタリアに居住するボイ族の使節が来ていた。彼らは、北イタリアの情勢ばかりかアルプス越えの進路についても情報をもたらしてくれたのである。ハンニバルにとっては願ってもないことだった。さらに、アロブロゲス族のなかでは兄弟二人が覇権争いをしており、ハンニバルに仲裁を求めてきた。この裁定もとどこおりなく済み、アロブロゲス族も協力をせざるをえなかった。ハンニバルにはなによりも食糧の補給が気がかりだったから、それも事なきをえた。

いよいよアルプスを登りだす。行く手の困難さが身にしみるときだった。アロブロゲス族のなかに妨害する一派が登場する。だが、すでに得た情報からここも突破して略奪した。穀物も家畜も酒もあり、食糧の補給はますます十分になった。しかし、谷の森のかなたには白い雪におおわれた険しい山々がそびえる。道がせまくなり、先頭を行く象の足どりも重くなるばかりだった。

やがてケウトロネス族の土地にふみこむ。族長たちは恭順(きょうじゅん)の意を示したが、それは罠(わな)だった。峡谷の道をたどるとき、高みから石を転がす奇襲にあう。だが、名将ハンニバルはそれを見ぬいていた。ほどなく混乱におちいった軍勢を立てなおし、敵の奇襲を退けてしまう。

アルプス越え　北イタリアの平原をのぞむ騎乗のハンニバル。19世紀の版画より

　敵の襲撃はほとんど止んだ。しかし、冬が近づく二〇〇〇メートル級の山越えは厳しさをます。とりわけ夜の冷えこみは半端ではなく、ろくろく眠りもとれないほどだった。脱落者がふえる。馬も象もつまずき倒れるものも続出した。

　やがて峠を越える。そこからアルプスの東斜面がのぞめ、かなたには北イタリアの平原が広がっていた。しかし、下り坂はさらに困難だった。降りしきる雪のなかで凍てつく道は険しかった。人も馬も象も足をすべらせ谷底へ消えていくのである。

ポリュビオスによれば、アルプス越えには一五日がかかったという。ハンニバルの手元には二万の歩兵、六〇〇〇の騎兵、二〇頭の象しか残っていなかった。しかし、ともかくハンニバルとその軍勢はアルプス越えを成しとげたのである。なによりも不撓不屈にして毅然たるハンニバルがいた。その姿は従軍する兵士たちの目にはこよなく頼もしく映ったにちがいない。それとともに、北イタリアに住むガリア人には空恐ろしい勇将に思われただろう。これらのガリア人は必ずしもローマを好ましく思っていなかったのだから、ハンニバルには追い風が吹いていたことになる。

待ち伏せ戦術にローマ軍全滅

前二一八年の統領はプブリウス＝コルネリウス＝スキピオ、のちに救国の英雄と讃えられた大スキピオの父親である。彼はローマの軍勢を率いてポー川渓谷にいた。そこでハンニバル軍を迎え撃たんと待ちかまえていたのである。

北イタリアのガリア人のなかにはカルタゴ軍を支援する部族が現れる。父スキピオの軍勢はトレビア川まで後退して防衛線をしいた。河川をはさんで両陣営が向かい合う。兵力はそれぞれがほぼ三万人を越え互角であった。このような場合、攻撃することはきわめて危険であるのだ。未だ戦傷が癒えない父スキピオは現場で指揮をとれないこともあり、慎重だった。

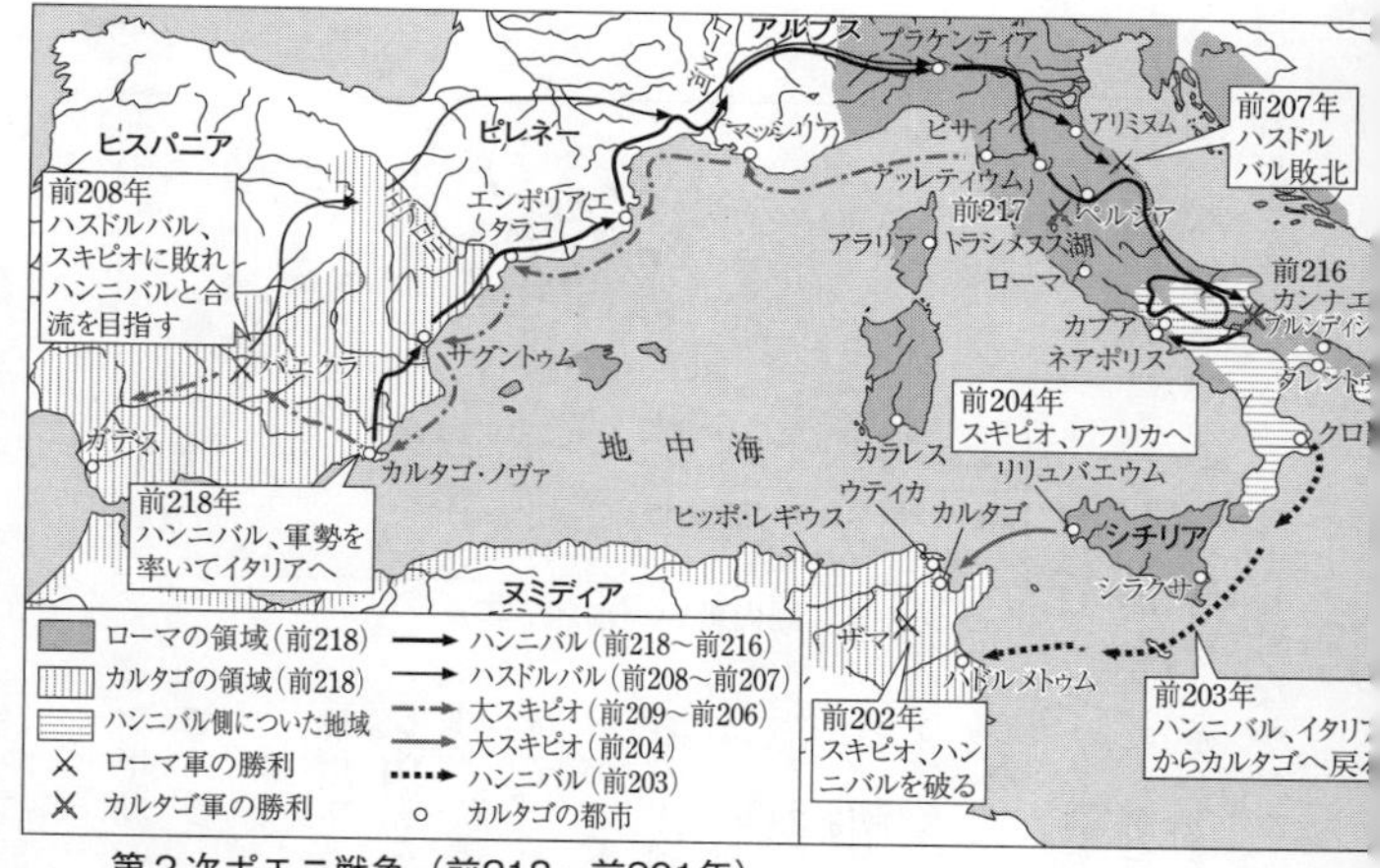

第２次ポエニ戦争（前218～前201年）

ところが、カルタゴ軍のヌミディア騎兵が川を渡りローマ陣営に襲いかかった。待ってましたとばかり、同僚統領センプロニウスの率いるローマ軍が応戦する。ヌミディア騎兵隊はあっけなく列を乱して退却した。それを機にローマ軍は全軍で冷たい川を渡って急進撃する。だが、渡り終わったとき、びしょ濡れのローマ軍の目前には、両翼に騎兵隊、正面に象の群れ、整列したカルタゴ歩兵軍団がいた。まるで負けたかのように逃走したのは罠だったのだ。戦略家ハンニバルの才覚をあなどってしまったのである。勝負はもはや問題にならなかった。全滅こそまぬがれたものの、ローマの敗残兵たちははるか後方に退くしかなかった。

ガリア・キサルピナの大半にはカルタゴ軍の勢威がおよぶ。しかし、ローマ人にはハンニバルの意図するところが不明であった。ハンニバルはカルタゴ軍の力を誇示することで、イタリ

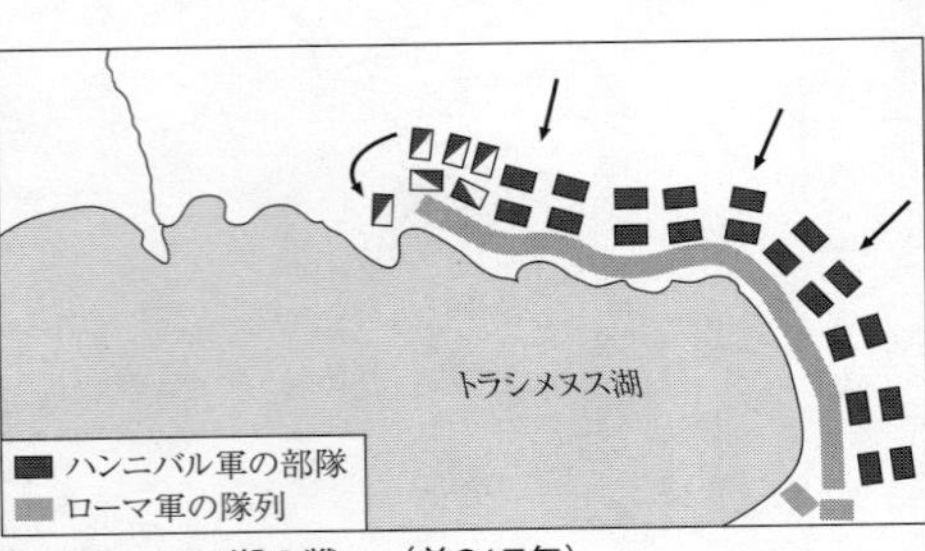

トラシメヌス湖の戦い（前217年）

ア半島の各地でカルタゴ支援の声があがることを期待したのである。それには連戦連勝するほかはなかった。

ローマに大勝したハンニバル軍にガリア人たちはますます加担する。翌年春にはほとんど妨げられることもなくアペニン山脈を南下した。いつのまにかローマ軍の防衛網をすりぬけ、統領フラミニウス率いるローマ軍はあわてて猛然と追撃する。ハンニバル軍は追手をのがれるかのように逃走した。だが、トラシメヌス湖畔に来ると、ゆっくり進む。そこは一方の片側は登るにも急勾配の丘陵地がそびえ、他方の片側には深い湖水がさえぎっていた。

フラミニウス軍はハンニバル軍を追って湖畔の細い道を進む。朝靄（あさもや）がかかり、ローマ軍の長い縦列がつづく。とつぜんのことだった。沿道の茂みのなかからカルタゴ軍が襲いかかった。夜の間にハンニバルは兵をひそませ、待ち伏せしていたのである。ローマ軍はほとんどなす術もなかった。前方も後方も横側もカルタゴ軍に囲まれ、戦闘態勢に入る暇もなかった。逃げる気なら、湖水に飛びこむしかなかった。それはもはや大人と子供の戦いであり、赤子の手をひねるようなものだった。あの誇り高きイタリアの覇者ローマもひとたまりもなかった。ほとんど全滅であり、将軍フラミニウスも戦死した。

兵站に打撃を与えた「ぐず作戦」

それにしても、ハンニバルという戦術家の器量は度外れだった。これまでのローマ人が経験したこともないものだった。あまりにも大敗つづきだったために、ローマは非常事態におちいる。そして、名門貴族で人望のあるファビウスが独裁官に指名された。だが、ファビウスはハンニバルとまともに対決するのは愚かだと気づいていた。作戦らしきものは、正面きっての合戦を避け、つかず離れず、ひたすらハンニバルの尻を追いかけるだけのように見えた。そのために「ぐず」（コンクタトール）のあだ名でよばれることになる。だが、ファビウスはただ臆病であったわけではない。大軍を率いればそれなりに物資や兵力を補充しなければならない。軍事行動の背後には必ず兵站(へいたん)とよばれる人と物の流れがある。それを妨げ、カルタゴ軍が消耗するのを待つというのがファビウスの狙いであった。

このファビウスの意図はローマ人には評判が悪かった。だが、さすがにハンニバルはファビウスの戦術家としての才覚を見ぬいていた。人望のある統率者が評判をおとしたなら、悪評にもっと上塗りしてやるのも戦術のうちではないか。ハンニバル軍はあちらこちらの領地を荒らしまわり略奪をくりかえしながら、ファビウスの領地だけは手をつけなかった。あたかもファビウスがハンニバルと意を通じているかのようだった。

ローマの民衆が怒り狂うのももっともである。とはいえ、ファビウスもハンニバルの策略にのせられてばかりではない。さっさと自分の土地を国家に寄進してしまう。この思い切りのよさがファビウスを疑惑の目から救った。高潔な人物としての名誉はファビウスの周りにただよっていた。

　ファビウスの「ぐず作戦」は少しずつハンニバル軍の兵站という腹部に打撃をあたえつつあった。物資の徴発こそなんとかやれたが、兵力の補充はまるでだめだった。ハンニバル軍が優勢であっても、それとていつまでもつのか知れたものではない。そう思えば、誰もハンニバル軍に与(くみ)する気にはならないのだった。総勢は五万を越えることはなかった。

　前二一六年春、ローマは物資も兵力の補充も思う存分だった。そこはイタリア本国にいるのだから、兵站力にぬかりはない。もともとアッピア街道の敷設から始まったように、兵站重視はローマ人のお家芸だったのだ。あらたに徴兵された者でふくれあがり、総勢はほぼ八万近くに達するほどだった。

　そのころまで、両軍は山岳地帯でにらみ合ったままだった。ほとんど動きはなかった。だが、その地勢を不利と見たハンニバルは南東に数日間移動し、カンナエの地に陣をしく。そこは南イタリアのアドリア海に注ぐ川沿いの平原であった。その後を追うローマ軍も陣地をかまえる。

　統率するのはもはやファビウスではなかった。この年の統領(コンスル)二人、主戦派のウァロと慎重派のパウルスであった。ローマ軍は左岸にあり、カルタゴ軍は右岸でまちかまえた。両軍の距離は五キロと離れていないのである。今からすれば、古代最大の決戦である。現場にいれば、どちらから仕掛けるのか、固唾(かたず)をのんで見守るところだろう。

歩兵孤立で死者七万の惨敗

真夏の二日間、両軍はひたすらにらみ合っていた。ローマの兵力総数は七万六〇〇〇である。そのうち、重装歩兵五万五〇〇〇、軽装兵一万五〇〇〇、騎兵六〇〇〇。これに対して、カルタゴの兵力総数は五万である。うち歩兵三万。軽装兵一万、騎兵一万。騎兵力でこそカルタゴ軍がまさるが、軍の主力をなす歩兵は七万対四万でローマ軍が圧倒する。おまけにカルタゴ軍の歩兵と軽装兵の中心はガリア人、リグリア人、バレアレス人である。寄せ集めの傭兵軍だから、士気は必ずしも高くない。

三日目が来た。劣勢の軍勢でいかにして戦うべきか。これがハンニバルの胸中をしめるただ一つの思いであった。平原にはローマ兵があふれ、その数の多さにカルタゴ軍兵士の足もすくむ。だが注意深く目を凝らせば、ローマ軍が全力を中央部に集中させているのがわかる。ハンニバルの頭に、来るべき決戦のための戦術がひらめいた。

両軍とも先頭に配備した軽装兵どうしの小競り合いがつづく。ほどなく彼らは雲をはらうように舞台から消えた。その背後にはローマ軍の中央に通常の隊列の倍をなす厚さ一二人の重装歩兵の正規軍団がひかえていた。両翼に騎兵隊をともなって、ひたひたと前進してくる。

これに対して、ハンニバルは中央部の歩兵を半月形に突出させる布陣をしいた。この凸型半月形隊列の左右後方は階段状をなす。さらに左右後方には重装歩兵が配備され、その外側に騎兵隊がいた（図の第一段階）。

ローマの重装歩兵軍団は力で圧倒するかのように歩みを速め、突撃態勢にはいる。じりじりと敵兵を追いつめながらも、戦列はばらばらになった。凸型半月形に布陣していたカルタゴ歩兵軍が後退するにつれて、ローマ軍の中央部がふくらみはじめていた。あたかも中央部に吸い寄せられていくかのようであり、正面突破も目前に迫る勢いだった。逆にカルタゴ軍の半月形は中央がへこむ凹型半月形になっていた。カルタゴ軍の隊列は押しつぶされそうになりながらも、必死で持ちこたえる。

だが、ハンニバルが待っていたのはこの一瞬であった。両翼に配備された重装歩兵を前進させ、ローマ歩兵軍の側面を攻撃する。それとともに、カルタゴ軍の左翼騎兵がローマ軍の右翼騎兵を破り、背後をまわってカルタゴ軍右翼騎兵隊に

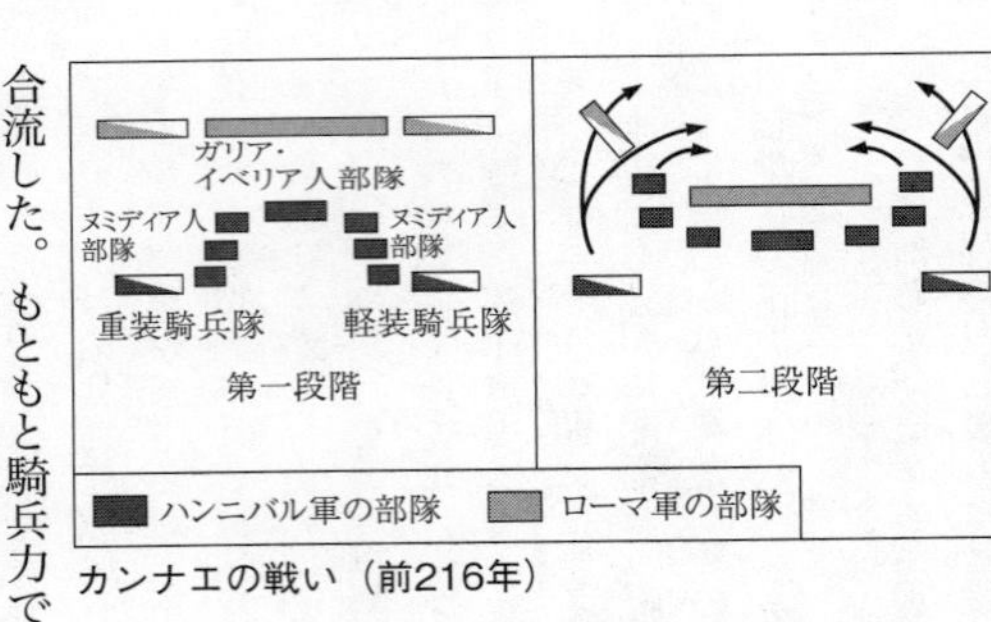

カンナエの戦い（前216年）

合流した。もともと騎兵力ではカルタゴ軍がまさるのだから、残るローマ軍左翼騎兵隊をも撃破するのは朝飯前だった。やがて向きを変え、ローマ歩兵軍団の背後を襲撃する。戦場の只中にローマ歩兵軍団はひとかたまりになり、その周りをカルタゴ軍が取り囲んだのである（図の第二段階）。もはやローマ軍の運命はつきた。あとには悲惨な殺戮の血が滴り流れたの

である。死者の数は七万人というから、ローマ軍は壊滅したといってもいい。大げさかもしれないが、一回の合戦でこれだけの戦死者を出したのは、第一次世界大戦までなかったともいうほどだ。

要するに、ハンニバルの考えたことは、自分の欠点を長所でいかに補うかというにつきる。歩兵力において劣るのであれば、優勢な騎兵力をいかに活用するか。左翼にはイベリア人とガリア人との騎兵を配備し、右翼にはヌミディア人の騎兵を待機させる。その左右両翼の騎兵を大胆に用いながら、この包囲網作戦を成功させたのである。それは世界の戦史のなかでもきらきらと輝く星のような戦術の古典でもあった。

ローマ軍の打撃はとほうもなく大きかった。戦死者のなかには元老院議員も八〇名いた。統領の一人であるパウルスはもともとハンニバルとの正面衝突には慎重だった。主戦派のウァロにおしきられる形でカンナエの決戦にのぞんだのである。皮肉にも、傷を負いながらもウァロは逃げのび、パウルスは戦場の刃に倒れた。「まずウァロに負け、それからハンニバルに負けた」という言葉を残しながら、敗将は息をひきとったという。

イベリア半島に派遣された兄弟

ハンニバル軍がイタリア半島で勢いづけばつくほど、ローマ人にはある怖れがつのっていた。それはイベリア半島に残るカルタゴ軍がやがてハンニバル軍と合流しないかと懸念されていたからである。このためローマは早くからスキピオ兄弟をイベリア半島に派遣していた。最初に弟のグナエウス＝スキピオが進軍し、遅れて兄のプブリウス＝スキピオが到着した。兄はのちに救国の英雄となる大スキピオの実父であり、弟は叔父である。

じっさい、ハンニバルの弟ハスドルバルはイタリア半島で戦うハンニバルに合流するように命じられていた。だが、スキピオ兄弟の活躍でハスドルバルのイタリア行軍は妨げられる。カンナエの戦いの翌年、前二一五年、ある野戦でスキピオ軍はハスドルバル軍に圧勝し、野営地もろとも略奪したのである。これで当面の憂いはなくなった。

とはいえ、イベリア半島におけるカルタゴの勢力を削がねばならない。それにはこの地でもローマの覇権を見せつけることであった。しかし、イタリア本国で窮地にあったローマは十分な兵站活動をなすことができなかった。このような劣悪な情況がつづくなかでも、イベリア半島のスキピオ兄弟は善戦していた。イタリア半島がハンニバルに蹂躙(じゅうりん)され、ローマ人は意気消沈しがちなときだった。そんなローマ人にとって、イベリア半島におけるスキピオ兄弟の快進撃は勇気をもたらすことだった。

スキピオ兄弟はなによりも原住民の共感と支持を得ることを心がけていた。二人とも温厚な人柄であったので、ともに原住民から親しまれ敬愛された。このことは彼らのカルタゴ軍との戦いのなかできわめて重要であった。カルタゴ軍も当地の地勢情報に詳しかったが、原住民はそれ以上に通じていたからである。その意味でも、スキピオ兄弟はたんなる策士ではなく、深慮遠謀(しんりょえんぼう)のきく人であった。のちに息子でもあり甥でもある大スキピオがイベリア半島で勢威をもつことができるのも、この兄弟の人柄と人脈のおかげでもある。

ところで、カルタゴもみすみす兄弟の奮闘に屈していたわけではない。イベリア半島での物資の補給も傭兵の補充もままならないなら、ローマの勢力を一掃するしかない。前二一一年、カルタゴは大攻勢に転じる。それに応戦してローマもきわめつけの獰猛（どうもう）な戦士として名高い原住民兵士を召集した。だが、金に物をいわせるカルタゴは賄賂（わいろ）をくばる。原住民兵士はさっさと引き上げてしまった。プブリウス軍とグナエウス軍は合流もできないままだった。捨て身の行軍で兄は戦死し、砦で抵抗した弟も玉砕してしまう。わずかの間に、ローマ国家はすぐれた武将の兄弟を失ったのである。それはイベリア半島の征服に散らしようもない暗雲を立ちのぼらせるものだった。

勝利を導いたローマ人の伝統

打たれ強く失敗に学ぶ

ふたたびイタリア半島に目を転じてみよう。カンナエの戦いに大勝したあと、なぜハンニバルはローマに進軍しなかったのか。この疑問は歴史を学ぶ者はもちろんだが、当のハンニバル軍参謀本部でも熱論が戦わされたらしい。指揮官たちは「ローマを衝くべきだ」と口角泡をとばして主張した。しかし、ハンニバルは頑としてこの主張を受けいれなかった。いくら勢いにのるとはいえ、今のカルタゴにその余力はない。兵力も物資も補充がままならないのでは、強国ローマの中核部を襲うことなどできない。ましてローマに近づけば近づくほど、周辺地域の結束は固くなるはずだ。それが、ハンニバルの冷静な判断であった。

しかし、カンナエの大勝が広く響きわたることには、ハンニバルも希望的観測をもっていた。ローマの同盟者たちが離反するかもしれない、という期待はふくらみつづけるのである。じっさい、ローマから隔たった南イタリアではハンニバル軍に与(くみ)する都市もちらほら出てきた。なかでもカンパニアの中心勢力であるカプアの離反はハンニバルを喜ばせた。とはいえ、ほかの都市もいもづる式にそれにならうというわけにはいかなかった。それでも、重要な港湾都市タレントゥムもローマに背く貴族が手引きしたおかげでハンニバル軍の夜襲作戦によってカルタゴの手におちたのである。それに、海の彼方からも朗報が届く。バルカン半島のマケドニアとシチリア島のシラクサとがカルタゴとの同盟関係を結んだのである。地中海の東西にまたがる対ローマ包囲網も夢ではなかった。

しかし、現実はそう甘くない。肝心のイタリアの地で離反都市が続出するなどは夢まぼろしであった。というのも、本国カルタゴからの補給はあいかわらず届かず、兵站力に欠けるハンニバル軍には今ひとつ信頼がおけなかったのである。

ところでローマ側はどうだったのか。かつて盲目の老人アッピウス=クラウディウスが元老院議場でぶちあげた激励はふたたび息をふきかえしたかのようである。共和政ファシズム国家ローマの強みは苦境にあってこそ発揮される、という熱弁を思い出してもらいたい（第三章一〇九頁参照）。

戦いの現実にあっては連戦連敗であり、苦杯につぐ苦杯であった。だが、そこには名将ハンニバルにしても見透かせないものがあった。ローマという国家を営む公民はこのような危機にあればあるほど激しい熱情を燃やすというところがある。打たれ強いといえば、これほど打たれ強い公民も少ないのではないだろうか。

打たれてもめげないということは失敗をたんなる失敗で終わらせないということでもある。失敗から学ぶという姿勢が身にしみついているとも言える。だから、失敗した者でも勇気をもって事態にのぞんだのであれば、責められるわけではなかった。むしろ温かく迎えられることさえある。たとえば、カンナエの惨敗将軍ウァロが敗残兵を引き連れて帰国したとき、元老院は「共和政国家に絶望しなかった」勇者を讃えて感謝したという。彼にはさらに指揮権の延長が認められ、捲土重来(けんどちょうらい)の機会があたえられたのである。そのかわり、臆病者や裏切り者には情け容赦がない。それがローマ人の「父祖の遺風」であった。

ともあれ、未曾有(みぞう)の国難の渦中にあった。民衆は祖国愛にめざめ、祖国のために死ぬことをも厭(いと)わぬ気分がもりあがった。すすんで徴兵に応ずる者たちが相つぎ、富裕者は自分の奴隷を軍隊に提供した。すみやかに兵力の立て直しもなり、一気呵成(いっきかせい)の反撃戦の気運も高まる。

だが、熱気にあおられて復讐の大攻勢をかけるのでは、敵の思う壺ではないか。さすがに元老院は慎重であり、ファビウスの「ぐず作戦」が見直される。前二一五年および前二一四年と異例にも二期連続で統領(コンスル)に選出された。さらに翌年にはファビウスの息子が統領に選ばれ、父は息子の副将となる。だが、失敗に学ぶ知恵をもつとはいえ、慎重なばかりが能ではない。

ローマの盾と剣

ファビウスの同僚統領には、勇名をとどろかせたマルケルスが選ばれている。かつて第二次ポエニ戦争前に北イタリアにおいてガリア人との戦いがあった。そこでマルケルスは一騎打ちの騎馬戦で敵の首領を殺し、その武具を奪ってユピテル神に奉納したという。それはローマの武人にとって至高の武勲(スポリア・オプティマ)であった。この誉れにあずかったローマ人は彼以前には三人しかいなかったし、彼以後は皆無となるほどのものだった。

マルケルスはシチリア島のシラクサ攻略にのりだす。この王国都市はシチリア島に勢威をおよぼす上で要となるものだった。だが、この都市には古代屈指の物理学者アルキメデスがいた。彼の考案する大型兵器の数々はローマ軍を悩ませ、ローマ兵たちを怖気(おじけ)づかせたのである。マルケルスには封鎖作戦しかなくなり、苦戦つづきだった。だが、内通者があらわれ、マルケルスの巧みな用兵もあって、前二一二年、シラクサは陥落した。このときアルキメデスがローマ兵に殺害されてしまう。それを知ったとき、会うことを楽しみにしていたマルケルスはひどく残念がったという。

前二一一年、ハンニバルを支援してきた都市のうちで最大の勢威を誇ったカプアをローマ軍が包囲した。ハンニバルはその包囲網を襲撃するよりも、ローマへと進軍する。カピトリウム丘からもハンニバル軍の野営の火が見えるほどだった。しかし、それはカプアからローマ軍を引き離すための陽動作戦だった。それを見抜いていた知恵者ファビウスは民衆を落ちつかせ、カプア包囲続行をよびかける。民衆はファビウスの言葉を信じ、都のなかで混乱は生じなかった。やがてカプアも陥落した。

ところで、マルケルスはそののちイタリア本土にもどり、ハンニバルと三回対戦した。両軍とも善戦したが、決着はつかなかった。ハンニバルは述懐する。「ファビウスはまるで教師のごとき人だが、マルケルスはまさしく敵そのものだ。ファビウスは私の失策に罰をあたえる。だが、マルケルスはいつも私に危害をもたらそうとするのだ」と。

数年後のことだが、待ち伏せしていたハンニバル軍の騎兵隊の手で、不覚にも偵察中のマルケルスは殺されてしまう。しかし、ハンニバルは遺体を火葬し、遺骨は子息のもとに届けたという。心ある敵将であればあるほど、その真価を敬愛をこめて理解できるものである。

しかしながら、もはやハンニバルは決定的に応ずる術もなくなっていた。イタリア南端部を占領しつづけるだけで、いたずらに時を過ごす。このために、ローマの民衆はファビウスを「ローマの盾」、マルケルスを「ローマの剣」とよび、二人の功績を讃えたのである。

ふりかえってみれば、前二一一年は第二次ポエニ戦争のなかで、奇妙な年である。イベリア半島ではそれまで攻勢をつづけたローマ軍が撃退された。統率するスキピオ兄弟も戦死し、この地でのローマの覇権は危機に瀕していた。だが、本土イタリアでは、それまで勢力を誇ったハンニバル軍が往時の勢いを失いつつあった。ローマ軍もカルタゴ軍も敵地にある軍勢が苦境におちいったのである。その主要な原因は、戦術や戦略というよりも、兵站活動は世の常であるからだ。

の危機であっただろう。敵地にあって戦争が長びけば、物資や兵員の補充がままならないのは世の常であるからだ。

青年スキピオを起用した信義の絆

ハンニバルとの戦いが始まったころ、プブリウス＝コルネリウス＝スキピオはまだ一〇代の若者だった。北イタリアにおいて父の指揮下で初陣をかざっている。そこでカルタゴ騎兵隊から父を救ったという。また、あのカンナエの激戦にも青年将校として参加し、かろうじて敗残兵とともに脱出したともいう。

前二一一年、悲運にもイベリア半島から父と叔父の訃報が届く。スキピオが二四歳のときだった。このイベリア戦線は劣勢にあったので、すすんで統率者になろうと望む者が少なかった。だが、スキピオ兄弟の血をひく若者は物怖じすることはなかった。すでに按察官を経験していたとはいえ、二〇代半ばの若造が軍隊を率いる司令官に起用されるなど常識ではありえなかった。しかし、元老院は慣例を無視して、二六歳になったばかりの若造にイベリア遠征の希望を託した。

スキピオには親愛なる父と叔父の仇討ちをするという大義があった。それは多くのローマ人同胞が共感するところでもあった。また、スキピオ兄弟の名はすでに原住部族民の間にとどろいていた。兄弟の温厚な人柄があり、友好的な人脈が残っていた。それを背後にもてば、快く迎えられることにもなる。さらに、この若者にはなんともいえぬ人をひきつける魅力がひそんでいたという。

ここで、少し視野を拡げて、共和政ローマの社会における人間関係に言及しておきたい。共和政ローマは、なんといっても元老院貴族による寡頭政支配であった。とりわけノビレスとよばれる貴顕貴族の世襲支配が目立っている。ノビレスとは統領級の公職者を祖先にもつ人々であり、貴族のなかでも有力家系であった。

しかし、血筋さえあれば、すべてが安泰であったわけではない。統領級の公職に就任する家系は次から次へと交替することが多かった。だから、由緒ある名門貴族といえども、みずからの力で功績をあげなければ有力者にはなれない。祖先の名に恥じない功績を積み重ねること、それが「父祖の遺風」を実践することである。貴族がそれなりの勢威をもつ貴族であるためには、厳しい試練に耐えるということでもあった。二世あるいは三世であるからといって、いつまでも安閑としていられたわけではない。

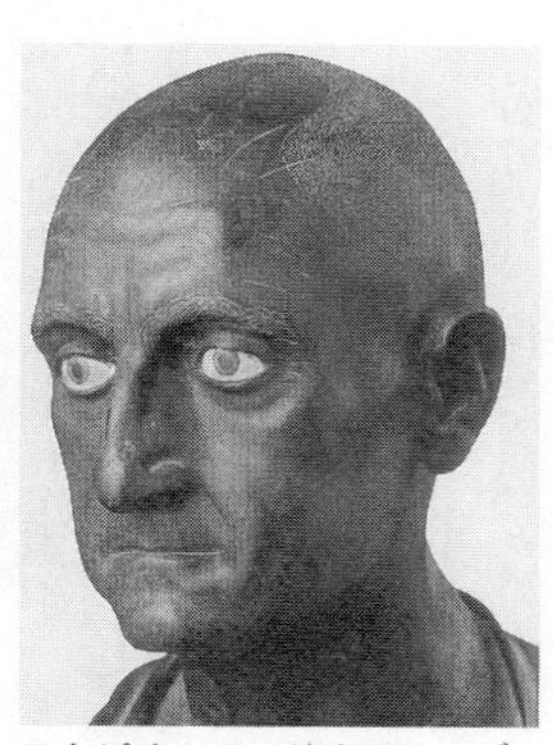

スキピオ＝アフリカヌス　ザマの戦いでハンニバルを破った名将。ナポリ国立博物館蔵

ともあれ、これらのノビレスを最上層として、その下には勢威のない非力な貴族あるいは圧倒的多数の平民層がいた。これらのノビレス貴族とそれ以外の人々との間は信義にもとづく強者と弱者との絆で結ばれている。それは信義という心の関係であるから、拘束力

の薄い自由な人間関係であった。しかし、契約ではなく心の信義であればこそ、かえって堅固な結びつきでもあった。これはいわば親分・子分関係であり、専門用語ではクリエンテーラ（保護＝被保護関係）とよばれている。この人間関係は網の目状に拡がり、少数の有力者を頂点とする諸勢力が群立するのである。

たとえば、統領（コンスル）をはじめとする上級公職者の選挙は、市民集会としての民会で行われる。しかし、これらの選挙の行方を左右するのは、しばしばこれら有力貴族のクリエンテーラの動員力であった。また、元老院にあっても、有力者の発言力が物をいい、非力な貴族たちは有力者の言葉に耳を傾けたのである。

このような人間関係は、占領地や属州地においても、同じようにとり結ばれる。それは名誉や権威を重んじるローマ人にとって、ことさら肝（きも）いりの人間関係であった。外征するローマの有力貴族と原住部族民の首長層との間には、やはり相互の信義にもとづく友誼関係が生まれるのである。それは親分・子分関係ではあるが、やはり心の信頼による結びつきであった。イベリア半島におけるスキピオ兄弟はこのような信義の絆を原住部族民の首長層と結んでいたのである。父と叔父の血をひく青年スキピオが登場する背景には、そのような土台があったのである。

神々の寵愛と幸運

前二一〇年、スキピオはイベリア半島に到着する。未知の土地であれば、ことさら現地の事情と住民の動きを調べなければならない。スキピオの情報収集能力はきわだっていた。なによりもカルタゴ勢力の中心地カルタゴ・ノヴァを攻撃する。そこを急襲すれば、カルタゴ軍が来援しても間にあわないことが情報分析から知られていた。

理知的で合理的でありながら、スキピオはどこか神がかりなところがあった。夢にあらわれた神はわが軍への守護を約束された、とスキピオが告げる。兵士たちは意気揚々(いきようよう)としたという。さらに地元の漁師たちの口から、引き潮になれば都市の岸辺に潟が広がることも聞きだしていた。スキピオ軍が到来し引き潮がはじまると、目の前に奇跡のごとき潟が浮かびあがる。そこを歩きながら、まるで神々の加護にあずかるかのように、スキピオ軍はカルタゴ・ノヴァに進撃したのである。

電光石火(でんこうせっか)のごときカルタゴ・ノヴァの占領。その手腕と魅力の勝利のおかげで、スキピオは神々の寵愛(ちょうあい)を受けているという伝説すら生まれる。兵士たちのスキピオへの信頼と忠誠は絶大なものになった。それればかりか、原住部族民の族長たちの心をもひきつけるのだった。

ある戦いで首尾よく事をやりおおせたときだった。ある部族長の娘が捕虜として差し出される。彼女は誰もが目をみはるほどの美貌の女性であった。勢威を誇る武将なら手をつけてもなんら非難されることはないのだ。

だが、スキピオはこの娘を婚約者のもとに返してやり、さらに両親から身代金として提供された金銀を結婚の祝儀として届けてやった。娘の属する部族はスキピオの振舞に感激し、みずからすすんでローマ軍への忠誠を誓うのであった。（フロンティヌス『戦術論』）

スキピオにすれば、敵地にあって原住部族民の支持をとりつけるための冷静な判断であったであろう。それにしても、道理をわきまえ情け深いスキピオの人柄がよくにじみ出たエピソードである。

イベリア半島にあってスキピオ軍の戦勝はあいつぐ。しかし、ハンニバルの弟ハスドルバルは打ち負かされるとイタリアに向かった。それはスキピオの不覚だったかもしれない。このバルカ家の兄弟がイタリア半島で合流することは、なによりもローマの脅威であったからだ。

ハスドルバル軍は一〇年前の兄よりもやすやすとアルプスを越える。だが、ローマ軍の行動もすばやかった。北上するローマ軍はハスドルバル軍を待機し、南下するローマ軍はハンニバル軍を抑止する。そこに、たまたま弟から兄にあてた合流計画の連絡文がローマ軍の手に入った。それにもとづきローマ軍はハスドルバルの進軍路を急襲して壊滅させたのである。

戦死したハスドルバルの生首がハンニバル軍の野営地に投げこまれた。そのとき兄ははじめて事態の重大さを知ったという。弟のイタリア到着は早すぎたのであり、それが裏目に出たのだ。恐れられたバルカ兄弟の共闘がなくなり、ローマの人々がほっと胸をなでおろした瞬間だった。

イベリア半島での戦闘はさらにつづく。スキピオの勝利はますます確かなものになった。かつてカルタゴを支援していたヌミディア王マッシニッサも若いながらも名将のおもむきあるスキピオを好感をもってながめるようになっていた。

ハンニバルの戦術を脳裏に刻み大勝利

前二〇五年、スキピオはローマに帰国し、あでやかな英雄としてむかえられた。やがて統領に選出され、ただちにアフリカ遠征計画の実現に着手する。だが、このような勇壮な計画にはぐず戦法の老雄ファビウスはいつも反対だった。元老院の大勢は消極論に傾く。とはいえ、スキピオへの民衆の期待を考慮すれば、遠征そのものには反対できないのである。そこで、元老院の決定は軍団を提供することはないから、遠征するなら自分で志願兵を集めろという底意地の悪いものだった。

しかし、名将の誉れと魅力的な人柄のおかげで、スキピオはほどなく多数の兵士を徴集することに成功する。やがて、新兵訓練のために、一年間シチリア島ですごすことになる。このとき、ギリシア趣味をひけらかすことに臆せず、ギリシア風の衣装をまとって陣頭指揮にあたったという。もともとシチリア島はギリシア文化の根づいた地域であった。だが、スキピオの「ギリシアかぶれ」は国粋派のローマ人にはなんとも眉をひそめることだった。

スキピオはイタリア半島でハンニバルと刃を交えることを避けていた。カルタゴ本国のあるアフリカへの遠征はそのための戦略だった。上陸すると、次々と敵地を攻略し、平原の合戦でも勝利をおさめる。だが、カルタゴ軍の奇襲で輸送船を破壊されてしまう。やがて、おびき寄せられるように、ハンニバルが帰還した。スキピオの思惑は図星だったのである。前二〇二年、ハンニバル軍とスキピオ軍はザマで決戦の時をむかえる。

ザマはカルタゴ本国（現チュニジア）の西南部にある。そこでカルタゴ軍とローマ軍がにらみ合った。カルタゴ歩兵三万六〇〇〇、ローマ歩兵二万三〇〇〇。ハンニバル軍の歩兵力がまさる。だが、騎兵力は四〇〇〇と六〇〇〇であり、スキピオ軍がまさった。かつてカルタゴ軍を支援した隣国ヌミディア（現アルジェリア）は分裂し、両軍に騎兵隊をもって馳せ参じている。マッシニッサはローマ軍を支援するのである。王族の一人はカルタゴを支援し、マッシニッサはローマの実力とスキピオの人柄をみこんでいたのだろう。

ハンニバルは先頭に八〇頭の象部隊を配置する。第一列に新傭兵、第二列に市民兵、第三列に古参兵を配し、両翼を騎兵軍で援護させる。これに対して、スキピオは最前列に軽装兵を配備し、後方三列を重装兵で固める。ただし、ある間隔で切れ目をつくり開放通路をおく。象部隊を誘いこむための奇策であった。もちろん両翼には騎兵軍を配置する。右翼はマッシニッサの指揮するヌミディア騎兵であった。

象への懸念はトランペットと投矢のせいでたいしたことにならなかった。驚き怒り狂った象の大群はむしろカルタゴ騎兵隊に突進したのである。だが、歩兵軍どうしの戦いは熾烈をきわめた。成り行きはどうにもならないようだった。騎兵隊どうしの戦いになると、両翼ともローマ軍が制覇していた。とくに追撃からもどったマッシニッサの率いるヌミディア騎兵隊がカルタゴ歩兵軍の背後にあらわれたのである。カルタゴ軍は包囲され、抗戦する術すらなく、勝負の運命は決まった。数多くのカルタゴ兵が兵刃に倒れ、それ以上の者が捕虜となった。

ふりかえれば、ハンニバル軍がカンナエでとった奇襲作戦が、そっくりそのままスキピオ軍によって再演されたことになる。というのも、戦争で勝つということは、ときには重要なものを失うことでもある。それは戦術の秘密というものである。おそらく若きスキピオはあの悲惨なカンナエの激闘に参戦していたのだろう。そこでさんざん辛苦をなめていたにちがいない。ハンニバルの戦術はいやでもスキピオの脳裏に刻みこまれていたのだ。若き敗残者は練達な勝利者の戦術をとことん研究していたのである。

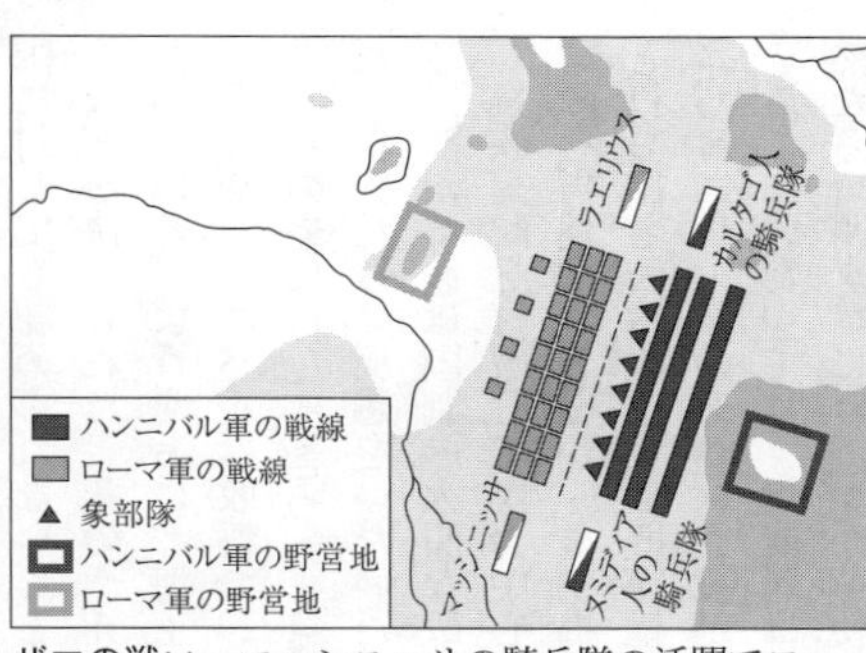

ザマの戦い　マッシニッサの騎兵隊の活躍でローマが勝つ

勇将の改革とカルタゴ脱出

敗者カルタゴに課された条件は苛酷であった。脱走兵や捕虜の返還はもちろんのこと、人質一〇〇人、一〇隻をのぞく船のすべて、あらゆる軍象を引き渡すこと、ローマの同意のない交戦権はいかなる国に対しても認められないこと、さらには一万タラントの銀を五〇年分割払いで賠償することなどが決められた。そのうえで開戦時にカルタゴ本国で保持していた領土だけが認められたのである。ようするに、海上覇権のすべてからカルタゴは排除されたのである。

もはやハンニバルは敗将でしかなかった。しかし、カルタゴ民衆にとって不敗の勇将ハンニバルの姿は目に焼きついて離れなかったらしい。その英雄への期待は依然として高かった。貴族たちは反感をいだいたが、広い大衆層の支持を得て、ハンニバルは執政を委ねられる。やがて彼は国制の大胆な改革にのりだすのである。

貴族支配を打破して民会中心の国政を樹立すること、金銭をめぐる腐敗を是正すること、財政を再建することが、まず掲げられた。もちろん貴族層は猛然と反対の声をあげる。次々と打ち出される改革案は既得権をもつ保守層にはあまりにも急進的であった。しかし、ハンニバルには大衆のあつい支援がやまないのである。

ここにいたっては、貴族層はもはや大国ローマの元老院に懇願するしかなかった。物情騒然たるカルタゴにローマから使節が派遣される。使節はハンニバルの人物も資質も影響力も熟知していたらしい。憂国の士ハンニバルにとって、それは外からの干渉による国家分裂の危機であった。それを予感するのであれば、亡命するしかない。ある夜、ひっそりと街をぬけだし、ハンニバルはカルタゴを脱出した。

初冬の時期に象を引きつれアルプスを越えたハンニバル。劣勢の軍勢で次々とローマ軍を圧倒するハンニバル。クラウゼヴィッツもナポレオンも称讃してやまない戦術の天才であった。このためにハンニバルの評価は軍人としての名将ぶりに偏りがちである。

　しかし、政略家あるいは政治家としてのハンニバルはどうなのだろうか。イタリアの野をかけめぐった十数年間、ローマの同盟国を抱きこもうとして臨機応変に画策した政略家でもあった。敗戦後の国政再建には変革者として大胆に行動する政治家でもあった。反対派の策謀で業半ばに終わったが、少なくとも財政再建は実を結んでいる。やがて、亡命後は東方諸国で暗躍し、それに対抗する形でローマの東方政策が下地をなしていくのである。結果としてみれば、その後の地中海世界にはハンニバルの構想が大きな影を落としていたことになる。ただ、祖国カルタゴが裏切ったことで、すべては仇敵ローマの果実となっただけだ。

　思えば、ハンニバルは兵士たちとともに生活しながら彼らに心をくばる庶民的なところがあった。それでいながらヘレニズム文化の教養をも身につけた人物だった。そこには地中海世界に広く目くばりする民主的な政治家ハンニバルの姿がある。しかし、その人物の大きさはカルタゴ人には理解してもらえなかった。そこにハンニバルの悲劇がある。

憂国のハンニバル像　東方への亡命後、毒杯をあおり自らの命を絶つ。ナポリ国立博物館蔵

　それでも、地中海世界には、それを理解する人々がいた。それこそがスキピオをはじめとするローマ人であった。ロー

マ人こそはハンニバルの人物と力量を恐れながらも、そこから学ぶことをも忘れなかったのである。そこにローマ人の幸運があった。それは幸運というよりも、「父祖の遺風」に学ぶというローマ人の生き方そのものであったかもしれない。たとえ敵将といえども、ひときわ優れた者には一目おくのである。その意味でローマ人みずからが招きよせた幸運でもあった。

賛否両論で二分された民会

ところで、舞台はまったく変わる。勇将ハンニバルの知略で壊滅に瀕したカンナエの戦い後、ローマ社会の難局ははなはだしかった。そのために、女性の華美を規制する法案が通過している。提案者の護民官の名にちなんでオッピウス法とよばれている。その法には、半ウンキア以上の金製品を所有してはならない、多彩色の衣服を着てはならない、祭礼の場合をのぞいて都およびその一マイル以内の領域において車駕を使用してはならないことが規定されていた。悲惨な敗戦後の厳しい時代だったから、女性たちもこのオッピウス法を当然のものと見なしていた。

ところが、戦争が終わり平穏な時代が訪れると、事情は異なってくる。前一九五年、護民官の二人はこの法の破棄を民会に提案する。だが、もう二人の護民官はその提案に反対しオッピウス法の存続を訴えた。もちろん賛否両論に分かれて、侃々諤々(かんかんがくがく)たる議論がおこる。歴史家リウィウスによれば、カピトリウム丘は賛成派と反対派との双方の群衆でごったがえしたという。そればかりか、当の女性たち自身が黙っていなかった。婦人たちは、評判も気にせず、慎みをすて、夫の言いなりにもならず、家を出て街頭にくりだし、広場に向かう道路を埋め尽くしたのである。さらには、男たちにも広場に参集するように要求した。そして、国家は繁栄し男たちは誰も個人の財産を日々ふやしているのだから、女たちも以前の華美さを取り戻していいはずだと主張する。女性の群衆は日ごとふくれあがり、とうとう統領（コンスル）たちに請願しようとするのだった。

　このとき統領のひとりだったカトーがオッピウス法の破棄に反対して演説したのである。夫の権利と威厳を断固として保持していれば、女どもと面倒をおこすことにはならなかったのだ。今や家庭だけではなく公共の場でも、男の自由は女の無法さにふみにじられておる。女ひとりをおとなしくさせることができないのに、女の集団となると身の毛がよだつではないか。女どもに集会や協議の機会を認めることほど危険きわまることはない。われわれの先祖は後見や同意がなければ女どもが勝手にふるまわないように管理してきた。それなのに、われわれは女どもに国事にかかわることを認め、広場の集会や民会にまで出しゃばらせるのだから、情けないことときわまりない。女という無法者、馴らしがたい生物にひとたび手綱をゆるめれば、もはやどうなるか、わかりきっておるではないか。

　旧套墨守（きゅうとうぼくしゅ）の国粋主義者カトーの演説だから、今日の目からすればあからさまな性差別の発言にあふれている。これに対して破棄を提案した護民官は「オッピウス法は非常事態の産物である。平時の今なら、女性は法でしばるのではなく父や夫の管理能力で従順にさせるべきだ」と反論している。ここにもカトーに勝るとも劣らない性差別がみごとに息づいている。ともかく結局のところ、常識ある意見が大勢をしめ、オッピウス法は破棄されたのである。

この話はリウィウスの筆になるものであるが、通説では創作された部分が少なくないという。とくにカトーらの演説合戦の場面などはカトーなら主張しそうな議論として語られているのである。それはともかくとして、ハンニバル戦争後のローマ社会に目をそそげば、保守派の大立て者カトーの名は忘れてはならないだろう。

救国の英雄を告発した旧套墨守の義人

スキピオとほぼ同年生まれのカトーはこの救国の英雄に生涯敵対心を燃やしたことでも名高い。そもそもスキピオがシチリア島で新兵の訓練をしているころ、カトーはそこを視察したという。スキピオのおおらかな人柄、ギリシアかぶれ、規律に厳しくないこと。ことごとくカトーは反発をおぼえたらしい。事の真偽はともかく、二人が青年のころから犬猿の仲だったことを示唆するものである。

あいついで公職に就いても、カトーは公金の無駄遣いも汚職らしきことも一切しなかった。それほど公明正大であり、冷徹なほど正義をつらぬく人物だった。清廉潔白(せいれんけっぱく)だが、奴隷や敵には温情をみせず冷酷ですらあったという。

軍人としてはイベリア半島で原住部族民を服属させ、ギリシア遠征でシリア軍を打ち破っている。自分の凱旋式は主張したが、他人の凱旋式はなかなか許さなかった。目立った功績もない人物の彫像が建てられることにも不快感を隠そうとはしなかった。「死後になぜ私の彫像があるかとたずねられるくらいなら、なぜ私の彫像がないのかとたずねられた方がましだ」と語っていたという。

贅沢とギリシア文化の流入を道徳頽廃(たいはい)の原因として批判し、政敵を容赦なく告発している。「敵の数が多いだけ人物は評価される」が口ぐせだったという。その点でならカトーは文句なくすぐれた人物であった。自分に厳しいだけ他人にも厳しかったのだろうか。しかし、政治家としてのカトーには正義の人とばかり言えない面も少なくない。

ザマの戦いの後、長い戦争を終結させたスキピオが帰国した。彼は「アフリカヌス」という尊称をもらい、民衆の歓呼(かんこ)と貴族の羨望(せんぼう)のなかを凱旋した。このとき誰よりもスキピオに嫉妬したのはカトーだったにちがいない。

スキピオが救国の英雄と讃えられ華々しい勢威をもてばもつほど、カトーは妬(ねた)ましかっただろう。しかし、スキピオへの讃美は個人崇拝へと結びつくとの懸念があったことも否定できない。そのような反スキピオ勢力が頭をもたげれば、おのずからカトーはスキピオ糾弾の急先鋒であった。

大カトー像　道徳の番人を自任し、スキピオを糾弾する。*Chronicle of the Roman Republic*より

とくに小アジア遠征から帰国したスキピオは弟とともに使途不明金があったとして告発されている。スキピオは激昂(げきこう)し、救国の英雄に心をくばる義務を思いおこさせようと反撃した。有罪こそまぬがれたものの、忘恩の祖国への恨みは断ちがたかったにちがいない。

スキピオは失意のうちにカンパニアの田舎に引退を余儀なくされた。前一八三年、死去、享年五二歳。スキピオ家の墓に葬られることすら拒否したという。奇しくも同年、ハンニバルも自殺している。享年六四歳だった。

道徳の番人を自任したカトーにとって、前一八四年、監察官に選ばれたころは得意の絶頂であった。流行にこびず、倹約につとめ、風紀にもとる者を情け容赦もなく非難した。スキピオをはじめ多くの有力者が失墜したのである。

その後も高潔な政治家として人々の敬意を集めている。しかし、その正義に殉じる姿勢を周りの者たちが熱烈に支持するふりをしていただけだともいう。陰で迷惑がっていた人々も少なからずいたのであろう。

そのカトーも晩年になると気がかりなことが出てきた。きっかけはローマ使節団の一員としてカルタゴを訪問したことである。その都市の巨大さと豊かさに肝をつぶす。カルタゴはまぎれもなく復興していた。すでに五〇年分割払いの賠償金をも一括して支払いたいと願い出ていたのも虚勢ではなかったのだ。

そもそもローマ人はカルタゴへの悪感情をそれほど強くもっていたわけではない。プラウトゥスの喜劇『ポエニ人』はハンニバル戦争後の作品であるが、そこには多少の侮蔑の念はあっても反感や脅威といえるほどのものではない。おそらく復興して繁栄するカルタゴを目にしながら、徐々にローマ人の心にカルタゴ恐るべしの感情がめばえてきたのだろう。

カトーは帰国すると元老院に出向く。カルタゴから持ち帰ったイチジクをかざしながら、「このみごとな果実が熟す国へはローマからたった三日の船旅で行けるのだ」とぶちまけた。そして、演説の最後は「それにしてもカルタゴは滅ぼされるべきである」としめくくる。その後も、どんな話題の演説であれ、結びの言葉はこの台詞だったという。

カルタゴの脅威にとりつかれた男の執念が実り、前一四九年、ローマはカルタゴに宣戦布告した。それはカトーが人生の幕を閉じる直前だった。三年後、カルタゴ滅亡。そのときローマ軍の総帥はスキピオ＝アエミリアヌスであった。

スキピオ家嫌いのカトーもこの人物にだけは一目おいており、期待をかけていたという。もっとも八〇代のカトーにしてみれば三〇代のスキピオは孫の世代である。さすがのカトーも晩年には新しい世代を相手に弁明するのは骨が折れるともらしている。孫の世代なら嫉妬の執念に燃えることもなかったのかもしれない。

第五章　地中海の覇者

内乱の一〇〇年の幕開け

両極にある特異な人、ユダヤとローマ

ユダヤ人は特異な民族である、と言っても誰も反対しないだろう。ところが、ローマ人もそれにおとらず特異だったと言ったところで、どれだけ納得してもらえるだろうか。でも、そう考えなければ、地中海世界の覇者となるローマ人の姿を思い浮かべることはできそうもないのだ。

ユダヤ人はその名をよぶことすらはばかられる唯一神をあがめる。ひたすら律法（トーラー）を信仰の礎としながら選民としての生活を実践する。ここでいう律法とは『旧約聖書』中のいわゆる「モーセ五書」のことである。そのユダヤ人のかたくななほどの姿は古代のみならず現代でも目にすることができる。だから、われわれはユダヤ人を特異な民と見なすことにためらいがない。

しかし、ローマ人はどうだろうか。今ではローマ人の姿を見ることなどできない。虚構の映像画面のなかでもないかぎり、ローマ人はいない。現代イタリア人は遺伝子上では古代ロ

ーマ人に近いかもしれない。だが、ローマ人の心性、規範あるいは習俗などとは大きなへだたりがある。

なぜローマ人だけがあの巨大な帝国を築くことができたのだろうか。異邦人であるポリュビオスだけではなく、古代でも現代でも誰もが興味をそそられる問題である。ローマ人とはどういう人々であるのか、という問いかけは避けようもないのだ。

住民の数ではヒスパニア人より少なく、活力ならばガリア人より弱く、多才さではカルタゴ人にゆずり、学芸ではギリシア人におよばない。そう指摘したのはほかならないキケロである。しかしながら、神々への敬虔さ（pietas）と慎み（religio）ではいかなる人々にもひけをとらない、と述べたのもキケロであった。

万物は神々の力によって支配されている。

キケロの胸像　ローマの政治家にして雄弁の人。後に執政官となる

それはどうしようもない宿命としてローマ人の意識の底にひそんでいた。それら神々の怒りにふれないためには、ひたすら祭儀をおこたらないことである。このことはギリシア人ポリュビオスの目にも異様に映っていたらしい。この歴史家は『歴史』のなかでこう語っている。

思えば、ローマは宗教によってほかの国々にまさるのではないだろうか。他国でなら迷信とされることでも、ローマでは国家統合の要をなすものである。いずれの宗教行事も壮麗にとりおこなわれ、公人としても私人としても市民の生活をはっきりと規制している。こうした役割において宗教を凌ぐものはない。

ここでわれわれは奇妙な類似に気づくことになる。ユダヤ人がその宗教生活において特異であったように、ローマ人もまた宗教活動にあって特異であるというのである。絶対的な唯一神をあがめるユダヤ人がおり、そこかしこにもある神々の力を畏怖するローマ人がいる。それは地中海世界の同時代人の目にもかなり異様な姿であったのであろうか。

多神教がありふれた地中海世界で一神教のユダヤ人が突出していたというのならわかる。だが、ほかならないローマ人はほかの民と多神教では異なることはない。いったいどこに差異があるというのだろうか。

ローマ人の国家祭儀はとてつもなく厳格な形式主義であったという。儀式の手順は規定どおりでなければならない。もし少しでも違うなら、最初からやりなおしというほどだった。たとえば、途中で執行者が右足を先に出すべきところを左足から先に出してしまっても、最初からやりなおしなのである。

このために儀式は厳粛をきわめ、信奉者の情念はおさえられたものであった。それこそが神々への敬虔さであり慎みであるとローマ人は意識していたらしい。これに比べて、ほかの多神教社会では祭儀は祝祭の場であり、しばしば騒乱の気分をともなうことがあったという。そういう人々の目からすれば、ローマ人の神々をあがめる姿はとてつもなく異様に見えたのである。

だからといって、ローマ人がことさら神々の力を頼みとして生きる人々であったというわけではない。もちろん彼らは神々を畏敬することにおいてひけをとることはない。神々への厳粛な儀式はなによりも神々の怒りにふれる不運をさけるためであった。それとともに、できれば神々の加護にあずかる幸運を願うのである。

しかしながら、運不運にめぐりあうかどうかを知ることはもはや人知を超えることであった。だからこそ、ローマ人はこの世での最善の努力をなすことになる。それは「天はみずからを助ける者を助ける」とでも言えるものだろうか。この意味で、ローマ人はきわめて人間主義的であり現実主義的であるのだ。

さて、ここで話をわかりやすくするために、一神教のユダヤ人と多神教のローマ人とを比べてみよう。ユダヤ人は神を、ローマ人は神々を畏怖(いふ)することできわだっていた。ユダヤ人は、ひたすら律法(トーラー)を信仰の礎としながら選民としての生活を実践する人々であった。これになぞらえれば、ローマ人は、なによりも「父祖の遺風(モース・マヨールム)」を行動規範の拠りどころとしながら恒久の名誉のために現世を生きぬく人々であった、ということになる。

ものごとを簡潔にまとめれば必ずや批判が出るものだが、あえてそう直言しておきたい。まさしく両者は古代地中海世界の同時代人からすれば、両極にある特異な人々であったのである。それにしても、この両極にある人々の特異さはとてつもなく大きな差異として結実するのである。一方は故国すら失い離散の憂き目をみることになり、他方は地中海を内海とする広大な世界帝国を築く栄光にあずかることになるのだから。

名誉を重んじ神々を畏敬する心

ところで、ローマ人が「父祖の遺風」を重んじていたことはすでに語ったところである。しかし、ユダヤ人の律法は文字で書かれたものであるが、ローマ人の「父祖の遺風」は文字で書かれた伝承ではない。たまたま書きとめられたものがあったにしても、それはお墨付きの定番であったわけではない。あくまでも語りつがれてきた口承物語であり、さまざまな解釈ができるフレキシブルなものであった。それはユダヤ人の律法とは似ても似つかない規範であった。ローマ人は規範を絶対としてまつりあげるのではなく、現実の人間の尺度にあわせる余地をいつも残しておくのである。

ローマ人の「恒久の名誉のために」とはいかなることか。これもまた「父祖の遺風」に心することと深く結びついている。ローマ人は父祖の名誉をかかげ、それに恥じない功績をあげることを本分としていた。それは子孫に示す手本でもあり、それが死後の名声になれば本望であった。貴人の館には父祖の胸像が列をなして飾られ、父祖の活躍する物語は幼子の心をおどらせるのである。やがてまた自分もこれらの父祖と肩をならべなければならないのだ。それは過去の父祖とも未来の子孫とも志を競い合うことでもあった。まさしく「恒久の名誉のために」労苦をいとわない生き方であった。

さらに「現世を生きぬく」とは神々への畏敬の念の裏返しである。神々の意志は予兆として示されることもある。そのためにローマ人も鳥占いや肝臓占いなどに重きをおく。たとえば、羊の肝臓のどの部位にいかなる神意があらわれるか、それを示す青銅模型が出土している。それは占いの学習用であったらしい。それはそれとしても、神々の力は人知をはるかに超絶しており、人間の力のおよぶところではない。そのことをローマ人ほど熟知する者はなかったのかもしれない。そこから生まれる指針は、人事を尽くして天命を待つという心意気であった。それは現世利益や享楽主義に走ることではなく、この世をよりよく生きるという覚悟なのである。

ここまでのところ、いささかローマ人を理想的に描きすぎたかもしれない。もちろん、現実のローマ人は十人十色であり、多種多彩な生活人の姿があった。しかし、ローマ人の理想とする生き方にはやはり彼らなりの心構えがひそんでいるのだ。少なくともローマ社会を牽引する立場にある人々には、その心構えに欠けることはなかっただろう。

改革の旗手、グラックス兄弟とその父母

ところで、前二世紀にコルネリアという名の女性がいる。彼女は日ごろから「私はスキピオの娘とよばれるよりも、グラックス兄弟の母とよばれたい」と語っていたという。そう、彼女こそはプブリウス＝コルネリウス＝スキピオ＝アフリカヌスすなわち救国の英雄たる大スキピオの次女であり、後にローマ社会をゆるがす改革運動の旗手となるグラックス兄弟の

グラックス兄弟と母コルネリア　カウェリエール作。オルセー美術館蔵

母親なのである。さらには小スキピオの義母にあたる女性だった。

あるとき大スキピオは友人に娘のコルネリアの結婚相手は決まったかと訊かれたという。まだ決まっていないと受け答えしているうちに、友人の薦めにのって結婚相手を決めてしまった。さて、その件を妻に報告しなければならない。コルネリアの結婚相手が決まったと伝えるやいなや、妻は腹立たしげに言った。娘はセンプロニウス＝グラックスのような人物と結婚させるつもりだったのにと。それを聞いて大スキピオはほっと胸をなでおろすのだった。その男こそ彼が選んだ人物だったからだ。

センプロニウス＝グラックスはイベリア半島の勇猛な土着民ケルト＝イベリア人の居住地を平定したことで名高い。この屈強の原住部族民はゲリラ戦法でローマ軍を悩ませつづけていたのである。それにしても、「彼は監察官を一期つとめ、統領に二度選出され、凱旋式も二回も挙行している。しかし、彼を有名にしたのはそうした名誉ではなく、彼の高潔な人柄だった」とプルタルコス『英雄伝』は記している。

そのような人柄は同胞のローマ人ばかりでなく敵の土着民も認めるところだったらしい。

ケルト＝イベリア人を平定した後、センプロニウスはきわめて公平な条件で講和を結んでいる。その内容は、ローマ人の貪欲さと裏切りに慣れっこになっていた原住部族民をも驚かせたという。そのせいか、この講和条約はその後の四半世紀にわたって守られたのである。

このセンプロニウスとコルネリアとの間には一二人の子供が生まれている。九人は幼くして死亡したというから、いくら乳幼児死亡率が高い時代とはいえ父母にはひときわ悲運であったにちがいない。幸いにもティベリウスとガイウスのいわゆるグラックス兄弟は成人をむかえたのである。しかし、それもさらなる悲劇の幕開けだったのである。

センプロニウスの講和後、一世代がすぎる。ヒスパニアではふたたび不穏な動きが目につくようになっていた。前一三七年、兄ティベリウスは統領マンキヌスの率いる軍団に従軍し、イベリア半島の土をふむ。ところが、敵地に奥深く入ったところで、総勢二万のローマ軍団がケルト＝イベリア部族民にやすやすと包囲されてしまった。

ケルト＝イベリア人のレリーフ　カエトゥラティ族の戦士。オスナ出土

もはや和平交渉よりほかに打開の道はなかった。敵の原住部族民もいくどとなくローマ人にだまされてきたから、たやすく交渉に応じるわけではなかった。ところが、思いがけない切り札があった。ローマ軍団にセンプロニウス＝グラックスの息子がいることを原住部族民が知ったのであ

る。その人物が交渉相手なら話し合いに応じると通告してきたのだ。こうしてティベリウスの出番で講和がなった。武装解除されたとはいえ、父の公平で高潔な人柄がローマ軍を救ったことになる。

名門中の名門の嵐をよぶ決意

ところが帰国すると、事態はとんでもないことになっていた。連戦連勝があたりまえのローマ人にとって、この講和は恥辱でしかないのだ。ティベリウスがローマ軍の窮地を救ったにしろ、それはなにも誉められるべきことではなかった。むしろ、講和を破棄し、その代わりに講和責任者としてのマンキヌスを原住部族民に引き渡すことが決定した。ケルト＝イベリア人の拠点であるヌマンティアの門前で、マンキヌスは裸身のまま縛られ、さらし者にされてしまう。だが、原住部族民の方が一枚上手だった。わざとらしいローマ人の儀式をあざ笑うかのように、マンキヌスにはなにも手をつけなかったのである。

この一連の出来事は誇り高きティベリウス＝グラックスの心をとてつもなく傷つけたという。この講和は父の威信と息子の努力で成り立ったものであり、いわばグラックス家の名誉であるはずだった。それがわずか一年もしないうちに、元老院の手でふみにじられてしまったのである。みずからもそれに属するとはいえ、ティベリウスの心に元老院貴族への反感がうごめきだしたとしても奇妙ではない。人間というものは自尊心を傷つけられることほど深手を負うことはないのだ。

ティベリウスはヒスパニアに赴く途中、エトルリアを通った。だが、そこで目にした田園風景は想像以上だった。歩けど歩けど、耕地にも牧場にも人間らしい姿は奴隷だけである。それも外地から連れてこられた野卑な者たちばかりだった。このような奴隷ばかりが農夫であり牧夫であるとしたら、農耕市民の戦士共同体であるべき祖国ローマはどうなるのだろうか。

なるほどローマはこの一〇〇年たらずの間に、戦勝をかさね領土を拡げてきた。広大な農地や牧地が手に入るとともに、戦争捕虜として奴隷も数多く流入するようになった。しかし、大農地と大牧地だらけになり、そこでは奴隷ばかりが働かされている。いったいあの自作農民はどこへ行ってしまったのだろうか。

思えば、三年前に土地改革法案が出されたが、反対者が多くつぶれてしまった。今、ローマがなすべきことは国力の充実すなわち自作農の増大である。それには、これら大土地所有貴族に多少は犠牲になってもらわなければならない。おそらく彼らは猛然と怒り狂って反対するにちがいない。だが、誰かがやらなければならないのだ。

この大改革事業をなす者こそはスキピオ家とグラックス家の血をひく自分しかいない。ローマ国家を本来の姿にもどすのは名門中の名門の出である者こそふさわしい。そこまでティベリウスが自負したかどうか、定かではない。しかし、激しい逆風がふきすさぶことは誰にも想像できるのである。それを押し切って大改革に着手しなければならない。ティベリウスは嵐をよぶ男になる決意をしたのである。

反対を押し切り土地改革

共和政国家ローマには護民官という公職がある。すでに前五世紀に平民の希望の星として設けられたものである。護民官は拒否権をもつのであり、それとともに、護民官の身体に危害をくわえることはことさら禁じられていた。

前一三三年、ティベリウスは護民官に選出される。護民官は一〇人の同僚制であるが、なかでもティベリウスが傑出していた。なにしろ、大スキピオの孫、センプロニウスの息子、小スキピオの義弟であり、ほかにも名だたる有力者の後ろ盾があったのである。

といっても、このあたりの事情は、それを正確に述べようとするとかなり困難なところがある。というのも、後世の作家の作品のなかにあっても、同時代の反グラックス派の宣伝文句がどことなく染みこんでいるからである。なかには悪意にみちた醜聞か中傷としかいえないものも少なくない。それほど過激な変革であり、当時の人々にとってはとてつもなく衝撃的な出来事であったらしい。

人が大事をなすにあたって、その動機が多ければ多いほどいいのではないだろうか。国事の大義もあれば、恵まれぬ者への同情もあれば、家門の名誉のためもあれば、私人としての怒りもある。それらが結び集まるなら、巨大なエネルギーが生まれることもある。ティベリウス＝グラックスの改革とはそのような情念の結集として形をなしたものではないだろうか。

ティベリウスの改革案の眼目は土地改革である。土地を失っていた無産市民に公有地から土地を分配するというのである。といっても、じっさいのところ、それらしい公有地はイタリア半島にはほとんどなかった。しかし、ティベリウスは緻密に計算していたのである。

前三六七年のリキニウス・セクスティウス法といえば、統領（コンスル）の一人は平民から選出されるという決議で名高い。それまで貴族ばかりにこの最高公職を独り占めされていたのだから、平民の勢力伸張には画期的な出来事であった。だが、それればかりでなく、土地所有にも制限を設けた農地法ももりこまれていた。そもそもいかなる者も五〇〇ユゲラ（およそ一二五ヘクタール）以上の土地を占有してはならないという規定である。ティベリウスが目をつけたのはまさしくこの点であった。

永年の戦地生活で土地を失った農民やその子孫はもはや国家防衛の戦士にはなりえない。その反面では、公有地を占有したり荒蕪（こうぶ）地を買収したりしながら肥え太る大土地所有者がいる。この悲惨な現実を直視すればするほど、それはかつての立法をないがしろにした無法な所行の結果にすぎないのだ。そうであれば、古法にのっとり古き良き時代を回復するのが本道というものであろう。

もちろん、ティベリウス案は現状にもそれなりに気をくばるものだった。五〇〇ユゲラの所有制限も複数の息子がいれば、一〇〇〇ユゲラまでは制限を許すおまけもあり、また、再没収される土地であれば、それを耕地化したり改良したりした費用は全額賠償される情けもあった。そのうえで、再没収された公有地を三〇ユゲラの小区画で分配するというのである。

この法案を見るかぎり、まさしく法にも即し情理をふまえた提案ではないだろうか。じっさい一分の隙もないほどの見事な出来ばえであった。法案としてみればいささかも過激ではなく、むしろ伝統を重んじたものである。法理としても道義としても申し分のないものだったのである。しかも、提案者は名門中の名門という血筋にあり、そのうえ有力貴族の後ろ盾があれば、もはや異を唱える者などいないと思えるほどだった。かりに反対する者があれば、それは私利私欲によほど目がくらんだ亡者でしかないと断じてもよかった。

しかし、私利私欲に目がくらむ者こそがむしゃらに自分の既得権を死守するのである。法理も道義もなければ、それだけ露骨に執拗に変革を妨げようとする。なりふりかまわず、もはやそのための手段を選ぶことなどないのだ。

この法案に護民官のひとりオクタウィウスが拒否権を使ったのである。どんなにりっぱな法案でも拒否権の前にはくずれさるしかない。ティベリウスは提案に失敗した。かつてケルト＝イベリア人との和平を拒否された屈辱につづいて、ふたたび国家再建の法案が斥けられたのである。

ここらあたりで黙ってしまうのも手であり、再度の機会を気長に待つ手もあった。だが、ティベリウスは黙ることも待つこともできなかった。ティベリウスもまたなりふりかまってなどいられなくなった。オクタウィウスの罷免という前代未聞の提案を出し、過半数を獲得する。その結果、土地改革法案も認められることになった。

これらはすべて平民会でおこったことである。すでに前二八七年のホルテンシウス法で平民会の決議も国法たりえたのである。だが、大土地所有者の集う元老院が黙っているはずがない。しかも、同じスキピオ一門のスキピオ＝ナシカがその急先鋒に立つのである。ナシカはかつて統領でもあり、このときは大神祇官であった。

血祭りにあげられたグラックス派

いくら志が高い提案であっても、やり方が強引すぎると、反発をくらう。ティベリウスは身の危険を感じるようになり、黒衣に身をつつんで街中を歩くようになったという。身体に危害をくわえられないためには、護民官への再選を果たすしか方法は残されていなかった。だが、これは慣例に反することだった。手続きをめぐって、平民会は紛糾するばかりだった。

同じころ、元老院も議論沸騰のただ中にあった。元老院のなかにもグラックス派がいなかったわけではない。だが、なにしろ大土地所有に安住する貴族たちだから、ティベリウスの主張を黙認していられるわけがない。元老院の議場で立ち上がったナシカは礼服であるトーガの端を頭にかぶせた。この大神祇官のしぐさは、祭司が生贄(いけにえ)をささげるときの行為であった。ティベリウスを血祭りにあげてもよいという承認の合図だった。

ナシカを先頭に反グラックス派の人々は元老院議場を出て平民会の議場に殺到した。そこはもはや修羅場になる。数百年にわたってローマ市民の内紛はすべて話し合いによって解決

境界石碑　センプロニウス、クラウディウス、リキニウスの名前が刻まれている。ローマ国立博物館蔵

してきたのである。それがこのときから血による決着になるのだ。ティベリウスは撲殺され、ティベリウス派も一〇〇人以上が血祭りにあげられた。遺体はテヴェレ川に投げ捨てられたという。

　大土地所有貴族の勝利だった。しかし、この出来事以後、ローマ社会は混迷を深める。グラックス改革派と反グラックス保守派へと。ティベリウス＝グラックスの流した血は一〇〇年の内乱の幕開けを告げるものであったのだ。

ティベリウスの殺害にもかかわらず、土地法は実施されている。平民たちの怒りはおさまる気配すらなかったのである。それをなだめるために、元老院もこの事業を容認せざるをえなかったのだろう。この法案にもとづいて土地が分配され、そのときの境界石碑が残っている。だが、その規模は大きくはなかったようである。

　ところで、グラックス兄弟にとっても義兄にあたるスキピオ＝アエミリアヌス（小スキピオ）はこのころどうしていたのだろうか。すでに、カルタゴを滅亡させ、ケルト＝イベリア人の不落の要塞都市ヌマンティアも壊滅させていた。軍人としても政治家としても人並みすぐれており、英傑として讃えられていた。だが、円熟期のスキピオはもはや義弟ティベリウスの過激な国家再建計画を支援する気にはなれなかった。かといってスキピオ一門をかばう気もすてきれなかった。ただ静観するほかなかったのかもしれない。その消極的な姿勢のために、平民の評判はがた落ちだった。

ティベリウスの死から四年後のある朝、寝床のなかで死んでいるスキピオが発見された。あまりの急な死に他殺の風聞も広まった。だが、事の真相は今でも明らかではない。

兄をはるかに超える弟の改革

兄ティベリウスの死後、弟ガイウスに視線が集まる。兄の非業の死が弟への警告になるのか、それとも再挑戦の踏み台になるのか。といっても、ガイウスは兄より一〇歳も若かったので、護民官に立候補するにはまだ早すぎた。だが、この若者はその一〇年間に遠謀深慮の計画を練っていたのである。なによりもティベリウスのときには、中核となる支持勢力がはっきりしなかった。この弱点をなくすためには、騎士身分やイタリア各地の豪族たちとの結びつきを強めなければならなかった。じっさい、ローマの横暴さはとくに地方人の怒りをかっており、ガイウスはそのような不穏な雰囲気を機敏にとらえていたのである。

前一二三年、元老院のいやがらせにあいながらもガイウスは護民官に選ばれた。冷静な兄ティベリウスにくらべて、弟ガイウスは気性が激しいところがあったという。そのせいかガイウスの改革は兄の遺志を継ぐというよりも、それをはるかに超えていた。それはせまく土地改革にかぎるものではなかった。むしろ、元老院支配を打ち砕くことを目的とする大規模なものであった。その施策は多岐にわたり、どれをとっても元老院議員たちの頭に血をのぼらせるものだった。

都ローマは主要な食糧である穀物をもっぱら輸入に依存していた。天候が変わったり、奴隷が暴動をおこしたり、イナゴが大量に発生したりすれば、穀物の蓄えがなくなり、価格があがる。貧しい人々ほどますます困りはてるのだった。そのために、安価で穀物が手に入る制度を導入することになった。当然のことながら国庫が圧迫されるから、元老院は反対する。

あるとき、穀物配給の民衆の列に反対派の有力元老院議員が並んでいた。この議員の言い分では、自分の財産がかすめとられて民衆に分配されるなら、この列に参加して幾ばくなりとでも取り戻すのは当然のことだというのだった。冗談ならともかく、じつにけち臭い話ではないか。

だが、ここにはグラックス兄弟の改革運動の一面が浮きぼりにされているのではないだろうか。戦勝をかさね領土を拡げ豊かになるうちに、その果実をもっとも手にしたのは元老院貴族であった。ところがその高貴なはずの人々の心根が変わってしまったのである。あのギリシア人に「王者の集い」といわせた元老院の気高さはもはや色あせたものになっていたのかもしれない。

時期尚早だった市民権の拡大

ガイウスの改革はさらに司法面にもおよぶ。元老院議員のなかでも高位公職経験者なら属州総督になることができた。その属州地で民衆に過重な貢納負担をかけ不正な利得をえる連中も少なくなかった。そのために、属州総督による不正利得を審理する法廷が設けられていたのである。その陪審団から元老院身分の者を排除し、もっぱら騎士身分の者があたるというのがガイウス案であった。

こうなると元老院貴族は騎士身分の人々の顔色をうかがい戦々恐々たる思いで生きなければならない。もちろん元老院貴族は猛然と反対する。だが、この陪審改革法案はわずか一票差で可決された。これまで同身分の仲間たちが陪審団であったので心配することはなかった。でも、こうなると心にやましいところのある属州総督たちには夜も眠れぬ日々がつづくことになる。もはやこの改革は元老院支配打倒をめざす正面きっての闘争宣言であった。

さらに、イタリア住民にローマ市民権を付与するという提案もなされた。ローマ市民権をもつ者は公職者投票権や免税権などの諸種の特権にあずかっている。その陰には、イタリアに住みながらもローマ市民権をもたない者たちがおり、彼らの間ではやり場のない不満がくすぶっていた。だから、この提案は地方都市の住民にとって願ってもないことだった。ガイウスにとってもみずからの支持基盤を拡大する絶好の機会だった。

だが、反面では、これまでグラックス兄弟の改革案を支持してきたローマの民衆をも敵にまわしかねない危険をはらんでいた。じっさい、それぞれ思惑は異なっていたが、元老院はいうにおよばず騎士身分も平民も大多数の人々がこの市民権法案には反対の意を示した。そうすれば法案の否決はかんたんだった。

時流はガイウスに味方しなかった。土地の再分配のために私有地と占有地との区別をはっきりさせるには、もはや手遅れだった。大土地所有者は既得権にあぐらをかき、そのままの生活をただただ願っていたからである。ローマ市民権をイタリア住民に広く開放するには時期尚早だった。じっさい三〇年後には同盟市戦争を経てイタリア住民にローマ市民権が付与されるのであるが。

改革への反発が広まるなかで、改革派による殺人事件がおこった。それをきっかけに元老院は戒厳令を布告する。ものものしい雰囲気につつまれた首都では、改革反対派のすさまじい攻撃がはじまった。ガイウスは追いつめられ、ついには忠実な召使いの刃をかりて命を絶つよりほかになかった。ほどなく陰惨な粛清の嵐がつづいたのである。

党派闘争を駆け抜けた群像

志願兵制を導入したマリウスの野心

個人名は同じでも、三二歳で亡くなったガイウス＝グラックスよりもガイウス＝マリウスは五歳ほど年上である。一方は人生を急いで駆け抜けていったが、他方はゆったり歩きながら確実な破壊者になるのだった。

ローマ南方の田舎町で生まれたマリウスはローマの政界では新参者であった。ところが、この人物は貴族出身でないことに引け目を感じるような男ではなかった。それどころか、むしろ純朴な田舎者であることを誇りにしていたほどだった。軍人として頭角をあらわし、スキピオ＝アエミリアヌス（小スキピオ）のヌマンティア攻略戦でもめざましい活躍をする。スキピオに「あなたのような名将をどこで探せばいいのか」とある人が尋ねたときのことだ。「その名将はたぶんここだ」と言いながらマリウスを指したという。

ところで、新参者にはよくあることだが、当初はおとなしく元老院では保守派を支持していたらしい。しかし、有力貴族の後ろ盾がつき護民官になると、とんでもないことを言い出すようになる。有権者への貴族の圧力を取り締まるというのである。民衆は拍手喝采したが、元老院貴族たちは怒るどころではない。なんといっても、これは古来の心ゆかしき親分・子分関係をふみにじるものだった。

もちろん、この取り締まり法案そのものは拒否される。だが、元老院はマリウスを油断のならない人物として警戒心を強めた。そのために按察官（アエディリス）や法務官に立候補をするたびに、マリウスは妨害されている。かろうじてそれを切りぬけたのは民衆の支持があったからだ。

マリウス　平民派の将軍で、志願制で兵力不足を解決した

といっても、マリウスは行政能力にとくに恵まれていたわけではない。だが、なんといっても軍人としては頼りがいのある男だった。アフリカ遠征のとき、原住民の占い師からいかなる野望もマリウスならやりとげると予言されたという。そのせいで気を良くしたのだか、前一〇七年度の統領に立候補すると言い出すのだった。統領立候補のためにはローマに戻らねばならな

い。このときの上官だったクイントゥス＝メテルスは思いとどまらせようとした。しかし、マリウスはそんな自重案を聞くような男ではなかった。それどころか、メテルスが自分の栄誉のために戦争を長びかせているという噂を流して中傷する。なにしろ、マリウスは軍人としての声望が高いのだ。人々は戦勝の将ならマリウスしかいないと考えるようになっていた。そのような声におされるかのように、マリウスのローマ帰還が許可されることになった。

選挙が実施され、マリウスは圧倒的な支持を集めた。この軍人としてすぐれた統領はただちに軍制改革にとりかかる。長びくアフリカ戦線に決着をつけるためだった。かつてグラックス兄弟が気づいていたことだが、慢性の兵力不足を解決しなければならなかった。マリウスが目をつけたのは、武具を自弁できる有産市民ではなく、土地を失った無産市民である。しかも、新しい軍団を編制するにあたって、従来の徴兵制ではなく、志願制を導入したのである。

これらの志願兵によって軍団を編制することで、兵力不足に悩まされた難問は解決された。なにしろ、土地を失った無産市民は大都市ローマにはあふれるほどいたのだ。彼らをびしびし鍛えれば軍事力の中核にすえることができる。志願兵にとっては給金をもらえるのだから働き甲斐もあった。さしあたり、これらの軍団でアフリカ戦線に決着をつけ、前一〇五年、マリウスは帰国して凱旋式をあげた。ところが、凱旋将軍だけが着てもいいとされる緋色の礼服を式終了後も脱がず元老院に入場するほどの野心まんまんぶりだった。その図々しさは旧套墨守の貴族たちには顰蹙ものだったという。

第三の建国者、栄光の絶頂からの没落

このころ、北方には新たな強敵ゲルマン人がローマの領土を脅かしていた。ローマ軍は相ついで撃破され、とくにアラウシオ（現オランジュ）の戦いは目をおおいたくなるほどの大敗だった。八万人のローマ軍のなかで生き残った者はほとんどいないという惨状だったのである。

さらに、三〇万人ともいわれるゲルマン人の大群が迫っていた。武将マリウスへの期待が高まる。前一〇四年、平民の圧倒的な支持でマリウスは統領に再選され、軍団を率いて北方におもむいた。ところが、ガリア南部で陣営をはるマリウス軍の前に敵はなかなか現れなかった。この危機が去らないかぎり、異例にもマリウスが連続して統領に再選される。

とうとう四度目の統領となった前一〇二年、ゲルマン人のテウトニ族が大挙して攻めこんできた。大柄なゲルマン人の大軍は気楽にも六日間をかけてローマ軍の陣営地を通りすぎていく。その間、ローマ軍はまったく手を出さずながめているだけだった。だが、マリウスは知将としてもすぐれていた。この傍観作戦は、足がすくみそうなほど威圧する体格のゲルマン人にローマ軍兵士をなれさせるためだった。

テウトニ族の大軍が通過してしまうと、すぐにローマ軍は追走しはじめる。戦術などおよそ念頭になかったかのようなゲルマン人を戦術家マリウスが猛襲したのだ。背後を攻撃され

た敵は一〇万人が殺されたという。大勝したマリウスは北イタリアに戻る。やはりゲルマン人のキンブリ族の大軍が迫っていたのである。蛮勇だが知略もないゲルマン人はアルプスの山々から盾を橇(そり)のごとくにしてすべり降りてくるほど能天気だった。戦術家に率いられたローマ軍にとって、それは戦闘というよりも大量虐殺の場面だった。

マリウスは英雄として讃えられ、ロムルス、カミルスにつぐ、第三の建国者としてあがめられるほどだった。前一〇〇年には六度目の統領に選出される。このとき、マリウスは栄光の絶頂にあった。

それとともに、新しい事態が生じていた。しかも、それは軍制改革にともなう抜き差しならないものであった。長く戦場にあったマリウスは、従軍した古参兵に土地を分配してやる必要があった。志願兵でもあり傭兵でもある土地なしの無産市民はいつのまにかマリウス配下の私兵のごときものになっていたのだ。彼らはもはや国家のための戦士ではなく有力な武将のための兵士であった。

戦術家としてすぐれた人物が政治家としても有能であるわけではない。マリウスはものごとの長期的な波及効果を見きわめる点では凡庸(ぼんよう)だった。土地分配法案を提出するなかで、武力による威嚇(いかく)を政治のなかに導入することになる。しかし、それは政治家として信用を失墜することでもあった。やがて孤立を深め、前九七年には東方への使節を口実にして都を離れる。

ローマを制圧した閥族派スッラ

数年後、帰国したとき、一人の男が立ちはだかる。もはやずばぬけた軍人としてのスッラの人気にはおよぶべくもなかった。マリウスの怒りと嫉妬は燃えあがる。しかし、このころ勃発した同盟市戦争のために、両者の対立は表面化することはなかった。この戦争はイタリア人が団結してローマ市民権を求める内乱であった。なにしろ、土地の再分配や免税特権にはローマ市民権保持者でなければあずかれなかったからだ。マリウスも指揮官の一人として内乱の鎮圧にのりだしていた。やがて、元老院は譲歩し、前八八年、イタリア半島に住む自由民のすべてにローマ市民権が付与されるのである。

このイタリア半島の内乱につけこみ、小アジアのポントス王国ミトリダテス六世が不穏な動きを見せはじめていた。とくに属州内のローマ人やイタリア人を皆殺しにしろと命じ、八万人ものイタリア人が虐殺されたという。このためミトリダテス討伐軍の指揮権をめぐる争いが浮上する。いったんは保守派貴族の信頼があついスッラに指揮権が委任される。

もはや年老いていたにもかかわらず、このときマリウスの反感がめらめらと燃えさかった。護民官と手を結び、ミトリダテス討伐軍の指揮権をみずからの手におさめようとはかる。だが、同盟市戦争の戦後処理にあたっていたスッラは思いがけない行動に

スッラ　閥族派の政治家。独裁官となり元老院議員を倍増させ護民官の権限を削った

出たのである。こともあろうにローマ進軍を開始したのである。これは前例のない大博打であった。なにしろ、あらゆる軍事行動は都の周壁の外で開催するほど、ローマ人は市内を聖なる区域と見なしていたのである。

あまりの奇襲にローマの制圧は簡単だった。マリウスは命からがら逃亡するほかはなかった。しかし、スッラがミトリダテス討伐軍を率いて東征に出ると、ローマ政界の有力者キンナとともにマリウスも帰国する。復権したマリウスは政敵の弾圧と虐殺に燃える。その無慈悲な姿は正気の沙汰ではなかった。たとえば、すれ違った人が挨拶したときにマリウスが返礼しない素振りをしただけでも、取り巻き連中はその場でその人物を殺害したという。

しかし、老齢のマリウスの身体はもはや病魔におかされていた。まるで人々から恐れられ嫌われた為政者が呪われたかのように息をひきとる。のちに帰国したスッラはマリウスの遺灰をローマ近郊の川に投げ捨てさせた。

グラックス兄弟の改革運動以来、ローマ社会には保守的な閥族派と革新的な平民派との党派の反目がめばえていた。しかし、じっさいのところは貴族どうしの勢力争いであり、党派の対立であった。そのために、かかげた大義名分がその意図したとおりの結果をもたらすわけではなかった。

平民派のマリウスの軍制改革は慢性の兵力不足を解消したが、兵士は勢威のある武将の私兵になりさがってしまう。それは農耕市民の戦士共同体としての国家に奉仕する国民兵とはほど遠いものだった。さらにまた、閥族派のスッラの場合も、貴族の共和政を回復しようとしたにもかかわらず、その結果は必ずしもそうはならなかった。

スッラはマリウスよりも二〇歳ほど若い。だが、この男にはどこか不可解な雰囲気がただよっている。生まれつき冗談好きだったというから、どこまでが本気なのか、他人はとまどうことがあったかもしれない。

まだ若くて世に知られていないときには役者や道化者と道楽仲間としてつきあい、すべての人の首長となってからは、舞台や劇場から最もあつかましい連中を集めて、毎日酒を飲んでは冗談を言い合い、また年甲斐なく振る舞うようなさまを呈し、地位の尊厳をそこなったうえに、配慮を要する多くのことをなおざりにするという始末であったといわれるのである。（プルタルコス『英雄伝』「スッラ伝」高橋秀訳）

それでも、そのような場面でなければ勤勉であり、ときには無愛想でもあったという。きっとスッラは物事に徹するタイプであり、よく学びよく遊ぶことのできる資質だったのだろう。また、金髪をなびかせあざやかな青い目をした長身の男だというから、笑顔でもみせれば心をときめかせる女性も少なくなかったにちがいない。資産家の遊女とも永くつきあい、その遺産まで相続する。さらに、継母にも実の息子のように愛され、その遺産も手に入れている。

スッラはマリウスのアフリカ遠征に従軍し、敵のヌミディア王を捕らえるという大手柄を立てた。そのせいで軍団を率いるマリウスよりも目立ってしまい、かえってマリウスの妬(ねた)みをかうことになる。

天寿をまっとうした独裁官

イタリア諸都市が反乱した同盟市戦争のとき、老齢のマリウスは用心深くのらくらしていた。これに比べて、さっそうと行動し、てきぱきと決断するスッラはきわだっていた。そのころ、いくども危険にさらされたが、いずれも救われている。それを自分の力量だとは言わず、運よく勝てたと語ったところが、この男のおもしろいところである。そのせいで、自分のあだ名をフェリクス（幸運者）とつけたくらいだ。みずからの才覚のせいにするのは、その人物の器量がまだ小さいのだろうか。より超自然的な力に加護されていると思いこめるのも、歴史のなかで傑出する人物の力量なのかもしれない。

前八八年、統領に選出される。五〇歳のときだから、遅すぎるくらいだった。もはや、富も権力も、さらには人脈にも恵まれていた。武将としての信頼もあつく、ミトリダテス討伐の東方遠征軍を統率することになる。ところが、ここで横槍が入る。嫉妬深いマリウスはその統率権を奪おうと画策し、暴徒を動かして法案を通してしまう。大混乱のなかで、スッラも逃走するしかなかった。

だが、スッラとともに同盟市戦争を戦った兵士たちは統率力のあるボスに忠実だった。スッラはマリウス一派に牛耳られたローマに進軍を開始する。武力によるローマの制圧は簡単であり、マリウス一派は敗走した。しかし、ローマ軍がローマを征服するなどという前代未聞の事態には世論の反発も激しさをますばかりだった。

スッラは混迷をさけるかのようにローマを離れ、ミトリダテス討伐に出発する。途中、どちらに味方するのか態度のはっきりしないギリシア諸都市に翻弄され、ときには敵の数に圧倒され、窮地におちいることもあった。あるときなど、退却しようとする兵士たちに叫んだ。「私はこの地で戦い、命をおとす栄誉を受け入れる。お前たちはどこで司令官を裏切ったかと尋ねられた時のためにこの場所をおぼえておけ」。その雄々しい声を聞いて、兵士たちはふたたび戦列に復帰したという。

やがて、アテナイ占領につづき、ミトリダテスの駆逐に成功する。だが、そうした間にスッラの立場はあやふやなものになっていた。統領の指揮権も期限切れになり、ローマから別の正規軍が派遣されたのである。このため、敵将ミトリダテスともかりそめの和平が成立する。このなれあいの混沌のなかで、スッラは個人としての権威にもとづいて行動する。忠誠心のあつい集団や個人には報酬をあたえ、裏切り者は容赦なく処罰した。また、戦利品や徴税で巨額の資金を集め、みずからの勢威を強化した。

しかし、平民派の領袖であるマリウスもキンナも没すると、スッラはローマに帰還し、ふたたび権力掌握に執念をもやす。多くの軍事的支援者を集め、抵抗勢力を打破して、非常時の独裁官となった。大がかりな粛清がなされ、恐怖政治がまかりとおった。だが、スッラにとってなによりも大事なことは、ローマの政治をグラックス兄弟以前の状態にもどすことだった。それにはまず元老院を中心に安定した体制を復活させなければならない。元老院議員の定数を三〇〇人から六〇〇人に倍増し、さまざまな役職も増員した。それとは逆に平民派のよりどころであった護民官の権限を削減したのである。

スッラは往古の伝統政治の復活を標榜しながら、そのやり方は制度を逸脱し、きわめて革新的であった。だからこそ、彼個人は専制権力をのぞんでいないことを示さなければならなくなった。そのために、独裁官を三年間つづけると、前八〇年には辞職してしまう。やがて政界からも引退し、あだ名のように幸運にめぐまれながら天寿をまっとうした。

たしかに、スッラのめざしたものは共和政の復興であり、個人としての権力の追求ではなかったかもしれない。しかし、私兵を集め武力による現状打破を強行したことは、その後の政治権力のあり方にはかりしれない影響をおよぼすことになる。才覚のある野望家ならば、国家権力をも奪取することができるという手本になった。「スッラにできたのだから、私にもできないはずがない」というラテン語の言いまわしがある。共和政破壊者としてのスッラの真髄をつく文句であろう。

ひたすら金がまかり通り、無為な生活がはびこる

もともとサビニ人が住んでいた丘陵地方の田舎町に、サルスティウスという男が生まれた。マリウスとスッラがしのぎをけずっていた前八六年のことである。サルスティウスは当時の最上の教育を受け、やがて財務官として公職を歩みはじめた。前五二年には護民官の一人に選出されたが、二年後、ある騒乱に連座したかどで元老院から除籍された。ほどなく絶大な権力者となったカエサルのおかげで元老院に復帰する。前四七年には法務官の一人に選ばれ、北アフリカの属州行政を担当するために派遣された。帰還後、不当利得のかどで告発されたが、ふたたびカエサルの温情で放免されている。だが、もはや政界に身をおく場所はなかった。引退して私邸にひきこもり、安楽で贅沢な生活のなかでもっぱら歴史作品を書きつづけたのである。

ほぼ完全な形で残るのは『ユグルタ戦記』『カティリーナの陰謀』の二作品であり、同時代史をあつかった『歴史』はわずかな断片しか残っていない。サルスティウスの作品には格調高い倫理観がこぼれ散るほどである。だが、それは自身の公生活にも私生活にも沿うものではなかった。かつての強盗が更生して警官になったとしたら、その誠意は信じるべきだろうか。もっとも、浮世の裏表を知りつくした人物としてなら、信頼にあたいするとも言える。ローマ社会の酸いも甘いも味わった人間通の歴史家がおり、彼の口からすべる愚痴は共和政末期の世相をあざやかに描きだしているかもしれないのだ。サルスティウスの憤懣（ふんまん）やるかたない語り口をたどれば、こんなふうになる。

かくして、労苦と正義によってローマは強大な国家となり、諸国の王たちは戦争で平定され、野蛮な諸部族も威勢のよい諸民族も武力で屈服させられた。さらには、大いなる覇権を競ったカルタゴも地上から姿を消し、陸も海もすべてがローマの前に扉を開いたのである。

そのときから、運命の女神は猛りくるったかのように、あらゆる事どもを混乱の渦中におとしめていった。かつて労苦をも危険をも不安をも困難をもいとわず耐えぬいた人々がいた。だが、もはや彼らにとって暇と富とは望ましからざるものになり、重くのしかかり、悲惨をまきちらす源となった。そこから支配欲が増殖し、やがて金銭欲ばかりが充満していった。それはまるで不幸のすべてが流れだす泉のようなものであった。

まことに貪欲なるものの前では信義も廉直も失われ、なにもかも善良なる徳性がひっくりかえされたのである。その代わりに、不遜きわまりない態度や残虐非道な感情、さらには神々をないがしろにする傲慢さがのさばりだすのだった。ようするに、金銭の力こそが万物にまさると誰もかも考えるようになってしまったのだ。野心だけが頭をもたげ、他人をあざむくこともなんとも思わなくなる。友情も損得ではかり、敵意すら利用することもあり、見識よりも見た目を気にする。

このような雰囲気は少しずつ増大し、ときにはしっぺ返しをくうこともあった。だが、ほどなくこれらの俗悪さは疫病のごとく拡がり、国家そのものが一変してしまう。ローマの勢威はこよなく正しく善きものであったのに、今や残酷なだけの耐えがたいものに成り果てたのだ。

野心というものは必ずしも悪徳であるわけではない。誰でもひとしく栄光と名誉と覇権を求める。だが、勇者はその道をまっすぐ突き進むが、怠惰な輩は欺瞞に訴えても恥じなくなった。やがて野心は貪欲にそまり、金銭だけを渇望する。あたかも毒薬にひたされたかのように、身も心も軟弱になり、ひたすら金、金、金がまかり通る。

このような風潮がめばえたのは、スッラが武力によって国家を乗っとってからだ。誰もがかすめとり、家も土地も奪いとり、慎みない勝者ばかりが幅をきかせ、ローマ市民の間で残酷な殺し合いがくりかえされるようになった。しかも、スッラはアジア遠征で率いていた軍隊を甘やかして贅沢にした。兵士たちが自分に忠誠をつくすのなら「父祖の遺風」を無視してもはばからなかったのだ。

快適で楽であれば、勇士も腰がくだけ、酒と色恋におぼれ、美術嗜好品に目がむく。そうなると公私をわきまえず手練手管をつうじて盗みとり、寺院をも略奪し、冒瀆のかぎりをつくした。勝利した兵士たちは征服された民からなにもかも奪い去るのだった。それを見るにつけ、賢者の心は痛む。頽廃したローマ人に勝利の果実を正しくつみとることはできないと。

富こそが称讃され、名誉も権勢もそれに従ったのである。かつての美徳は衰微し、貧困は恥ずべきものとされ、潔白は嫌味なことだと見なされた。富を求めてあくなき貪欲がはびこり、贅沢と傲慢をともないながら、若者たちをむしばんでしまう。そのために略奪し破壊しても、なにも満足するところはなかった。ただただ他人の物なら欲しかっただけにすぎない。もはや潔さも羞恥心もなにもかもがなおざりにされてしまったのである。

それから民衆は自暴自棄になり、都は混乱をきわめた。まずは、恥をわきまえず厚顔な者、卑劣にして財産を失った者、醜聞や犯罪で故郷を追われた者が低地にそそぐ水のごとくローマの都に流れこんだのである。次に、スッラの勝利を記憶している者が目にしたのは、ある一兵卒が元老院議員になり、ほかの一兵卒が富豪になって王侯貴族の生活をおくっている光景だった。武力で勝利すれば、望むものはすべて手に入ると思うようになっても不思議はない。さらにまた、農作業の報酬で貧困に耐えていた若者たちが、さまざまな贈与に目がくらみ、汗水たらす労苦よりも都会の無為な生活を好むようになったのである。

これらの人々すべてが公の悪事に養われていた。そうであれば、もの欲しげで性根がなく際限もなく望む者たちが集まり、自分たちと国家とはわかちがたく結びつくと考えるようになったのだ。スッラの勝利のせいで両親が追放され財産を奪われ権利を縮小された者たちにとっても、内乱の行方は期待をもってながめられていた。さらにまた、元老院閥族(ばつぞく)派ならざる党派の者は自力のおよばぬくらいなら国家が混乱するほうを好んだ。このような醜悪な事態が数年後にはますます明らかになったのである。

スッラは護民官の権力をおとしめていたが、ポンペイウスとクラッススが統領になると、護民官の権力を回復した。やがて気概をもった猛々しい少壮の者たちが権力をにぎり、元老院を非難し、民衆をあおりたてる。彼らは惜しみなく贈り物をあたえ、数々の約束をして、ますます民衆をたきつけるのだった。そして、自分の功名をあげ勢力をたくわえた。これに対抗して貴族閥族派は元老院のためと称して全力を尽くすのだが、じっさいは自分の勢力を拡大するのが狙いだった。

ようするに、公明正大という名のもとに立ち上がったにしても、誰もが目的とするところは同じだった。ある者は民衆の権利を擁護するためと唱え、ある者は元老院の権威を高めるためと称したにしても、公の福祉という美名のもとに誰もが自分の勢力拡大のために戦ったのである。彼らの闘争にあっては節度も際限もなく、どちらが勝っても残酷な仕打ちが待ちうけていたのだ。（『カティリーナの陰謀』より）

粛清と財産没収で資産をふやす

サルスティウスはスッラ政権の後、半世紀を生きている。えんえんと当時の世相を語る口調には怒りがにじみ出る。その怒りには政治の舞台では敗北者で終わった自分自身に対する怒りもふくまれていたかもしれない。この男とて、ここで非難されるような醜悪な世俗のなかにどっぷりつかっていたのだ。だからこそ自分を排斥した世間にいらだったのだろう。

クラッスス　スッラの下で反対派から財産を没収し、ローマ有数の大富豪となる

とはいえ、この五〇年余りの時代がめまぐるしい激動期であったことはまちがいない。それもサルスティウスの述懐にあるクラッススとポンペイウスが登場すると、ますます激しさをますのである。

前八七年マリウスがローマに戻って政敵の粛清がは

じまったころ、名門貴族のリキニウス＝クラッススは二〇歳代後半の青年だった。この粛清の嵐のなかで父と兄を失い、クラッススはヒスパニアに逃れる。そこで一族の子分たちを中核として私兵の軍隊を組織し、マリウス派打倒に立ち上がったスッラの下に加わった。これらの戦いのなかでクラッススはめざましい活躍を見せている。

ところが、生まれつき強欲だったのか、この男にスッラは嫌気がさしたらしい。というのも、他人の財産狙いの手口が汚かったのである。スッラが粛清をはじめると、その処刑者名簿にある資産家の名前を追加させていたのである。スッラは政敵には情け容赦もない男だったが、個人としての権勢には潔さがあった。そのスッラの信頼こそ失ったとはいえ、クラッススの莫大な資産は大部分がスッラによる粛清と財産没収のときに獲得されたものであったという。

とにかく資産をふやすことには目がなかった。荒廃した家屋や農地はもちろん、火炎に燃える家屋すら購入した。それらを奴隷の職人団に修復させ、借家にして収入を得る。さらに、これらの職人をも貸し出したり売却したりもするのだった。ひところローマ市街の大半がクラッススの持ち家であったとさえ言われている。

クラッススはお金だけに抜け目がなかったわけではない。政界での活動には多額の資金が必要だったので、大富豪クラッススは金貸しとしても暗躍する。さまざまな政治家とつながり、支援した者の見返りを期待することができた。

さらにまた、クラッススは平民にも人気があったという。気楽に挨拶をかわし、気さくで親しみやすかった。小さな援助をもいとわず、ささいな訴訟にも弁護士役を引き受けている。たんなる欲ばりというだけでなく、一枚も二枚もしたたかな慈善家でもあった。

奴隷反乱の鎮圧をめぐる確執

このようにして勢力を拡げていたクラッススの前に、彗星のごとく登場した武将がいる。その成り上がり者の名はグナエウス＝ポンペイウス。すでにスッラの政権下でも父からひきついだ私兵を率いて武勲をかさねていた。二五歳で凱旋式を許され、マグヌス（偉大なる）というあだ名さえあたえられていた。やがて、各地で反スッラ派が蜂起したとき、鎮圧にあたった。前七三年、イベリア半島のセルトリウス反乱軍を打ち破る。永年、セルトリウスは属州総督としてふるまい原住民を結集しゲリラ戦法をくりかえしていた。この反乱軍の鎮圧にローマ軍は手こずっていたから、ポンペイウスの勝利は快挙であった。久しぶりにイベリア半島における支配権が回復したのである。

ポンペイウス　武勲を重ね、クラッスス、カエサルらと結び三頭政治を開始する

これらの武勲をかさねる一〇歳ほど下のポンペイウスに対して、クラッススは不安と嫉妬の念にさいなまれるのである。そのころ、クラッススは剣闘士スパルタクスの率いる奴隷反乱軍の鎮圧にあたっていた。彼はなんとしてもこの奴隷反乱軍との戦いに決着をつけなければならなかった。イベリア半島から帰還するポ

ンペイウス軍もスパルタクス軍の鎮圧にあたり、イタリア半島を南下していたのである。

クラッススはスパルタクスを追いつめ、やがて奴隷反乱軍はクラッスス軍をめがけて突進してきた。だが、鎮圧に本腰をいれてきたローマ軍の前で、もはや奴隷反乱軍は強敵ではなかった。ローマ軍の圧勝に終わり、六〇〇〇人の捕虜が磔（はりつけ）の刑にされた。カプアからローマにいたるアッピア街道にそって六〇〇〇本の十字架が並べられたという。

遅れてやって来たポンペイウスは北部に逃れた奴隷敗残兵を討ち滅ぼす。だが、この男もしたたかだった。たしかに奴隷反乱軍を破ったのはクラッススだが、反乱を鎮圧したのは自分だ、と詭弁たらたら元老院で報告したのである。この厚顔な名誉の要求にクラッススが憤慨したのは言うまでもない。この出来事は後々まで両者の間にしこりを残すことになる。

だが、前七〇年、クラッススとポンペイウスはともに統領に就任する。二人の仲は険悪だったが、政略上、双方とも敵意をあらわにするわけにはいかなかった。それでも共闘するにはわだかまりがあり、スッラが削減した護民官職権を回復するために協力したにすぎない。

奇妙なことがある。強欲で名をはせたわりに、クラッススを誹謗中傷する人はほとんどいないのである。これはローマの政界では異例のことだった。クラッスス自身が表だって活動するのではなく、裏で工作するタイプだったからかもしれない。ストーカーまがいに巫女（みこ）につきまとい財産を手に入れようとしたときでも、あの欲張りがやることなら仕方ないというのだからおもしろい。

また、きわめて信心深い人物であり、莫大な資産の一割をヘラクレス神に奉納するほどだった。さらに、大富豪でありながら、私生活にあっても醜聞らしきことはまったくなかった。夫婦仲もむつまじく、親孝行の息子にも恵まれている。娯楽も贅沢ではなく、それでいて上品な趣味として楽しめるものであったという。

それでいながら、クラッススほど政界で睨みのきく人物はいなかった。あるとき、クラッススに陰謀加担の嫌疑をいだいた元老院議員が彼を非難した。即座に議員は罵声をあびせられたばかりか、数日後には不可解な死をとげたほどだった。のちに第一回三頭政治がなりたつのも、ポンペイウスとカエサルがクラッススの元老院における影響力を無視できなかったからである。

二万人の海賊を捕虜に巨万の富を

ところで、統領になったポンペイウスは海賊の征伐にのりだす。このころ地中海東部は混乱しており、行き場のない輩たちがうようよしていた。これらの荒くれ者が海賊となって横行したのである。そもそもローマは海軍力が弱かったので、沿岸沿いの都市は略奪されるばかりだった。そのうえ、ローマに穀物をはこぶ輸送船も脅かされっぱなしだった。海賊は内陸部をも侵略し、イタリア半島にすらせまる勢いだった。

それでも元老院はポンペイウスに大きな指揮権をあたえることにはひどく気がかりだった。独裁者が出てくることはなんとしても防がなければならなかった。しかし、海賊の脅威が高まれば、民衆は武将としてのポンペイウスに期待する。前六七年、やっとのことで指揮権があたえられ、ポンペイウス軍が出帆した。

ポンペイウスは地中海をいくつかの区域にわけ、それぞれに指揮官を配した。この作戦は功を奏し、わずか四〇日足らずで海賊を追いつめたのである。もともと海賊はアナトリア半島南部のキリキアを拠点としていた。そこに海賊を封じこめ、ほどなく砦を攻略した。二万人の海賊が捕虜となり、九〇隻の船が捕獲され、ポンペイウスは金銀財宝の山を手に入れたのである。

海賊を討伐したポンペイウスが次に狙うのは、ローマを脅かすミトリダテスの勢力をたたきつぶすことだった。このために、東方諸属州における軍事指揮権と条約締結権をふくむ全権が委託される。しかも、無期限であったから、もはや共和政の統治原則は風前の灯のごとく消え去ろうとしていた。

武将としてのポンペイウスの力量はいささかもゆらぐことはなかった。ここでもすばやく勝利をおさめたのである。その個人としての権威にもとづきながら、東方諸地域への植民をくりひろげ、そのおかげで国庫収入は倍増をはるかに越えるものになるほどだった。

それとともに巨万の富を手に入れ、今や大富豪クラッススの資産をも凌ぐほどだったという。ポンペイウスはこれらの地域の豪族たちを配下に従える保護者であった。その姿はもはやアレクサンドロス大王にもなぞらえられるような専制君主のごときものであった。

しかし、ポンペイウスもやはり共和政貴族のひとりであった。戦後処理の後、軍隊を解散してローマに帰国し、凱旋式の挙行にそなえる。しかしながら、軍隊を手ばなしたにもかかわらず、ポンペイウスの権威と影響力は元老院の閥族派の目には大きな不安であった。元老院はポンペイウスの退役兵に土地を分配する法案と東方処理の批准を拒絶してしまう。この元老院の冷たい仕打ちはポンペイウスを苦境に追いやる。

三頭政治とカエサルの野心

権力、人脈、資金を結ぶ共闘路線

このころイベリア半島で戦いに決着をつけた男がローマで凱旋式を挙行するために帰国する。男の名はユリウス＝カエサル。なによりも統領になるのが狙いだった。立候補するにはローマにいなければならず、ローマに入城するには軍隊を解散しなければならなかった。カエサルは特例を認めてもらおうとしたが、閥族派のカトーらが阻止する。なにしろこのカトーたるや伝統主義の家風を誇る筋金入りの共和政擁護者であった。それとともに、なにかとカエサルは派手にふるまっていたので、元老院議員の大半は敵視していたのである。

カエサル　アウグストゥス帝時代の初期に制作された彫像。紀元前30〜前20年頃。ピウス・クレメンス美術館蔵

凱旋式を断念したにもかかわらず、カエサルにあたえられた任務はイタリアの山賊

退治だった。カエサルの野望は打ちひしがれそうだった。しかし、カエサルはここでひき下がってしまう男ではない。ローマ政界の大物二人をひきこんで反閥族派の共闘路線を画策する。

なにくれとなく資金面で面倒をみてくれた大富豪クラッススがおり、絶大な勢威をもつ武勲者ポンペイウスがいた。この二人の仲は決してよくはなかったが、二人とも同じ悩みをかかえていた。閥族派の妨害で思惑どおりに事がはこばなかったのである。

三人の間で密約がむすばれると、まず前五九年の統領にカエサルが選出される。権力も人脈も資金もが結びつき、三人の共闘路線はすさまじい威力をもった。クラッススは投資でかせぎ、ポンペイウスは戦利品でもうけていたから、どちらもローマ最大の富豪だったのだ。

統領となったカエサルはポンペイウスの退役兵に土地を分配する法案と東方処理を承認する法案を成立させる。ついでにカエサルは自分の娘ユリアまでやもめ暮らしのポンペイウスにくれてやった。この夫婦仲は、歳の差にもかかわらず、たいそうよかったという。軍人としての誉れ高いポンペイウスが遠征をいやがると噂されるほどだった。ユリアの存在はポンペイウスとカエサルとの結びつきにとって少なからず重大な意味をもっていた。

名誉と利得のための戦争

ところで、統領になったカエサルには、当然ながら相棒の統領がいた。ビブルスという人物だが、この男は土地分配法案を阻止しようとする。しかし、カエサル支持者から脅され辱めをうけると、自宅にひきこもってしまった。その後も、不吉な前兆を見たと言いながら、カエサルの提案にことごとく反対する。しかし、器が違いすぎて勝負にならなかった。そのせいで、この前五九年は「カエサルとビブルスが統領の年に」というべきところを、人々は「ユリウスとカエサルが統領の年に」とふざけていたという。

ポンペイウスとクラッススという後ろ盾があったことで、カエサルはガリアでの軍事指揮権を獲得する。そののち一〇年におよぶガリア征服の出来事はカエサルの手で詳しく語られている。『ガリア戦記』は軍隊を率いる総司令官自身がつづったものである。その点でも比類なく価値あるものだが、ラテン語の名文としても傑出していた。簡潔で無駄がなく、どこにも手を加える余地のない的を射た表現力である。そのきびきびとした文章をたどれば、政治家としてのカエサルの力量がしのばれる。同時代の大弁論家キケロをして、カエサルの演説には「一生かかって修辞学を学んでも近づくことすらできない」と言わしめたほどである。

『ガリア戦記』の冒頭は名高く、欧米の学生なら暗記させられる文である。

ガリア全体は、三つの部分に分かれ、その一つにはベルガエ人が、もう一つにはアクィタニ人が、三つめには、その地の言葉ではケルタエ人、われわれの言葉ではガリア人とよばれる人々が住んでいる。

アルプスを越えた北方の広大な地域はまだローマの軍事力のおよばない土地だった。そこにはガリア人と総称される人々がばらばらの部族をなして住んでいた。彼らのなかには新天地を求めて移動する部族があり、ローマ人はこれに難癖(なんくせ)をつけて討伐の口実にした。これらの部族を撃破すると、故地にもどらせ従わせるのだった。それとともに、ガリア人と同盟を結び、さらに北方に住むゲルマン人の来襲に備えた。ゲルマン人はガリア人よりも勇猛であり、身の毛もよだつほど大柄で、ガリア人もローマ人もおじけづくほどだった。これらゲルマン人の脅威からガリアを守るというのが征服者カエサルの弁明であった。

そもそもガリア戦争は元老院の承認もなく始められたものだった。だからカエサルは戦争の正当性を説明しなければならなかった。『戦記』はある種の政治的な意図をもつ自己弁明の書でもある。なによりもカエサル自身の名誉と利得のための戦争だったことは伏せられている。しかし、それは当時の人々には周知のことだった。

全ガリアの蜂起を総崩れに

カエサルはポンペイウスにまさる武勲がほしかった。それにまた、カエサルは湯水のごとく大盤振る舞いをしたので、莫大な負債をかかえていたという。最大の債権者がクラッススだった。クラッススの側からすれば、カエサルは投資するに値する人物と思われたのだろう。

さらにまた、この戦争のなかでどれほどの人間が殺され被災したかは、ほとんどふれられていない。おそらく前近代の征服戦争のなかでも最大規模の被害をもたらしたものだった。

しかしながら、カエサルは先頭にたって兵士を叱咤激励し、自身は沈着冷静であった。その司令官の堂々とした姿を見て、ローマ軍の士気は高まり、矢つぎ早に戦果をあげた。カエサルの信じたところでは、二年たらずのうちに、「全ガリアが平定された」という。

しかし、戦争の勝敗は当事者とくに統率者がどう信じるかによることが少なくないのだ。じっさい、翌年になると、ガリア各地の部族が反旗をひるがえすのだった。とうとう、そののち六年間がこれら諸部族の反乱を鎮圧することに費やされるのである。

これらの戦乱のなかでも前五二年の全ガリアの蜂起は壮絶をきわめた。勇将ウェルキンゲトリクスを首長とするガリア軍は一〇〇万をこえる兵力をもっていた。ガリア軍の主力八万がアレシアの堅固な要塞に立てこもり、六万のローマ軍はそれを包囲した。やがて、その外側に二四万人のガリア人の大軍がかけつけ、取り囲んだのである。腹背を敵に囲まれ、ローマ軍は窮地に立たされる。包囲の攻防がくりかえされ、三〇日もつづく。そのころには、両軍ともに食糧がつきかけ、焦りの色がにじんでいた。

決戦のときをむかえたのは真夏のころだった。はげしい白兵戦がくりかえされ、数にまさるガリア要塞軍は新手の兵を次々に送り込む。苦戦におちいったローマ軍はやがて敵の攻撃に土塁も濠も支えきれなくなり、最後の突撃に出た。そのローマ軍先陣のもとに深紅の外衣をまとったカエサルのさっそうたる姿が近づいていた。ガリア軍は浮き足立ってカエサルをめざし、戦場は阿鼻叫喚の巷と化す。だが、前もって迂回させていた騎兵隊がガリア要塞軍の背後を急襲した。またたく間にアレシアの要塞内は大混乱におちいり、総崩れになった。

敵将ウェルキンゲトリクスは潔かった。「自分は私利私欲のためではなくガリア全体の解放を願って闘った。だが、もはや運命にはさからえない。ガリア人諸君は私を殺すのも、敵に引き渡すのも自由だ」と叫んだ。やがて「ガリアの重鎮たちとともに、ウェルキンゲトリクスが引き渡された」とカエサルは記している。カエサルは敵将の器量を認めながらも、ウェルキンゲトリクスの裏切りを許さなかった。なぜならカエサルにしてみれば、かつてガリア人はすべてローマに恭順の意を示したはずだったのだ。六年間暗闇の地下牢に幽閉され、やがてローマ市内を引きまわされ、絞め殺されたのである。その日は、前四六年夏、カエサルの凱旋式の日であった。

崩壊した三頭政治

もはや武将としてのカエサルの勇気と力量は誰もが認めるところであった。しかし、一〇〇万人を殺し一〇〇万人を捕虜にしたといわれるカエサルには、裏切り者や被征服者だけが怖れをいだいたわけではない。カエサルの快進撃と武勲がつづけばつづくほど、元老院保守派は妬みと不安のなかでカエサルを怖れ、反カエサルの気運がうねりだしていく。

そのころ、すでにカエサルとの絆となる愛妻ユリアを失ったポンペイウスは再婚し、クラッススはパルティア戦線で戦死していた。もはや有力者三人が共闘する三頭政治は名実ともに崩壊していた。共和政擁護論の主峰カトーの率いる元老院保守派はポンペイウスをかつぎ出し、反カエサル派の中心人物にまつりあげる。

前五一年、ガリアを平定したカエサルは、帰国し、凱旋式をあげ、統領に立候補したかった。またもや同じ難問がふりかかる。凱旋式をあげるには軍隊を手放せず、軍隊を解散しなければローマ市内に入れず統領にも立候補できないのであった。ふたたびカエサルは特例を要求したが、政敵はこれを認めるはずがなかった。民衆は圧倒的にカエサルを支持していたので、カエサルの処遇をめぐって激論がつづき、ローマの政局はゆれにゆれる。しかし、最後にものをいうのは軍事力である。そのことはカエサルもポンペイウスもよく知っていた。共和政ファシズム国家ローマの形姿が実力者二人の目に映らないはずがなかったのだ。

ついに前四九年一月、元老院では「定められた日までに統率権（インペリウム）を放棄しなければ、カエサルは国家の公敵となる」という提案が圧倒的多数で可決された。アントニウスをはじめとするカエサル派の人々は反対したが、もはや保守派の前になす術はなかった。アントニウスは奴隷に扮装して逃げ出し、カエサル派の元老院貴族もこれにつづいた。そのころカエサルはイタリア北部のラヴェンナにおり、その近くにはルビコン川が流れていた。

野望にもえる男の伝説

ところで、カエサルという人物を知るには、やはり生い立ちから見なければならない。

カエサルは前一〇〇年の七月にローマ下町のスブラ街に生まれた。家柄はとびきり古かったが、資産も人脈もとぼしかった。だが、叔母が当代の実力者マリウスと結婚すると、マリウス派の人々とふれる機会がかさなる。その首脳陣にいたキンナの知己をえて、娘のコルネリアと結婚した。それとともにユピテル祭司になっている。まだ二〇歳にならないころのことだった。

やがてマリウス派と対立するスッラがローマにもどり、すべてがくつがえされる。カエサルも祭司職を剝奪されたばかりでなく、コルネリアとの離婚を命じられた。だが、カエサルはこの命令を拒み、ときの絶大な権力者の逆鱗にふれる。まわりの貴人たちのとりなしで、スッラも怒りをおさめたが、捨て台詞をはいたという。「あの若造のなかにはマリウスが何人もいるのがわからないのか」と。なにやら予言じみた出来すぎた話だが、傑出した英雄だからこそ身にまつわる伝説であろう。

二〇歳をすぎるとアシア遠征に従軍し、その途中で海賊に捕まってしまう。伝説によれば、捕らわれている間もひるむことはなく「必ず縛り首にするぞ」と海賊どもに言い散らした。ほどなく五〇タラントの身代金が届けられ、カエサルは解放される。そして断言したとおりに、犯人の海賊を探しだし、磔の刑にしたという。

カエサルはイベリア半島をいくども訪れている。あるときガデスにおもむき、アレクサンドロス大王の彫像の前で泣きくずれたという。

「アレクサンドロスがすでに全世界を征服した歳になったというのに、自分はなにも注目されるような仕事をしていない」

三二歳で世を去った大帝国の建設者と比べて、ふがいない自分の無力さに涙したのである。カエサルがいかに名誉心と自負心にあふれた男だったかを物語って余りある。

　これらの伝説が史実であるかどうかはさしたる問題ではない。たとえば、海賊を脅した話など、カエサル本人を除けば、知る由もない。本人が言いふらしたとすれば、カエサルが自分のイメージ作りに巧みであったということになる。史実であることよりも、これらの伝説がまことしやかに語られるほど、カエサルが剛毅であり野望にもえる男であったということだろう。

洞察力と親分子分の絆で勢力拡大

ところで、なによりも注目されるのは、カエサルが人間の世界にひときわ鋭い洞察力をもっていたことである。人間というものは、現実そのものよりもそうあってほしいと願うことを信じやすい。カエサルはそのことを熟知していた。だから、ときとして彼は民衆の願望どおりに演出してみせるのである。

　長身でおしゃれであり、房飾りのある平服をゆったりと粋に着こなす。派手できっぱりとした態度で人々の気をひきつけてやまない。そのうえに、警句にあふれた語調で弁舌さわやか、借財をいとわず大盤振る舞いをしても恩にきせない大らかさがあった。このようなカエサルのカリスマ資質は、人間のつながりを自分の方へたぐりよせ、政治的な力として結集するのに大いにあずかっていた。

　借金にしろ、誰にでもできることではない。貸す金持ちがカエサルに人間としての魅力を感じなければ、そうそう貸せるものではない。それに、借り手が失脚すれば、貸し手は元手もなくなり、すべてを棒にふってしまう。だから、そうさせないように、またまたカエサルを援助してやまなくなる。その好例がローマ随一の富豪クラッススであろう。

ローマ人の社会には、もともと親分子分関係のような保護＝被保護関係（クリエンテーラ）の絆が濃厚だった。カエサルの軍人としての才能も、彼のもとに集まった兵士たちを自分の手足のように動かしたからだ。彼らをよぶにも「兵士諸君」と言わず「戦友諸君」と語りかけたのだから、兵士たちはしびれた。カエサルと部下たちとの親分子分の絆は深まり、ローマ市民のみならず、征服した部族民との間にも拡がっていったのである。

雌雄を決めたファルサロスの戦い

その場所の詳細は不明だが、ルビコン川は北イタリアを流れる小さな川である。だが、古代の人々はそこを渡れば、イタリア本土であると考えていた。ローマの武将が遠征するとき、統率権（インペリウム）をあたえられ軍隊を率いる。しかし、本国にもどってくるなら、そこで武装解除するのが慣わしだった。だから、軍隊を率いたままルビコン川を越えれば、国法に違反する国賊になる。しかし、カエサルにためらいはなかった。彼は「賽（さい）は投げられた」と言い切って、ルビコン川を渡ったのである。前四九年一月一〇日のことだった。

カエサルは疾風怒濤（しっぷうどとう）のごとく行動する男だった。その迅速さがこのときほどはっきり出たことはないかもしれない。ひたすら南へと進撃する。あまりのすばやさに、ほとんど抵抗する者もなく、イタリア半島を制圧する。迎え撃つポンペイウスは兵士の召集に手間どり、歴戦の強兵がそろうカエサル軍に太刀打ちできるはずがなかった。

そこには、この二人の武将の資質の違いがはっきりとしていた。ポンペイウスは「自分についてこない者は敵と見なす」と脅した。大雄弁家キケロもしぶしぶポンペイウスの後に従うのだった。だが、カエサルは「誰にも与しない者なら味方と見なす」と言ったのである。国賊だったから低姿勢でいなければならなかったにしても、やはりカエサルの方が役者が一枚上だった。

ひとまず、ポンペイウスはイタリア半島を去る。自軍をたてなおす地としては、かつての東方遠征で彼の権威に服する者の多いギリシアがあった。やがてカエサルもアドリア海を渡り、ポンペイウス軍に立ち向かう。戦いは数にまさるポンペイウス軍が優勢であり、敵地にあって物資の調達に苦しむカエサル軍の兵士たちは草でつくったパンを食べるほどだった。

前四八年夏、ついに決戦のときが訪れる。そこはギリシア北方のファルサロスの野であった。ポンペイウス軍の歩兵五万、騎兵七〇〇〇、これに対して、カエサル軍の歩兵二万二〇〇〇、騎兵一〇〇〇。軍勢においては二倍以上の開きがあった。しかし、味方の勇猛心をふるいたたせ、敵の騎兵の弱点をついた戦術の巧みさでカエサルがまさり、戦いの大勢は決まった。

騎乗のカエサルは駆けまわり、戦友である兵士たちに、むやみにローマ市民を殺さないようによびかける。敵軍に加担した名門貴族たちにも温情をほどこし、それらのなかには、のちにカエサルの暗殺者となるブルートゥスもいた。日ごろから敵軍に走った身を肉親のように気づかっていたので、無事な姿を見たときにカエサルはひとしお喜んだという。その後も、誰に対しても処刑も粛清もいっさいなかった。

異民族であるガリア人への残虐な仕打ちとは大違いである。カエサルにとっては、敗者といえども同胞の流す血は耐えがたいものがあった。敗走したポンペイウスはエジプトに逃れる。だが、ローマの内紛にまきこまれるのを怖れて、エジプトの宮廷人によって殺害されてしまう。

残党を破り内乱に幕

ところで、ファルサロスの戦いを見れば、武将としてもカエサルはポンペイウスにまさっていたように見える。しかし、はたしてそうだろうか。ポンペイウスは地中海沿岸の各地に遠征しローマの領土を比類なく拡大した。若くして頭角をあらわし、数々の戦勝に輝いた軍人である。しかも、カエサルも認めているように「人柄もよく、暮らしぶりも清廉で、真面目な人物」であった。だから、晩年のポンペイウスはみずからの野心にかられて率先して行動していたようには見えない。むしろ、元老院貴族に担ぎ出されたかのような総大将だった。さしもの歴戦の勇将もかつての勝負勘もにぶり、いささか鈍重になっていたのではないだろうか。

これに比べれば、六歳下のカエサルは八年間のガリア転戦後も軍事活動をつづけ、武将としても冴えに冴え脂ののりきったころだった。政略家としてはカエサルには一目も二目もおくにしても、武将としてならポンペイウスもカエサルにまさるにしろ劣るわけではない。カエサルにすれば、よいときにポンペイウスと対戦したのである。さすがに「運命の寵児」を自負していただけはある。

ポンペイウスを追うカエサルはエジプトに渡ったが、そこで耳にしたのは偉大なる敵将の死であった。やがて、思いがけずカエサルはエジプトの王位継承問題にまきこまれてしまう。妖艶な女王クレオパトラとの楽しい日々をおくりながら、ナイルの地に半年も滞在している。豊饒なるエジプトの視察と財政処理が狙いだったかもしれない。だが、ナイル川をさかのぼって周航するカエサルとクレオパトラの姿は、文豪シェイクスピアならずとも人々の想像力をかきたてる。それは、まるで永年の戦争で疲れた心身を癒すかのようなカエサル悦楽の日々だった。

とはいえ、カエサルの敵は一掃されたわけではない。ポンペイウス派は北アフリカにも、ヒスパニアにも、イタリア本国にも、ローマにも生き残っていた。西地中海に不穏な風雲がただようばかりか、小アジアでもミトリダテスの子が反旗をひるがえしていた。前四七年、まずは小アジアの敵を電撃戦でけちらし、「来た、見た、勝った（veni, vidi, vici）」の名文句で元老院に報告した。こうしたなかで、元老院議員のなかにも数多く支持する者が出てくる。それもカエサルの政治的手腕のなせる業だった。

翌年四月には、北アフリカ戦線でポンペイウス派の残党を破り、強靭なる共和政主義者カトーを自刃に追いこむ。カトーにすればカエサルの慈悲にすがるなどもってのほかだった。それは自由が独裁に屈服することでしかなかったのだ。カトーの壮絶な死に様はその後も共和政擁護派にとって心の支えでありつづける。だから、カエサルは「あの男の命を救えなかったのは残念だ」と悔しがったという。

前四五年三月、イベリア半島南部でポンペイウスの息子の率いる軍勢を打ち破った。カエサルがルビコン川を渡って四年の年月が経っていた。ここにめまぐるしかった内乱にも幕が下ろされたのである。

反感を買った終身独裁官の死

もはやカエサルは並ぶ者のない絶大な権力者であった。ローマにもどると、数々の改革に手をそめる。もろもろの法令を出し、元老院議員を大幅にふやす。このころイタリア半島の諸都市には新興の豪族たちが輩出しており、彼らはカエサルをすすんで支持するようになっていた。また、前四五年一月一日を期にユリウス暦を導入し、ここに現代とほとんど異ならない太陽暦がはじまる。七月（July）がユリウスに由来することは周知であろう。さらに、貧民に救いの手をさしのべ、多くの人々にローマ市民権をあたえる。それとともに、イベリア半島をはじめとする各地に数多くの植民者をおくり出した。

まさにカエサルは王のごとき独裁者であった。その姿は共和政の伝統にはなじまないものであり、元老院にはカエサルに反感をもつ者もたえなかった。そのような政敵をもカエサルは慈愛（クレメンティア）の念で大目にみていた。それにしても、カエサルの人気は民衆にも軍隊にも盲目的崇拝のごときものにまでいたっていた。

ところで、権力の頂点をきわめながら、カエサルの表情には憂愁がただよっていた。貨幣にきざまれた顔を見ると、死相がにじんでいる、と指摘する学者もいる。もはや、誰にも心の内がわかってもらえない、とあきらめているかのようである。だが、彼を急進的な国家改造論者と考えるべきではないだろう。とはいうものの、あれこれと処置をほどこしながら、カエサルの次なる狙いはパルティア遠征であった。

前四四年、カエサルは終身の独裁官となる。非常時に半年任期でしかなかった地位であるから、共和政の伝統は救いようがないほど地におちた。みずから王と名のることはなかったが、カエサルはかつての王政期の王衣を着るようになっていた。共和政を擁護する元老院貴族たちの反感はきわまり、煮えたぎっていた。

かねてから占い師は「三月一五日まで気をつけてください」と忠告していた。その日の朝、カエサルは「へぼ占いめ、何事もなかったではないか」と皮肉ると、占い師は「三月一五日はまだ終わっていません」と答えたという。

月桂冠を戴いたカエサル像
終身独裁官となった前44年に登場したコイン。大英博物館蔵護衛ぎらいのカエサルはひとりで元老院議場へ入ってきた。暗殺をもくろむ一味にとりかこまれ、やつぎばやに剣がふりかざされる。そのなかに、ひいきにしていたブルートゥスもいた。その刃が向けられたとき、「ブルートゥス、お前もか」と叫んだという。刺された傷は二三ヵ所におよんでいた。

ところで、本書の第二章では世界帝国の原像が素描されている。強圧の帝国アッシリアがあり、寛容の帝国ペルシアがあり、野望の帝国を建てたアレクサンドロス大王がいた。アッシリアはなんといっても軍事力の脅威と残虐さで恐れられた。ペルシアは貢納さえとどこおらなければ被征服民の自由をそれなりに重んじた。アレクサンドロスは征服の野望にもえつづけ、もえ尽きた。

じつのところ、強圧と寛容と野望は、まさしくカエサルという人格のなかに体現されているのではないだろうか。ガリア人をはじめとする異民族は一〇〇万人が殺され、一〇〇万人が奴隷にされた。カエサルは刃むかう野蛮人には情け容赦なく残酷だった。だが、恭順をもって情けを請う者、とりわけローマ市民同胞には恩赦の念を惜しまず、寛容でありつづけた。さらにまた、果断で迅速な行動力を支えたのはカエサルの野望がもえていたからにほかならない。

カエサルみずからが世界帝国の樹立をもくろんでいたかどうか、それを確信する術はない。だが、はてしない覇権への野望をもやし、ときには残酷に、ときには寛容にふるまう男だったことは心にとめておこう。寛猛自在な野心家カエサルだからこそ、嵐のように歴史を突っ走っていった。彼は世界史という舞台のスーパースターであり、なにはともあれ空前の世界帝国の創始者にふさわしい人物だった。それだけに、後世の醜聞史家スエトニウスが「カエサルは殺されるべくして殺された」というのは的を射た言葉である。

第六章　帝政ローマの平和

元首アウグストゥスの権威と権力

カエサルの後継者

キケロは弁論家あるいは文人として名高いが、誰よりも政治家たらんとした男である。前六三年、彼は念願の統領（コンスル）に選ばれ、カティリナ一派の国家転覆の企てをあばく。そのおかげで「国家の父」とたたえられ、その威信は絶頂をむかえているころだった。

その年、ガイウス＝オクタウィアヌスがローマのパラティヌス丘で産声をあげた。彼の祖母ユリアはユリウス＝カエサルの姉になる。一二歳のとき、この祖母の葬儀でオクタウィアヌスは弔辞をのべ、それがカエサルの目にとまったという。

カエサルはなにかとオクタウィアヌスに目をかけ、ポンペイウス残党と戦うヒスパニア遠征にも従軍させている。ほどなく勉学をつづけさせるために、ダルマティアのアポロニアに留学させた。その地でオクタウィアヌスは生涯の友であり彼の右腕ともなるアグリッパと親交を深めている。

前四四年、この留学の地でオクタウィアヌスはカエサルの暗殺を耳にする。それとともに、カエサルの遺言状で自分が後継者に指名されていることを知った。周知のように、オクタウィアヌスは後に初代皇帝アウグストゥスとなる人物である。やがて彼は『神皇アウグストゥス業績録』を残すのだが、それは為政者自身の言葉で治世を説明したものとして比類なく価値がある。しかし、重々しく難渋な表現にあふれており、後世の読者には近づきにくい。そこで、いささか解説を加えながら、皇帝のもらす言葉をかみくだいてみよう。

余は一九歳で偉大なる神の子カエサルの養子に名指された。だが、前途は多難であった。反カエサル派は生き残っており、カエサル派も足並みがそろっているわけではなかった。とりわけ、カエサルの側近だったアントニウスの専横ぶりは目にあまるものがあった。余が要求しても、カエサルの遺産も書類も手元から離そうとしないのである。そのために、かつてカエサルが兵士たちに約束した謝金を払えず、自腹を切るはめになった。も

アウグストゥス像　ローマの初代皇帝は、権威をもって統治することを旨とし、この大神祇官姿を好んだ。ローマ国立博物館蔵

っとも、そのおかげで兵士たちの信頼をえることができたのだが。

二〇歳のとき、余は元老院で表彰され、そこで統領格の発言をすることができるようになった。最高指揮権（インペリウム）も認められ、市民から統領にも選ばれた。それとともに、アントニウスとレピドゥスと和解して手をたずさえ、国家再建三人委員のひとりとなった。余の父カエサルを殺した輩（やから）を法で裁き、処罰し追放する。それでも国家に刃むかう者たちがおり、二一歳のとき、それらを二度にわたって撃破した。

さらに国家再建三人委員の解消とともに、余は地中海世界の全土で海陸の戦闘をくりひろげた。生き残った旧套墨守（きゅうとうぼくしゅ）派と手を結ぼうとしたレピドゥスを追い落とし、エジプト女王クレオパトラに血迷う公敵アントニウスを打ち破った。これらの戦いでは、勝利者として、助命を嘆願するローマ市民なら誰をも許すことにした。これは余の父の慈悲深さにならったものである。また、外国人といえどもなるべく寛大に処遇した。余にとって滅ぼすよりも赦免することが好ましかったからである。このようななかで、およそ五〇万人のローマ市民が余のために軍務奉仕を誓うようになった。そのうち三〇万人以上の者を、兵役終了後、植民させたり、故郷に帰還させたりした。そのとき、退役者のすべてに土地を分配し金銭を支給した。

さて、勝利者には、凱旋式が許される。余は、小さな凱旋式を二度、正規の凱旋式を三度とりおこなっている。これらの式典で余の凱旋車の前に捕虜となった九人の王もしくは王子を連行した。また、最高司令官（インペラトール）をたたえる歓呼であれば、二一度も余にささげられた。とはいえ、元老院において余のためにいく度も凱旋式が決議されたが、余はそれらすべてを辞退した。海陸での武勲については、五五回も不滅の神々に礼拝すべきことが元老院で決議された。これらの元老院決議で礼拝日とされたのは八九〇日におよんでいる。この文書を作成した七六歳までに、余は統領になること一三度、また、護民官職権にあること三七度にわたっている。

余がアウグストゥスの称号をもらってから五年目に、元老院と民衆から独裁官の地位を提供されたが、余は受けとらなかった。しかし、穀物の深刻な不足があれば、農産物の確保に配慮することをなおざりにはしなかった。数日中に余の支出と配慮で市民を恐怖と危険から救ったのである。そのとき、ふたたび終身の統領職が申し出られたが、これも余は受けとらなかった。

権威を力説して統治する

アウグストゥスの述懐はえんえんとつづく。公人としてあるいは私人として果たしたことの数々があげられていく。公共の事業、神殿の建設、治安の確保、穀物の供給、祝儀の支給、見世物の提供、領土の拡大、国土の安定などについてさまざまな事績が並べたてられる。それらの列挙ののち、やがて『業績録』はみずからの治世をしめくくって語る。

余はすでに内乱を鎮圧し、万人の同意にもとづき全権を担っていたが、国家を余の権力から元老院およびローマ国民の裁定にゆだねた。このような余の功績のために、余は元老院決議によってアウグストゥスの称号をさずかり、わが家の門柱は月桂樹でかざられることが公認され、市民冠がわが家の戸口の上にもうけられ、また、黄金の肖像楯がユリウス議事堂に安置された。元老院およびローマ国民がこれらを余にあたえたのは、余の勇気、慈愛、正義、敬虔をたたえるためであり、このことは、その肖像楯の碑銘によって明らかである。これ以後、余は権威において万人にまさることがあっても、権力については余とともに公職にある同僚たちよりもまさることはなにもないのである。（『神皇アウグストゥス業績録』）

ここにはなによりもアウグストゥスの自負心がこめられている。彼はみずから皇帝とも大王とも名のることはない。また、周囲の人々にもそのような独裁者をにおわせる称号でよばせることもなかった。あくまでもローマ市民のなかの第一人者（プリンケプス）であり、元首であるにすぎない。だから、内乱平定にともなって全権を手にしたにもかかわらず、彼はそれらをすてて元老院とローマ市民に返還する。

それに代わって高貴な尊称とともに数々の栄誉をあたえてもらった。これらをさずかった者として言いたいのは、自分はその人徳において敬愛されたのであり、力ずくで覇権を奪ったわけではないということである。つまるところ、自分は権威（アウクトリタス）でこそ抜きん出ていても、権力（ポテスタス）では高官たちとともに人並みであるにすぎないというのだ。

「権威をもって統治せよ」とは古来ローマ人が言いならわしてきたところである。だからこそアウグストゥスは自信と誇りにあふれてみずからの権威を力説する。彼の権威はなにによりも「父祖の遺風」にかなったものであり、まずもって為政者に求められることである。

ところで、一口に権威といっても、その中身はどんなものであるのだろうか。おおざっぱにあげれば、まずは家柄であり、それにまさるものとして武勲があり、さらに品格が求められる。家柄、武勲、品格、それらがなによりも権威をかたどるものであるのだ。

政敵となったアントニウスが言いふらしたところでは、オクタウィアヌスの曾祖父は奴隷であり、政界入り前の父は差額を賄賂にする両替商であり、母はパン職人の娘だったという。身分がものをいう時代だから、卑しい家柄だというだけで、その人物の能力は疑いの目で見られた。とりわけ為政者にはなんとしても望ましくない汚点であっただろう。

しかし、アントニウスが中傷するほどオクタウィアヌスの家柄は卑しくはなかった。たしかに高貴な家系といえるほどではなかったが、新参の貴族といったところである。それよりも、オクタウィアヌスは絶大な権力者カエサルの後継者に指名されたのである。その事実はすさまじい威力をもって人々を圧倒した。

病弱な総司令官を支えた側近

カエサルは少年オクタウィアヌスに生来の才能を見出している。そればかりか、この若者の勇気も目をみはるものがあった。わずかな従者だけで敵だらけの道を突破し難破しても進軍したという。そんな姉孫をカエサルがいとおしく思わないはずがなかった。

しかし、勇敢な精神をもっていても、身体がついていけないことがある。というのもオクタウィアヌスは病弱であった。彼はなによりも自分の身体をいたわらなければならないのだった。このような弱点をかかえた者には、はやりがちな自分の心を理解してくれる友が必要だった。

側近中の側近アグリッパは軍人としての資質にめぐまれていた。もともとダルマティア遊学中に親交を深めている。名目上はオクタウィアヌスが総司令官であっても、事実上はアグリッパが軍隊を率いてかずかずの戦いを勝利にみちびいている。このようなオクタウィアヌスについて、政敵アントニウスは「あの男は寝床にふしたまま、ただ空だけを凝視していた。アグリッパが敵を完全にたたきのめすまで、まるで生きていないかのような姿でじっとしていた」と語っている。体調が悪かったのだろうが、オクタウィアヌスがアグリッパの軍才を頼りにしていた様が目にうかぶ。

前三一年のアクティウムの海戦。地中海世界の覇権をかけて、アントニウスとクレオパトラの連合軍との雌雄を決する戦いである。オクタウィアヌスの姉オクタウィアはアントニウスに嫁ぎ、健気(けなげ)であったので、クレオパトラにうつつをぬかす身勝手な夫の評判はがた落ちだった。

ところが、この史上に名高い海戦も、じっさいはあっけない決着だった。クレオパトラの

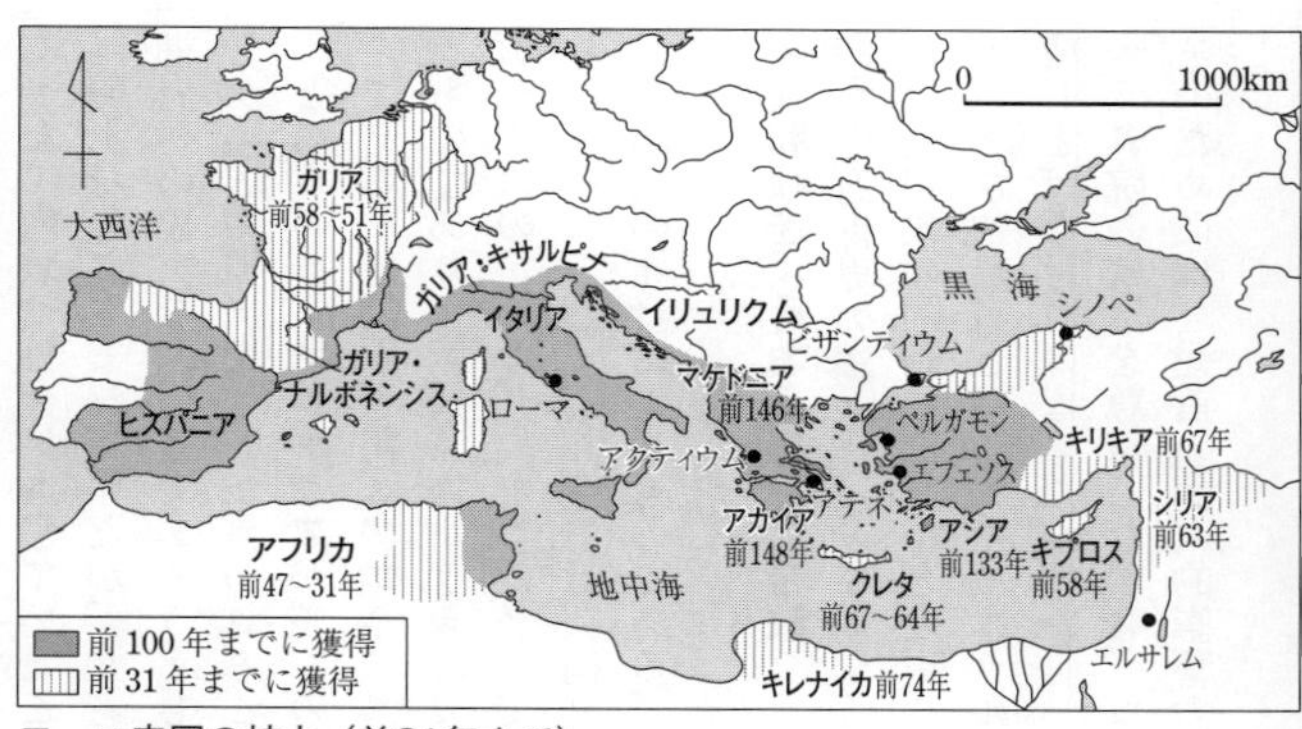

ローマ帝国の拡大（前31年まで）

エジプト艦隊は早々に帆をはって逃げ出し、アントニウスもそのあとを追った。まるで名将アグリッパとの戦いをおそれるかのようであった。ローマに連行されて見世物にされることを危惧したクレオパトラは胸を毒蛇にかませて自害したという。それを聞かされたアントニウスも絶望のなかで自殺した。

もしアグリッパがいなければオクタウィアヌスが地中海世界の第一人者となりアウグストゥスとよばれることもなかっただろう。そうとさえ言われるほど、アグリッパは軍人として卓越していた。それにもかかわらず、アグリッパは凱旋式を拒み、あくまでもアウグストゥスをたてつづけたという。アウグストゥスは軍事の手腕にはめぐまれなかったが、人を見る目はひときわすぐれていたにちがいない。

もうひとりアウグストゥスを支えた人物も忘れてはならない。やはり若いころから親交をむすんでいたマエケナスである。アグリッパが軍政面で右腕であったのに対して、マエケナスは文政面での片腕であった。内政や外交に通じていたことから、たびたび仲介役をつとめている。

騎士身分に生まれていたが、元老院身分も高位の公職ものぞまず、ひたすらカエサルの後継者への忠実な助力者であろうとした。このためにマエケナスは「裏で世論をあやつった」とか「広報担当相」とか言われることがある。

というのも、マエケナスが多くの詩人たちと交わり、彼らに相当な報酬をあたえているからである。建国叙事詩『アエネイス』のウェルギリウスの遺言に記された遺産総額はかなりなものであり、叙情詩人ホラティウスには贈与された農場があった。これらの詩人たちがマエケナスの言いなりになったわけではないが、無言の圧力があったことは否めないだろう。それはそれとして、昨今では芸術文化の後援者をメセナとよぶが、それはマエケナスのフランス語流の発音によるものである。

共和政をよそおう巧みな帝政

地中海世界の覇者アウグストゥスにとって、ローマ帝国はあくまでも共和政国家であった。共和政の国制にほとんど変更をくわえることなく、独裁政を黙認させるのである。帝王のごとき独裁者と疑われたカエサルは暗殺の憂き目にあった。その轍(てつ)をふむことなく、事を成しとげなければならなかった。

元老院の統治を尊重しながら、ローマ市民の第一人者としての元首に権力を集中させる。そのためには、元首の個人的影響力にもとづいて公職を兼任する体制が生まれる。とりわけ民衆の保護者として護民官の一人でありつづけること、さらに、もっとも神々に近づきうる人間として大神祇官でありつづけることは注目される。元首はむきだしの権力者であってはならず、人々に敬愛される権威者でなければならないのだ。

広大な属州は、元老院管轄属州と元首直轄属州に分割される。豊かで安全な地中海沿岸部の属州はおおかた元老院管轄属州であった。これらには軍隊がそれほど駐屯する必要はなかった。これに比べて、ぶっそうな国境地帯は元首直轄属州であり、大多数の軍隊がそこに駐屯した。平和で豊饒な属州を元老院管轄にゆだねながら、そこからの租税で帝国軍隊を維持するのである。元首は帝国の民衆に安全を確保してやるとともに、なによりもローマ軍の総司令官（インペラトール）として全軍の統帥権をもつことになる。

フォロ・ロマーノ　大理石の神殿、凱旋門など公共建築物がたちならぶ光景は壮観である

アウグストゥスの治世はじつに試行のくりかえしであった。共和政の組織を温存しながら、そこから新世紀に応じた仕組みを創出していくのである。共和政国家の運営機構にそれほど手を加えないで広大な帝国の独裁統治をなすのだから、魔術師のような話である。だが、アウグストゥスはこの共和政をよそおう帝政の建設をおおむね巧みにやってのけた。たとえば親衛隊を設立したことなどは、共和政のたてまえからすればありえないことで

ある。だが、親衛隊はローマ帝国の滅亡までつづくのである。

これらの事業のなかでも、ローマをまさしく世界の首都として華やかで見事な都市につくりあげたことは目をひく。洪水にも火災にも弱かった都市が壮麗なる建築物であふれる都に生まれかわった。「ローマを煉瓦の街として引きつぎ、大理石の街として引きわたす」とアウグストゥスが自負するのも無理はない。空前の覇権をもつ帝国にふさわしい中心ができあがったのだ。

温厚な私人にして冷酷な支配者

アウグストゥスは私人としてあるときと公人としてあるときはまるで別人であった。ひとりの人間としては温情にあふれ友人思いであった。だが、統治者となると緻密に計算し、冷淡にもなり、味方を切りすてることもいとわなかった。若きオクタウィアヌスがアントニウスやレピドゥスと和解するのが得策だと考えたとき、共和政擁護派のキケロなどの友人は冷徹に切りすてられている。また、反カエサル派への仕返しは冷酷をきわめ、敵兵は情け容赦もなく処刑された。

公人としてのアウグストゥスなら言い分があった。あるとき、アウグストゥスの冷淡さにアグリッパが猜疑心(さいぎしん)をつのらせ田舎に引きこもったことがある。そのとき幼なじみの為政者は「アグリッパは自制心に欠ける」と惜しんでいる。

また、ある陰謀事件が発覚したときマエケナスがこっそり妻にもらしたことがあった。そのときも「マエケナスは口が軽い」とアウグストゥスは残念がるのだった。公人としては盟友にも厳しいところがあったのである。

ほかにもエピソードには事欠かない。アウグストゥスが側近の会計係と散歩していたときのことである。突進してきた野猪（やちょ）に動転した会計係が元首を突き飛ばしてしまった。アウグストゥスはこの臆病な不敬者をからかいながら笑い話ですませている。

だが、手紙の情報を売りわたし賄賂をせしめた書記がいたとき、この男の両足の骨を折ってしまうのだった。また、寵愛（ちょうあい）していた解放奴隷の一人にも自殺を迫っている。この男が上流の既婚婦人と姦通したことが知れたからである。

ちょっとだけ酒を飲み、かなりのギャンブル好きで、大いに女性を好んだ容姿端麗な色男だった。再婚した妻リウィアとは死ぬまで仲むつまじかったというが、生涯にわたって情事の風聞は絶えたことがない。クレオパトラとの関係をとがめられたアントニウスは「この手紙が届くまでに、オクタウィアヌス君は何人の女性と寝てるのだ」と皮肉っている。

私人としては寛容で温厚な人物だったが、公人としては無情で冷酷な支配者だった。この別人二人が同居する人格をひょっとしてカエサルは見ぬいていたのかもしれない。遠い血縁もさることながら、この為政者に求められる二重人格のような資質はカエサルにはたのもしかったにちがいない。個人としてはどこか人を魅了する温もりを感じさせなければならない。だが、統治者はときには情け容赦もなく冷酷でなければならないのだ。

世俗の判断では、しばしば、温情なる者が善人であり、冷酷な者が悪人であるという。しかしながら、人間の世界は善人だらけでも悪人だらけでもない。善人がときには悪人にもなり、悪人がしばし善人になることもある。善悪などというものは所詮あいまいなものにすぎないのだ。カエサルやアウグストゥスのような人物はそのような善悪のまぎらわしさを自覚していたのではないだろうか。というよりも、善悪を超えたところに彼らの精神は棲んでいたのかもしれない。少なくとも絶大な権力者にのぼりつめていくなかでは、哲学者ニーチェの語った意味かはともかく、善悪の超人にならなければならなかったのだろう。

挫折した血縁による後継

幸運の女神にみそめられたかのような生涯だったともいえるが、アウグストゥスにも不運がなかったわけではない。なによりも後継者に先立たれたことは嘆かわしかった。

まずは姉オクタウィアの息子マルケルスがいる。前妻との娘ユリアと結婚させたから、アウグストゥスにとっては甥でもあり娘婿でもあった。前二三年、一九歳での突然の死は元首一族ばかりか民衆の大きな悲しみでもあった。

未亡人となったユリアはほどなくアウグストゥスの右腕アグリッパと再婚する。二五歳の歳の差にもかかわらず、三男二女にめぐまれた。長男ガイウスと次男ルキウスはアウグストゥスにとっての孫であり、二人が後継者と見なされる。だが、前一二年、夫アグリッパが没し、ユリアはふたたび未亡人となった。幼い皇子二人には後見人がいないままになってしまう。アウグストゥスはユリアの再々婚の相手として妻リウィアの連れ子の息子たち、兄ティベリウスと弟ドルススに注目する。

このときティベリウスには仲むつまじい愛妻がいた。アウグストゥスは離婚を命じ、ティベリウスは怒りながらもしぶしぶ従わざるをえなかった。やがてユリアと不和になったティベリウスは公生活を嫌悪し、ロードス島に隠棲してしまう。

それでもともかく、ガイウスとルキウスの兄弟は無事に少年期をすごしたかに見えた。しかし、好事魔多しというべきか、まず弟ルキウスが一九歳で病死し、二年後には兄ガイウスが二三歳で戦傷がもとで他界した。後四年、ここでアウグストゥスの血縁による後継者計画は挫折してしまったことになる。

アウグストゥスには肉親との死別より耐えがたいものがあった。それは肉親の恥ずべき行状であり、とくに娘ユリアと孫娘ユリアの不品行には頭を痛めた。娘も孫娘も糸紡ぎや機織にも習熟させ厳格にしつけたのに、裏目に出てしまったのだ。もっとも娘ユリアにすれば、夫ティベリウスにうとんじられ夫は勝手に隠棲してしまったのだから、「私は私の勝手でしょう」という気分だったのかもしれない。

アウグストゥスは娘の処刑まで考えたというが、娘も孫娘も島流しにした。彼女たちの話題になると、「結婚していなければよかったのに。していても子供を産まずに死んでいればよかったのに」とうめくのが口ぐせだったという。

ところで、夫にとっての悲運が、妻にとっては幸運ということもある。アウグストゥスは血縁の後継者をことごとく失ったのだが、それは妻リウィアには実子ティベリウスに帝位をリウスはすでに四五歳であった。

継承させるための道を開くことになった。じっさい、孫のガイウスが死去したのち、ティベリウスはアウグストゥスの養子にむかえられ後継者と目されるようになる。このときティベリウスはすでに四五歳であった。

発見された悲惨な戦場跡

十数年前の秋、筆者は友人とともに西北ドイツの町ミュンスターを訪れた。秋晴れの一日、親友のミュンスター大学教授は車で筆者たちをカルクリーゼという名の山村に案内してくれた。その山ぎわにある沼地はかつて鬱蒼（うっそう）と樹木が林立していた様がしのばれるが、そこからローマ通貨の散乱が発見されたのである。一九八七年のことだが、その二年後から本格的な発掘調査がはじまっている。調査がすすむにつれ、金銀銅の通貨ばかりでなく、武具、武器、工具、そして人骨までも続々と出土した。人骨はすべてが成年男子のものであり、なかには傷痕が明らかなものも少なくなかった。出土した古銭のいずれも後九年以前のものであり、それが決め手になった。そここそ、アウグストゥス治世の後九年、将軍ウェルスの率いる三箇軍団がゲルマン部族軍に急襲され壊滅した場所にほかならなかった。

じつのところ、文献史料から同地を戦場と推定する意見がないわけではなかった。推定したのは歴史学者で唯一のノーベル文学賞受賞者であるローマ史の大家モムゼン（一八一七〜一九〇三年）である。しかし、このモムゼン説を支持する学者は少なかった。ところが、金属探知機などを用いる考古学の進展はさすがモムゼンとうならせたのである。今やそこには記念博物館と歴史自然公園が設けられ、筆者たちが訪れたときには「モムゼン展」が開催中だった。

この跡地の戦いは「トイトブルクの森の戦い」とも「ウェルスの戦い」とも言われている。あまりに悲惨な敗北のために、知らせを聞いたアウグストゥス帝は大きな衝撃をうけたのである。数ヵ月にわたって喪に服し、鬚もそらず髪も切らず、ときには扉に頭をたたきつけながら「ウェルスよ、私の軍団を返してくれ」と喚いていたという。

たかが三箇軍団というなかれ。アウグストゥスの基本方針は常備軍の人数を必要最小限にとどめ、国境の安全と国土の平和を確保することにあった。アクティウムの海戦後、軍団の数は二八に減らされ、ほとんどが帝国の辺境に配備されていた。たとえ三箇軍団の喪失とはいえ、「ローマの平和」をめざす為政者にはこのうえなく悔やまれる出来事だったのだ。このののち、ローマ軍はライン川を越えて東に国境を拡大することにためらいがちになる。そのせいか、ライン川以西を文明の地とよび、その以東を野蛮の地とよんで自嘲する今日のドイツ人もいる。

リウィア　アウグストゥスの妻にして、2代皇帝ティベリウスの母。パエストゥム考古学博物館蔵。著者撮影

妻の両腕にだかれながらの臨終

ルーヴル美術館のリウィア像もそうだが、ナポリ南方のパエストゥム考古学博物館のリウィア像も愛くるしいものがある。美形というよりもどこか男心

をほっとさせるのである。なるほどアウグストゥスの愛妻かとうなずいてしまうのである。それとともに強い意志をひめていることも感じさせる。

みずからは貞節であり敬愛をいだかせながらも、夫の浮気など黙認していたのだから、なみの女性ではなかった。それも連れ子の実子であるティベリウスとドルススの立身出世をおもんぱかってのものだった。とくにティベリウスの帝位継承にはひたすら尽力したにちがいない。そればかりではなくアウグストゥスの国政にもかなりの影響力をもっていたという。夫を助ける忠実な妻である反面で巧妙な策略家であったことは否定できない。「女オデュッセウス」と揶揄(やゆ)されるのも核心をついたところであろう。

ところで、私人と公人とをたくみに使いわけたアウグストゥスは最期の日に、

「この人生という喜劇で私は自分の役を上手に演じたと思わないか」

と友人たちにわざわざたずねた。そして役者が終幕に語るお決まりの口上をつけ足したのである。

「この芝居がお気にめしたら拍手喝采を。そしてご満足でお引きとりを」

やがてすべての側近を遠ざけ、リウィアの両腕にだかれながら、やすらかに息をひきとった。

「リウィアよ、われわれの共に過ごした日々を忘れずに生きておくれ、さようなら」

後一四年八月一九日、七六歳を目前にしての永眠であった。

為政者の理想像・ゲルマニクスの幻影

アウグストゥスの孫娘を妻に

アウグストゥス帝死後、五五歳のティベリウスが即位する。それから五年の歳月がすぎ、ゲルマニクスという青年貴族が死去した。享年三四歳。父ドルススはティベリウスの弟であり、母アントニアは先帝アウグストゥスの姉オクタウィアと政敵アントニウスとの間に生まれた娘である。血統はもはや文句のつけようもないものだった。

ゲルマニクス　アウグストゥスの孫娘と結婚し、北方のゲルマニア戦線で戦った。マッシモ宮蔵

ゲルマニクスの亡くなった日には、神殿に石が投じられ、神々の祭壇はひっくり返される。何軒かの家からは、家の守護神ラレスの像が道路に投げすてられ、妻の生んだばかりの赤子も外に置き去りにされる。（スエトニウス『ローマ皇帝伝』「カルグラ伝」國原吉之助訳）

ゲルマニクスの不慮の死に民衆の悲嘆と怒りが炸裂する。彼らの悲痛と憤怒は不死なる神々にもむけられ、抗議は暴動ばかりか神々のさず

けた生命を受けとることすら拒否されたのである。こんなえげつないフーリガンのような騒動がたびたびあったわけではない。滅多にないことだったから、ゲルマニクスの人気はひとかどころではなかったというほかはない。それほどまでに人々に慕われていたゲルマニクスとは、いかなる人物であったのだろうか。

家柄がいいことは言うまでもない。父方からクラウディウス氏族の血を受けつぎ、母方はユリウス氏族の血に連なる名門中の名門である。それにゲルマニクスの妻は先帝アウグストゥスの孫娘アグリッピナであった。これほど帝位の継承者にふさわしい人物はいなかった。じっさいゲルマニクスはすでに先帝の命令でティベリウス帝の養子にむかえられ、その後継者と目されていた。

先帝の晩年に、ゲルマニクスはローマを離れ、北方のゲルマニア戦線で軍隊を指揮していた。アウグストゥスの訃報が入ると、軍隊の間に恩赦を期待する動揺がひろがる。労苦を嫌がる卑賤(ひせん)な連中が口火を切り、悲惨な現状を訴え、もっと早い除隊と給金の値上げをさけんだのである。兵たちは凶暴になり、怨めしい上司である百人隊長をつぎつぎと急襲する。

暴動はさらに広がり、ゲルマニクスに同行してきた妻子にも危険が迫った。ゲルマニクスはとり巻いた兵士たちに語りかける。

数多くの勝利を重ね、たくさんの褒章をもらったのに、お前たちはなんというすばらしい感謝を将軍に捧げてくれるのか。いっそのこと死んでしまえばこんな破廉恥な兵が私の部下だったと知らずにすんだのに。今や顔も魂もすっかり変わりはてたお前らよ。元老院に権威を、元首に恭順を、私に妻子を戻す気があるなら、謀反の伝染から身をひき、扇動者を引っぱり出せ。(タキトゥス『年代記』國原吉之助訳)

この言葉に兵士たちは感じ入り、頭を下げて、非難を認める。彼らは心を入れかえ、いそいそと立ち去るのだった。こうしてゲルマニアにおける軍隊の暴動は鎮静する。

やがて、ゲルマニクスは軍隊を率いてライン川を越え、ゲルマニアの奥深く侵入した。戦闘につぐ戦闘がつづく。ほどなく、六年前トイトブルクの森で三箇軍団の軍旗が奪われていたが、そのうち二旗をとりもどした。さらに、散乱していたローマ兵の屍(しかばね)を手あつく葬ることもできた。

こうして北部辺境の戦況が好転するにつれ、ゲルマニクスへの兵士たちの信頼はあつくなるばかりだった。武勲をあげればあげるほど、民衆は熱狂的にむかえる。どの町に立ちよっても、歓迎の群衆がおしよせ、命が危うくなるときさえあったという。

民衆が悲嘆にくれた突然の死

このようなゲルマニクスの人気は有能な武人であったということだけではない。なにしろ眉目秀麗(びもくしゅうれい)にして長身で見栄えがする。学識もあり雄弁であるが、それをひけらかすこともない。勇気も人並みすぐれ、他人へはこのうえなく温かく接する。誹謗する者にすら傷つけないようにやさしく心をくばるほどだった。だから、人々は感謝をおしまず、彼もまた期待にこたえたのである。

美徳にあふれる若者であれば、ますます愛され嘱望される。周囲の者がほうっておくはずがない。アウグストゥス帝が高齢のティベリウスの後継者としてゲルマニクスに未来を見たとしてもおかしくはなかった。

しかし、このゲルマニクスにしてもローマ帝国領をライン川の東にひろげることはできなかった。それを知ったティベリウス帝はゲルマニクスをローマによびもどす。ゲルマニア侵攻作戦は打ち切りだった。

ローマに帰還したゲルマニクスは晴れやかな凱旋式をおこなった。民衆が熱狂的に歓迎し慕えば慕うほど、時の最高権力者は胸騒ぎをおぼえずにはいられない。ティベリウス帝にとってうとましい存在であるかのように、ほどなくゲルマニクスは属州問題処理のために東方に派遣された。

ギリシア、トラキア、小アジアの諸都市を歴訪し、トロイヤなどの名所旧跡を見学する。どこもかしこもまるで凱旋行進のような出むかえだった。ところが、シリアに到着すると、総督ピソとの仲がうまくいかない。そのうえ元首の許可なしで豊饒のエジプトを旅することを非難された。だが、属州民にとってはアレクサンドリアの飢餓を救済してくれたりするのだから、ゲルマニクスの人気は高まるばかりだった。

やがてアンティオキアにもどり、総督ピソとの溝が深まるなかで、ほどなく病にたおれた。一時回復のきざしもあったが、しばらくして息が絶える。訃報がとどくと、故人を讃美し追慕する民衆は悲嘆にくれた。身近に見た属州民にはなおさら涙せずにはいられないことだった。異国の王も民も哀惜するのだった。それほど彼は属州民にも愛想よくふるまい、敵国民にも寛大であったという。

アレクサンドロスの運命になぞらえて

どこからともなく、ゲルマニクスは毒殺されたという噂が流布した。犬猿の仲だった総督ピソが手下に毒殺させたというふれこみだった。やがてピソは殺人罪の嫌疑をかけられ、結局、自殺に追いこまれる。さらに、裏でピソをあやつっていたのはティベリウス帝ではないかという風聞も絶えなかった。ことの真相は確かめようもない。人目にふれるところで、ティベリウスは哀惜の念を惜しまなかった。だが、その死を願ってやまない者こそ誰よりも大げさに愁嘆にくれると人々はささやくのだった。

歴史家タキトゥスは、外貌も享年も死に方も似ていることから、アレクサンドロス大王の運命になぞらえる意見を紹介している。

なぜなら、二人とも端麗な容姿と高貴な家柄に生まれ、三〇を越えることわずかにして、身内の悪だくみにかかり、異郷の地で倒れたからだ。でもゲルマニクスは、友人にやさしく、快楽を控え、一人の妻で満足し、嫡子のみを産む。たしかに彼は大胆さを欠いていた。そのため、あれほどたびたび勝って撃退しながら、とうとうゲルマン人を奴隷のくびきにかけることができなかったのだ。それにもかかわらず、大王に決してひけをとらぬ武人であった。もし彼が、一人で万事を裁量できる王のような、権限と名称を与えられていたら、寛大、中庸、その他の美徳で、確実に大王を凌駕していたように、戦争の光栄でも、きっと匹敵しえたであろう。(『年代記』)

あまりにも前途有望であったから、ゲルマニクスの死後もその人気はおとろえを知らなかった。史料は明確に語るわけではないが、その後の数十年の歴史はまるでゲルマニクスの亡霊にひきずられるかのようであった。ティベリウスが亡くなると、ゲルマニクスの実子カリグラが元首になる。カリグラが短い命を奪われると、ゲルマニクスの実弟クラウディウスが帝位にまつりあげられる。その死後は、ゲルマニクスの娘アグリッピナの実子である孫のネロが帝位につくのである。

歴史に「もし」は許されないという。だが、「もしゲルマニクスが天寿をまっとうしていたなら」という夢想であれば、ふつふつとしないでもない。もちろん、美徳あふれる人物がずっとそのままでいるとはかぎらない。突然のごとく仮面をぬぎすてて悪行にふけることもある。そもそもそれほどの器ではなかったということだってある。とはいえ、彼が為政者としても民衆が熱望するような人物であったなら、歴史は大きくぬりかえられたかもしれない。だが、現実の歴史はそうはならなかった。

ひきさかれた最初の結婚

その男は堂々とした体軀にめぐまれ、背丈も高かった。数々の軍功にかがやく有能な武将であり、教養も学識もあり、さらにたいそうな愛妻家であった。ここまでなら、ゲルマニクスのことかと思われるかもしれないが、そうではない。その男はいつも厳しい表情をしており、打ちとけて話すことなどないほど寡黙であった。そのせいで、冷淡で傲慢な印象をあたえ、およそ人に好ましく思われることなどなかった。男の名はティベリウス、二代目の元首である。

ティベリウスはリウィアの連れ子である。再婚した相手はオクタウィアヌスであるから、ほどなく初代ローマ皇帝の継子になるわけだ。ティベリウスが愛妻家だといっても、それは最初の結婚のこと。アウグストゥスが前妻との間にもうけたユリアと結婚させるために、ティベリウスは愛妻との間をさかれてしまった。この離婚はつらかったらしく、のちに前妻をひと目みたとき、その目には涙があふれたという。

ティベリウス帝の胸像　２代目のローマ皇帝。その治世は密告、粛清の嵐と化す陰惨なものだった。ナポリ国立博物館蔵

後四年、ティベリウスはアウグストゥス帝の養子になり、後継者と目されるようになる。「余が

この養子縁組を結ぶのは国家のためである」と言いわけしているのだから、アウグストゥス帝にすれば妥当であっても心地よい人選ではなかった。というのも、厳しいだけで融通のきかない男と見ていたのはまちがいないだろう。

しかし、軍人としてはきわめて有能であった。すでに若くして東方の大国パルティアとの戦いに参加し、かつて敵に奪われた軍旗を奪い返している。働きざかりの年月はゲルマニアやバルカン半島の遠征軍を率いてすごした。とくに、前一二年に名将アグリッパが病没すると、軍人としてのティベリウスは頼りがいのある武将だった。だが、このような野戦経験だけでは統治能力にみがきがかかるわけではない。

はびこる密告者

一四年、ティベリウス帝の治世がはじまる。アウグストゥス帝の築いた体制を担う最初の後継者という大役である。最初の数年間、彼もアウグストゥス帝の手本にならい、よき為政者らしくふるまおうとした。元老院の議場にも出席をおこたらず、競技会や見世物にも姿を見せている。建築事業の縮小や遠征の中止によって国家財政は削減され健全であった。アウグストゥス帝の方針に従いつつ、ティベリウスは共和政の伝統を重んじ元老院との協調をはかるつもりだった。また、それだけ思慮深い人物だった。

元老院議員諸君、私は今でも、またこれまでにも、たびたび言ってきた。諸君がこんなに大きな、こんなに自由な権力を与えてくれている限り、私は元老院に奉仕せねばならぬ、世界中の市民にも、しばしば、さらに頻繁に一人一人に対しても奉仕せねばならぬと。こう言ってきたことを私は決して後悔していない。これまで諸君を、善良で公平で好意を持った主人（ドミヌス）と考えてきたし、これからもそう考えるだろう。（スエトニウス『ローマ皇帝伝』「ティベリウス伝」）

なによりも元老院との協調をはかり、諸事に干渉しないつもりだった。しかし、それは見せかけだけで実権を独占していることは誰の目にも明らかだった。しかも、もともとさばさばしていたわけでもなく交友を楽しむふうでもなかった。元老院との確執が絶えず、互いの溝（みぞ）は深まるばかりだった。

ティベリウス帝の人間嫌いはますます目立つようになり、かたくるしく横柄であるとの評が下々にも知れわたる。やがて財政負担になる競技会や見世物の開催をさけるようになり、民衆は不満をつのらせるのだった。

ティベリウス帝を讃える声は高まるどころではない。暗く陰険な空気すらただよってくる。元首にはほとんど友人がいなかったので、ひそかな情報に頼るしかなく、密告者がはびこる。

ティベリウス帝の治世に青年期をすごしたストア派の哲人セネカはこう語っている。

ティベリウス帝の治下では、人を告訴する狂気の悪風がみなぎり、またほとんど全国にわたっておこった。そのことが、どの内戦よりもいっそうはなはだしく、全ローマ市民を困憊させた。酔っ払いの話でも、何気なく冗談を言っても、引っ捕らえられるという有り様であった。何一つ安全なことはなかった。どんなことでも悪事に狂う良い口実をあたえた。そのうえすでに、被告人たちの裁きの結果に期待する要もなかった——結果は一つだったからである。(『恩恵について』茂手木元蔵訳)

二三年実子ドルススも息をひきとる。さらに旧知の者たちに裏切られたり、身内どうしの告発もおこる。ティベリウス帝は猜疑心をつのらせ、陰惨な雰囲気がながれる。宮廷や政治に嫌気がさしたかのように、ナポリ湾の入り口にうかぶカプリ島に隠遁してしまう。

隠棲した皇帝の嵐のような粛清

ティベリウス帝の別荘はカプリ島の北東岬の絶壁に建っている。その跡地からナポリ湾をながめる絶景はまるでこの世のものとは思えない。紺碧の海原のかなたにヴェスヴィオ山がかすみ、東西に裾野がゆったりとのびる。こんな風光明媚なところなら、永住してもいいだろうという気になる。じっさいティベリウス帝はここにひきこもったまま、ふたたびローマに帰ることはなかった。八六歳で逝去した母リウィアの葬儀にすら参列しなかったほどである。もっとも、なにかと国務に干渉する実母が面倒になり、カプリ島に隠遁したと噂されるほどだったのだが。

今日ヴィッラ・ヨウィスとよばれる別荘跡の観光案内板には、「この地から一〇年間ローマ帝国全域に命令が下された」と掲示されている。だが、ティベリウス帝との連絡は親衛隊長セイヤヌスの独り占めだった。というよりも、元首の信頼という威のもとにこの男が権勢をほしいままにしていた。皇帝暗殺の陰謀をあばいてくれたというのだが、陰謀が本当だったかどうかは疑わしい。世を去ってもなお人気の高いゲルマニクスの未亡人も長男も次男も逮捕され、ほどなく命を奪われる。こうしてセイヤヌスはつぎつぎと不都合な人物を排除していったのである。だが、自分の命すら狙われているという危機感が迫ると、老帝もやっと事態の深刻さに気づく。もはやセイヤヌスこそがくわせ者であり逆臣であった。

やがてセイヤヌスとその一味は捕らえられ、残酷な拷問と処刑がくりひろげられた。そのなかで、ティベリウス帝の実子ドルススの夭折(ようせつ)も彼の妻とセイヤヌスが結託して毒殺したのが真相だとわかる。ティベリウスの復讐は人々を戦慄させるほど残虐をきわめた。

しばらくして、カプリ島から動く気配すらないままでも、ティベリウス帝は実権を回復している。それほど元首を頂点とする権力機構が国政の要としてしっかりと根づいていたのである。しかし、彼の内向的で冷淡な気質のために、財政の引き締めもケチのあらわれであり、遠征がなく平穏なことも事なかれ主義と見なされてしまうのだった。とりわけ首都ローマを見離したかのように隠棲(いんせい)したことは民衆には不人気きわまりない裏切り行為だった。

三七年、七七歳の老帝の訃報が入ると、民衆は歓喜の涙にあふれたという。それればかりか

「ティベリウスをティベリス川（テヴェレ川の古称）へほうりこめ」とさけぶ連中もいた。身におぼえのない疑惑や密告になやまされていた元老院貴族たちはなによりもほっと胸をなでおろす時が来た。

大逆罪乱用の末の暗殺

ゲルマニクスとアグリッピナのあいだには六人の息子と三人の娘がいた。もっとも、末男のガイウスが生まれたとき兄は二人しかいなかった。その二人の兄も母親とともにティベリウス帝時代の陰謀と粛清の嵐のなかで命を落としてしまう。彼らが非業の死をむかえたとき、ガイウスはまだ思春期のころであった。その陰惨な事実を肌身で感じた少年の心はどれほど傷ついたのだろうか。

もともと兄二人に比べれば期待されていたわけではない。といっても、声望の高かったゲルマニクスの血をひく身であった。それだけにひしひしと身に迫る危険があり、それにおびえていたにちがいない。この少年から不満や愚痴を聞きだそうと仕掛けてくる輩は少なくなかった。だが、猜疑心にこりかたまってしまったかのように少年はいかなる隙もみせなかった。それればかりか、肉親の破滅をまるで何事もなかったかのように忘れてしまっている素振りをしていたという。

しかし、残された妹たちには異常なほどの愛情を示している。自分の感情をひたかくしにしてきた精神はそこに情念のはけ口を見出したのかもしれない。贔屓目に見れば、おしよせる悲哀のなかで、ガイウス少年の心はかなり病んでいたと言ってもいい。

父のゲルマニア遠征に連れられていたころ、兵士たちはガイウスをカリグラ（幼児用の軍靴）という愛称でよんでいた。ゲルマニクスの血をひく弱冠二四歳の青年は父ゲルマニクスを熱望する民衆の期待のなかで帝位にのぼる。その若々しく希望にみちた姿はティベリウス帝時代の陰鬱な空気を一掃してくれそうだった。

アウグストゥス帝から暴君ネロまで

じっさい、治世の当初は勢いにあふれていた。政治犯には大赦があたえられ、兵士には祝儀が倍増され、民衆には恩賜金がくばられる。さらに減税にくわえて、久しく途絶えていた見世物が大盤振る舞いされる。民衆は拍手喝采をおしまなかった。

しかし、半年もたたないうちに、重病をわずらってしまう。しばらくして回復したが、そのころから奇妙な行動が目立つようになる。このために精神疾患におちいったと推測する学者もいる。暗殺や陰謀の被害妄想にとりつかれ、逆に周囲の者たちを死においこむのだった。

さらに、こよなく愛情をそそいだ妹ドルシラが亡くなると、その嘆き様は尋常ではなかった。国喪を命じ、亡妹の神格化をすら要求する。また、お気に入りの競走馬インキタトゥスを大理石の厩舎に住まわせ、貴人のごとく待遇し、統領にむかえるとさえいうほどだった。その狂気は目をおおいたくなるほどになり、下々の民にすら人気を失う。とくにオリエントの君主政へのあこがれが明らかになると、誰もが侮蔑と嫌悪の目で見るようになった。伝統墨守のティベリウスも嫌われたが、伝統破壊のカリグラも憎まれるのであった。カエサルの死から四世代を経ていた当時でも、ローマ人の心には共和政の伝統がちらつき、それでもなお微妙にゆれうごいていたのである。

カリグラは大逆罪を乱用するようになり、処刑、追放、財産没収をくりかえす。もはや反感と憎悪だけがくすぶり、やがて燃え立とうとしていた。さげすまれた側近が恨みをいだくのに月日はいらなかった。宮殿回廊の一隅を歩いていたとき、親衛隊将校の手で暗殺されてしまう。ときにカリグラは二九歳であった。

かつぎだされたゲルマニクスの弟

カリグラ殺害の知らせが入ると、元老院では暗殺者たちを「自由の回復者」とたたえた。共和政への復帰を望む声が高かったが、なにも決められないでいた。もはや「王者の集い」

のごとき元老院ではなくなっていたのだ。そのうちに、親衛隊の一味がひそやかに生きていたクラウディウスをさがし出す。あのゲルマニクスの弟であったから、すばやく元首（皇帝）にかつぎだしたのである。元老院もしぶしぶ承認せざるをえなかった。わが国ではなじみがうすいが、クラウディウスはイギリス人にはひときわ身近な皇帝であるらしい。というのも、ブリテン島は彼の治世にローマの属州になったからである。二〇世紀を代表する英国人作家ロバート・グレーヴズが『この私、クラウディウス』を書くと、たちまちベストセラーになっている。

ところが、この皇帝について、古代の同時代人の評価はまちまちである。といっても、毀誉褒貶(きよほうへん)あい半ばするというものではなく、毀と貶のみ多く誉と褒は数えるほどしかない。

なにしろ、母親から「人間の姿をした怪物」とよばれ、およそ愛情をそそがれた形跡すらない。それどころか、誰かおろか者をとがめるときには、「私の息子のクラウディウスよりも馬鹿ね」とからかっていた。息子にはトラウマのごとく重くのしかかる言葉だったにちがいない。祖母からもひどく軽蔑され、めったに話しかけられることはなかった。姉もまた、クラウディウスが皇帝になるものならローマ国民の不幸だ、と公言してはばからなかったという。

じっさい子供のころから難病に苦しみ、動作がぎこちなく、吃音(きつおん)がひどく、よだれや鼻水をたらすことも少なくなかったらしい。とりわけ人々をおどろかせたのは、その物忘れぶりだった。皇帝になり、后妃メッサリナを処刑しておきながら、后はまだ来ないのかと食堂で

る。会食を待っているほどだった。このような症候や疾患から、脳性麻痺を推測する学者もい

女性への情愛を渇望して

しかし、たとえそうであったにしても、クラウディウスの知的障害がひどいものであったとは思えない。

アウグストゥス帝は少年期のクラウディウスを見て、あんなにも会話がへたなのに演説となるとりっぱにやるとか、運に恵まれないわりには高貴な魂をもっているとか、ほのめかしている。そのせいか、クラウディウスは学芸にはげみ、学識にあふれ弁舌の才にも人並みすぐれていたとも伝えられている。もっとも、好意的だったアウグストゥス帝すらもクラウディウスが大競走場の貴賓席に出るのははばかられると懸念している。なんらかの身体的欠陥が目立つほどのものだったのだろう。

さらに彼の欠点をきわだたせたのは、兄ゲルマニクスの華々しさである。五歳年上の兄は民衆の熱い視線を一身にあび、それは叔父のティベリウス帝もやっかむほどだったのだ。しかも、この兄だけがなにかと弟をかばい、いたわってくれたという。弟思いの兄が急死したとき、クラウディウスは二八歳だった。その悲しみはいかばかりのものであっただろうか。やがて、元首の後継者と目されていた親族がつぎつぎと消え去り、ひとりだけ生き残ってしまったのだ。その現実に恐れおののかないではいられなかったのではないだろうか。

それにしても、クラウディウスをことさら蔑(さげす)んだりうとんじたりしていたのが、母、祖母、姉といった女性たちであるのは興味深い。その裏返しなのか、クラウディウスは異常なほど女性の情愛を渇望してやまなかった。史料は「女に対する情欲は際限をしらなかったが、男色の傾向はまったくなかった」と伝えている。

女にのめりこむから女にもだまされる。若く美しいメッサリナは三人目の妻だった。息子ブリタニクスを産んで皇帝の最有力後継者の母となる。だが、宮廷内はどろどろした世界だった。ほかの人物を担ぎ出す者がいないともかぎらない。疑わしき対抗勢力にはぬれ衣を着せて、つぎつぎと処刑する。ついには愛人と結婚してクーデターまでも目論んでいたというから、もうたまらない。妻の素行を見て見ぬふりをしていたクラウディウスもやっと目がさめる。メッサリナは元首の前に出て弁明する機会すらあたえられずに処刑された。もっとも情にほだされやすいクラウディウス帝の心情に懸念した連中がやったことらしい。

子飼いの解放奴隷を行政に活用

しかしながら、為政者としてのクラウディウスは無能であったわけではない。親衛隊にはことさら恩賞をほどこして彼らの忠誠を手にいれる。また、元老院を尊重することも怠らなかった。ローマの外港オスティアにも新しい港と穀倉を設けて、穀物の安定確保に努める。

さらにまた、行政にあっては皇帝一族の子飼いである解放奴隷をさまざまな部署に用いている。このために、有能な解放奴隷たちがプロフェッショナルな官僚団として活躍する素地ができる。皇帝による行政の能率をあげるにはこのうえない方法だったかもしれない。だが、皇帝の信頼があつい人物だからといって、国家に奉仕する公職者という自負心があるわけではない。いつのまにか賄賂に手をそめ私腹をこやし、皇帝の指令もすりかえたりする不心得者が横行する。元老院貴族の反感をまねかないはずがなかった。

元老院議員でもあるセネカの手で『アポコロキュントシス』という名の奇書が書かれている。題名は「神格化されたクラウディウスの瓢簞化」というもの。クラウディウス帝が死後たどる運命を揶揄するのだが、いささか悪趣味でもある。神となったアウグストゥス帝はクラウディウスまでもが神々の世界に入ってくるという事態に怒り狂ってぶちまける。神々のすむ天界にクラウディウス風情がやって来るとは世も末だと言わんばかりに、「できるかぎりすみやかに、天界からは三〇日以内に、オリュンポス山からは三日以内に追放しなければならない」と神皇アウグストゥスはさけぶ。

もっともセネカは姦通疑惑でコルシカ島に追放されたことがあるから、クラウディウス帝への腹いせともいえる。それにしても、中身のない干からびた野菜である瓢簞にたとえるのにふさわしいのがクラウディウスなのだ。なにしろ、妻や側近の言いなりになっていたのだから。そうやって愚弄すれば、その治世を経験した人々には大うけしたことだろう。

実母、義弟に二人の妻まで殺したネロ

セネカを島流しからよびもどしたのはクラウディウス帝の四人目の妻アグリッピナだっ

た。ゲルマニクスの実娘だから、クラウディウスには姪になる。彼女はセネカを連れ子のネロの家庭教師として見込んだのである。ところが、この後釜の皇妃はさらに凄腕だった。クラウディウス帝の実子ブリタニクスをさしおいてネロを皇帝の後継者にしようと画策する。クラウディウスの実娘オクタウィアとネロを結婚させ、ついには病身の夫の死を待てずに毒殺してしまう。五四年、治世一四年目の秋だった。

暴君の代名詞のごときネロも、治世当初の五年間は元老院とも協調し善政をしいたという。といっても、一六歳の若輩者が最高権力者になったのだから、およそ政治的判断力などありようもなかった。当代一流の哲人セネカと勇敢な親衛隊長ブルスの補佐もあり、慎重で温厚な統治であった。

だが、クラウディウス帝の死から半年もたたないのに実子ブリタニクスは毒殺されている。その五年後には母親のアグリッピナをも殺害する。なにかと国政に口出しするのがうとましかったらしい。海難事故に見せかけようとしたが泳ぎの達者な母親は岸にたどり着く。別荘にのがれたところで、刺客の刃に倒れた。このネロの「母親殺し」は数多い悪行のなかでもきわめつけであった。

皇帝ネロ　放恣残虐な性格だが、民衆に人気があった。ローマ国立博物館蔵

義弟、実母についで、二人の妻も殺されている。クラウディウス帝の実娘オクタウィアはネロの最初

の妻である。やがてネロは夢中になった美貌の人妻ポッパエアにそそのかされる。オクタウィアに不義の冤罪をきせて流刑にし、幽閉したあげくに処刑してしまう。再婚したポッパエアも幸運であるはずがなかった。かんしゃくをおこしたネロは身重のポッパエアを蹴り殺してしまう。過失致死だったとはいえ、ネロの性格がまねいた妻殺しである。さらに、うとましくなると、側近の勇将ブルスも哲人セネカも自害においこむ。

ネロは芸術家をきどっていた。それだけに趣味の審判者の異名をもつペトロニウスには一目おかざるをえなかったという。やがて、陰謀事件が発覚すると、嫌疑のかかるペトロニウスも自害をしいられる。だが、優雅な遊蕩児を自負するペトロニウスは手首を切って死にぎわにあっても戯言を楽しんでいたという。ネロが欲しがっていた華麗な壺をこっぱみじんに壊させ、ネロにあてつける。また、遺言をネロが改竄しないように、印章つきの指輪もたたきつぶさせてしまう。元首への侮蔑の念をあらわにして、すっきり死にたちむかうローマ人の気概というものだろう。

歴史家タキトゥスがこよなく讃えた元老院身分の名将がいる。クラウディウス帝時代にコルブロはゲルマニア遠征でめざましい戦果をあげている。ネロの治世になると、東方の属州に滞在し、軍紀をただし、アルメニアを制圧する。隣接するパルティアとの講和もなしとげ、東方では英雄とあがめられるようになった。コルブロには堂々たる風采と毅然たる精神もそなわっていた。このために、その人気はネロ帝には危険きわまりないものだった。ふたたび陰謀事件が発覚すると、多くの元老院貴族が処刑され、コルブロにも自害が命じられた。だが、この嫌疑はただネロ帝が英雄とあがめられるコルブロを妬んだものにちがいない。

ユリウス・クラウディウス朝の終幕

じつのところ、側近や元老院貴族には反感と憎悪がふつふつとしていたが、ネロ帝は民衆には好まれ人気があった。凝った衣装で民衆の前に登場したり、贅をつくして大盤振る舞いをくりかえす。芸術家気どりで目立ちたがりやの元首に民衆はやんやの喝采をおしまなかった。そのせいで乱費に乱費がかさなり、財政は破綻寸前になる。その穴埋めに、富裕者や貴族を追放したり処刑したりして、財産を没収する。そしてまた、気前よく散財するのだから、退屈した民衆にはたまらなかったのかもしれない。

このようなネロ帝の国家財政をめぐって、その放漫財政を高く評価する経済学者もいないわけではない。二〇世紀を代表するケインズ経済学によれば、積極的財政支出は有効需要をひきおこし、景気を浮揚するという。そうだとしても、景気が拡大して好況がつづき税収がふえるまでには、もはや時間は残されていなかった。それよりも早く、奇行をかさねる破廉恥漢の為政者への不満が炸裂したのである。

ネロはあまりにも元老院と軍隊を無視しすぎていた。六八年、悪行のかぎりをつくした最高権力者に反旗をひるがえし、各地の軍隊が立ちあがる。失脚したネロに元老院は公敵と宣言する。追っ手に迫られ、もはや逃げ場を失ったネロは、みずから首に剣を突き立てて果てた。享年三一歳、「この世からなんと偉大な芸術家が消え去るのか」という言葉を残した。あいかわらず民衆には人気があったせいか、死後数年がたっても、墓前には色とりどりの花々が供えられていたという。

それにしても、義弟はおろか、実母も殺し、二人の妻をも死にいたらしめ、そればかりか、有能な側近や軍人までもつぎつぎと処刑したり自害させたりしながら、ただひたすら民衆に迎合し、政治が混乱しても民衆の人気ばかりを気にしていた青年為政者。ネロはあの人望あついゲルマニクスの孫にあたるだけに、その末路はかえって痛ましい。権力を奪われるという不安におびえながら、ネロはまるで犯罪という名の芸術にあって偉大なる天才であったかのようだ。

カエサルとアウグストゥス帝はユリウス氏族にさかのぼり、ティベリウス帝はクラウディウス氏族にさかのぼる。このせいで、アウグストゥス帝からネロ帝までの元首政を「ユリウス・クラウディウス朝」とよぶ。

アウグストゥス帝の願いは、個人支配をきわだたせず元老院と協調しながら統治することにあった。そこでは権力ではなく権威が強調されている。しかし、ティベリウス帝以降の帝政は表むきはともかく、現実にはそれからへだたるばかりだった。元首の側近が有能であれば、事は能率よく運ぶ。だが、有能であればあるほど自分の権勢におぼれるセイヤヌスのような輩も少なくない。さらには逆に、側近の助言や助力すら毛嫌いするネロのような元首すら出てくる。

　それにもかかわらず、大きくふりかえれば、ローマ帝国は地中海世界を巧みに支配していた。皇帝の権威は失墜しがちだったが、それにともなって皇帝の権力は強大になっていくかのようである。この帝国は、ゲルマニクスやコルブロのような有為の人物をもはや為政者として必要としないほど堅固になっていたのだろうか。それとも、やはり権力は権威におよばないのだろうか。

第七章　多神教世界帝国の出現

よみがえる厳格な風紀

田舎貴族出身の皇帝

戦後アメリカの赤狩り（マッカーシズム）の犠牲となった日本研究者ノーマンは世界史の教養をもつすぐれた歴史家であった。その随想集『クリオの顔』のなかでタキトゥスを評していう、著名なローマ人の心理学的研究であり、とても面白いがきわめて主観的に書いただけだと。さらに、ローマの歴史家たちは高い水準に達することができなかったし、それはおそらく歴史について適切な問題を問いかけなかったからだ、と語っている。

しかし、次の叙述はまさに問題の発見であり、その例外というべきだろうか。

しかし厳格な風紀をつくり上げた最大の功労者は、ウェスパシアヌスである。本人からして、その生活態度や服装が古風であった。そのためこの元首に対して恭順（きょうじゅん）の念が生まれ、そして法にもとづく罰則やその恐怖心よりも効果的な、見ならうという熱烈な欲望が起こったものである。もっとも、これとは別の解釈もできるであろう。つまりすべての事象のなかに循環法といったなにものかがあって、ちょうど四季がめぐってくるごとく、風俗習慣も変遷していくからだと。じっさい祖先の習慣が、あらゆる点で今日よりすぐれて立派だったわけではない。われわれの時代にも、後世模範とされるべき高貴な性格や才能の手本が、たくさん生まれている。いずれにせよ、こういった面でのわれわれと祖先の名誉ある競争は、いつまでも残しておきたい。（タキトゥス『年代記』）

ネロ帝の死にいたるまで、世は贅沢と放縦の風潮に満ちあふれていたが、その後、厳格な風紀がよみがえったかのようだ、とタキトゥスは指摘する。その原因として、名だたる貴族や富豪が悪習にそまり、輝かしい名声を失い、破滅をまねいたからだという。たしかに、かろうじて生きのびた貴族たちだけは慎ましく控えめな生活態度を身につけていた。それとともに、イタリアや属州の各地から元老院貴族に加入した人々は、故地の質素な生活をもちこむことになる。

ネロ帝の死後、さまざまな身分や階層の人々が思惑をめぐらしていた。今や、皇帝はローマでかつぎ出される必要はなかった。どこかほかの土地でも皇帝擁立の動きがさざめくのである。イベリア半島からは老いた貴人ガルバと、それを支持しながら反旗をひるがえした気どりやのオトが、そしてゲルマニア軍団に擁立された大食漢ウィテリウスが出現する。およそ一年にわたる騒々しい内乱を収拾したのはドナウ軍団に擁立されたウェスパシアヌスであった。
ウェスパシアヌスの出たフラウィウス家はローマからほど遠くないサビニ地方の田舎町の

名家である。およそローマ皇帝になるとは本人も夢にすら思っていなかっただろう。六九年の内乱であらわになったことがある。もはや抜きん出て高貴な家柄であることも、元老院貴族として傑出していることもいらないのだ。軍事力をよく知っていることが肝腎なのである。だから、ウェスパシアヌスはむしろ田舎貴族にしかすぎないことをみずから吹聴(ふいちょう)するほどだった。

属州生活も長く軍隊経験も豊富とあれば、泥くさい軍人は時勢にめぐまれたはまり役だった。金銭に執着したことをのぞけば、とくに非難される欠点もなかった。均整のとれた背格好であっても、頑強で無骨な顔をしていた。そのウェスパシアヌスに恋焦がれた女がいた。連れこんで同衾(どうきん)すると、大金を贈る。国庫会計係から出費の理由をたずねられると、「余に深なさけをかけてくれたことへの謝礼」と答えた。なにかとユーモアのある洒落でかたづけるのが好きだったという。

唯一の贅沢、コロッセオ建設

ネロ帝による処刑があり財産没収もあり、さらに内乱の戦禍もあった。そうした混迷のために、古来の名だたる貴族は消滅しつつあった。だからといって、新しい統治機構が模索されていたわけではない。求められるのは新しい人材であった。古い公職序列の道を新奇の人々に歩いてもらうのである。ウェスパシアヌスのまわりにはその種の人材に事欠くことはなかった。縁故の人々や友人、知人がおり、その配下には子分たちもいた。それらの人々から有能な人材が重用されればいいのである。

だから、新体制が目ざましく改善されたとは感じられなかった。そうであっても、ウェスパシアヌス帝その人は公明正大で気どりもなく、財政をひきしめ、風紀のとりしまりにも気をつかっている。そのために、温厚ではあっても妥協をゆるさない確固たる姿勢でのぞんだ。このようにして、新体制は多くの困難を切りぬけていったのである。

強欲なほどのしまり屋だったが、ただひとつだけウェスパシアヌス帝はとてつもない贅沢をほどこした。古代ローマを代表する、あのコロッセオの建設である。その当時はフラフィウス円形闘技場とよばれていた。そこを舞台として、史上唯一の公認殺人ゲームとでもいえる剣闘士試合がくりひろげられるのだ。もっとも、完成したのは息子のティトゥス帝のときだった。

しばしば「ローマの平和」をほのめかす文句として「パンとサーカス」があげられる。パンは穀物であり、サーカスは見世物娯楽である。ここでいうサーカスは曲芸をさすのではない。戦車競走の楕円形コースを意味するキルクス（circus）の英語読みである。

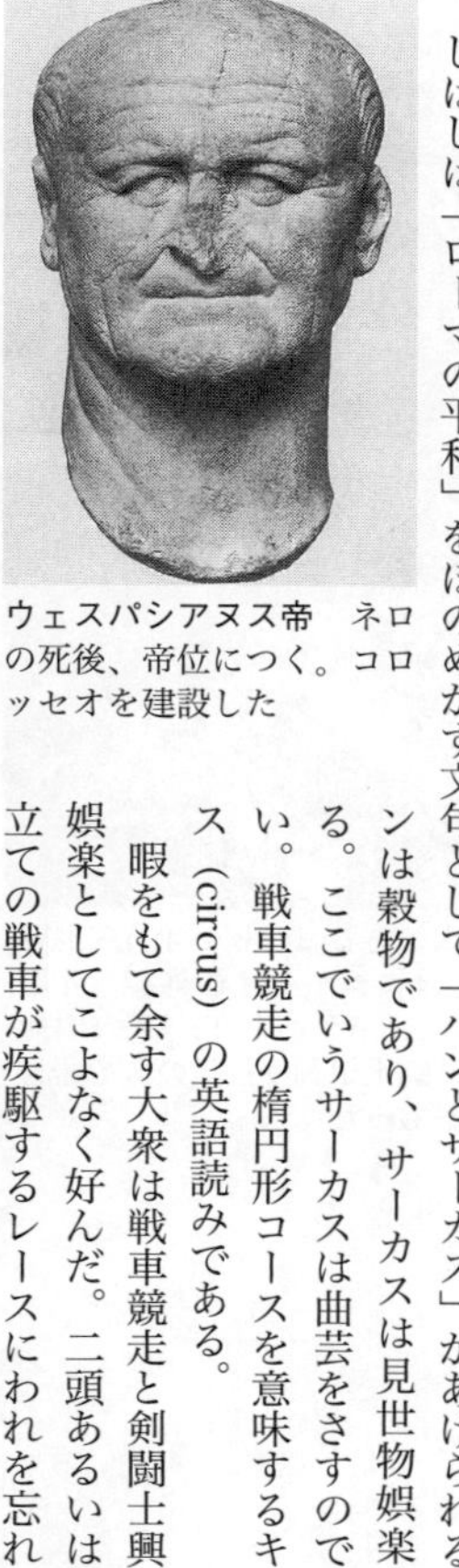

ウェスパシアヌス帝　ネロの死後、帝位につく。コロッセオを建設した

暇をもて余す大衆は戦車競走と剣闘士興行を娯楽としてこよなく好んだ。二頭あるいは四頭立ての戦車が疾駆するレースにわれを忘れて熱

ローマ市内にあるコロッセオ（円形闘技場） 上はコロッセオの外観。４階建てで高さ48.5メートル。下の内側下部には剣闘士が闘う猛獣の檻や器材の保管室があった

狂するのだ。ローマではパラティヌス丘とアウェンティヌス丘との間にキルクス・マクシムス（現チルコ・マッシモ）とよばれる巨大な競走場があった。一説では四〇万人余りの観衆をおさめることができたという。

それとともに、戦士と戦士が命がけで戦う流血の剣闘士対決にも無我夢中になる。そもそも戦士国家であるローマでは流血と殺戮（さつりく）は征服者の栄光と表裏一体をなすものだった。その征服戦士としての気風を忘れないように、平和と繁栄のなかでもこの殺人ゲームが残ったのかもしれない。多くの都市に人工の戦場がつくられ、それを楽しむ民衆の勇猛心をふるいたたせるのだった。

また、死にのぞむ勇者が登場すると、その筋骨たくましいエロチックな姿に女性たちのなかには心をときめかせる者もいた。ほとんどが奴隷か卑賤の身分であったが、剣闘士は一種のスターでもあった。ともあれ、ポンペイではすでに一五〇年前には円形闘技場があったのだから、ローマにおけるコロッセオの建設は遅すぎるほどだった。

民衆にサービスする為政者

ウェスパシアヌスは軍人あがりであったが、元老院貴族と折りあっていけるだけの政治感覚にもすぐれていた。おかげで、政治権力は安定し、国家財政も健全になる。このために、小麦は無料で給付され、さまざまな見世物が提供された。このような出来事がかさなり、民衆にサービスする為政者の原像ができあがっていったのである。

頑固だが、誠実であり、寛大で恨みがましくない男であれば、人々はウェスパシアヌスを憎めなかったのだろう。彼は死にのぞんでも「余は神になりつつあるようだな」と冗談をとばすことを忘れなかったという。

ティトゥス帝像　ウェスパシアヌス帝の長男として父帝を継ぐ。ヴァチカン美術館蔵

父帝を継いだのは長男のティトゥスである。不思議な男である。それまでは民衆に嫌われて批判されるばかりだった。

①

②

よみがえるローマ人の暮らし　紀元79年、ヴェスヴィオ山の噴火で埋もれた町ポンペイは、長年の発掘調査によって、町並みや公共施設、ローマ人の豊かな生活ぶりを私たちに見せてくれる。①２万人が収容可能だった闘技場。前75年建設。著者撮影。②パン製造所。右は臼、左は窯。著者撮影。③公共広場正面北端にユピテル神殿の跡があり、その背後にヴェスヴィオ山を望む。④邸宅に残された裕福な夫婦の肖像。妻は筆を、夫は巻紙を持つ。⑤大噴水の家の泉水盤。美しいモザイクが残る。

③

⑤

④

父の下で軍人として有能ぶりをみせたが、無慈悲で残酷なところがあり、非合法な手段をとることもあった。

ところが、帝位にのぼったとたんに、彼は善人になるのだった。密告を禁止し、かぎりなく寛大な態度を示す。コロッセオの落成記念には百日競技会がもよおされ、民衆を歓喜させている。七九年、ヴェスヴィオ山が大噴火し、ポンペイやヘルクラネウムなどの町が埋没した。それらの被災地に多量の救援物資をおくり、皇帝みずからそこを訪れているのだ。

民衆からも貴族からも、誰からも愛される皇帝が登場する。まるで高潔な慈愛者という仮面をかぶったかのように変身したのである。もっとも、もともと性根は悪くなかったという考えもある。というのも、父帝の治世には、政敵をほうむるために、穢れ役の代役をつとめたとも言えなくもない。とにかく、ティトゥス帝の心根がどうであったのか、それは謎である。それがわかるには、彼はあまりにも早く死んでしまった。突然の病に倒れたので、ローマの民衆はまるで身内が亡くなったかのように悲嘆にくれたという。

しかしながら、後世の歴史家ディオ＝カッシウスは「もっと長く統治していたなら、ティトゥス帝はあれほど立派でいられたのだろうか、仮面はすべり落ちなかっただろうか」と問いかけている。

たしかに、カリグラにしろネロにしろ、なりたてのころは善人ぶっていたのである。でも、この二人はあまりにも若くして最高権力者になった。それに比べれば、二年三ヵ月の短い治世とはいえ、ティトゥスは四一歳で世を去っている。分別をわきまえる年齢であれば、善良なる皇帝の役を演じようと覚悟していたのかもしれない。やはりティトゥスは謎である。

恐怖政治の末の暗殺

八一年、ティトゥスの弟ドミティアヌスが帝位に就いたときは三〇歳だった。父と兄の治世に行政は健全になり、ドミティアヌス帝はその原則をしっかり身につけていた。誠実で慎重に責務をはたし、収賄疑惑の陪審員をすべて罷免し、首都の役人も属州総督もその行動を注意深く規制している。公衆道徳を重んじ、去勢を禁じ、同性愛にも目を光らせた。処女であるべきウェスタの巫女が男と関係したときには、大神祇官として死を迫っている。

帝国の安寧にはことさら心をくだき、宮廷の側近とともに属州総督の役割が重視されている。だが、そのような行政手法をとれば、元老院は儀礼的に尊重されるだけになりがちである。それでも、治世当初は節度ある行動でのぞんでいる。数年たつと、仮面がはがされたかのように変わってしまう。おなじみのごとく、元老院の有力者を処刑し、その財産を没収したのである。その背景には財政が逼迫していたことがある。原因の一つは軍事費の増大であり、もう一つは首都の修復建築計画である。

軍事力を重んじ兵士の信頼をあてにしたので、兵士の年収は三〇〇セステルティウスから四〇〇セステルティウスに増額された。さらに、ユダヤ戦役などで武勲をあげた兄と異なり、ドミティアヌスは軍功にめぐまれなかった。そのために、ライン川対岸に住むゲルマン人やドナウ川対岸に住むダキア人との戦いには身をていして励んだ。めざましい戦果をあげたわけではないが、国境を守備したことではなによりも忍耐強く賢い施策であった。
兄の治世にローマで大火事があった。ドミティアヌス帝はローマの再建にとりくみ、それはアウグストゥス帝以後では最大規模のものとなる。神殿、広場、競技場などが修復されたり新設されたりした。そのなかには今では観光客でにぎわう楕円形のナヴォナ広場（ドミティアヌス競走場跡）もある。

さらに、見世物などの大衆娯楽にも意をつくし、巨額を投じた。このような財政支出がかさなり、国庫は逼迫していく。しかし、有力者の処刑や財産没収は金銭問題とばかりからんでいたわけではない。むしろ、もともと世間になじめないという不安感をぬぐえなかったらしい。そのために猜疑心がつよく、感情の起伏もはげしかった。暗殺の陰謀に過敏になり、「国王とは哀れなものだ。暗殺されないかぎり、たしかに陰謀があったとは信じてもらえないのだから」と自分を憐れむのだった。

猜疑心にこりかたまっていくなかで、ドミティアヌス帝は偏執病にさいなまれた。元老院貴族にも騎士身分にも宮廷役人にも罪なき犠牲者が続出する。疑惑は密告、告発、弾圧をもたらし、まさしく恐怖政治であった。あげくのはてに、后までもが不安におびえ、側近の侍従たちとの共謀がなりたつ。九六年夏、宮廷内でドミティアヌス帝は暗殺された。

元老院貴族たちは狂喜したが、民衆は冷静だった。しかし、恐怖政治をくぐりぬけた貴族たちはドミティアヌスに暴君や悪帝の刻印をおすことを忘れなかった。公式記録からその名を抹消する「記憶の断罪」が決議される。この点ではカリグラ帝やネロ帝と並ぶわけだが、為政者としてのドミティアヌス帝は有能であった。陰険で残酷な印象がわざわいしたともいえるが、そういえばティベリウス帝と似たところがある。じっさい、ドミティアヌスはティベリウスの人柄と行政手腕にことさら関心が深かったらしい。

「最善の元首」トラヤヌス

皇帝暗殺の同日、老齢の元老院ネルウァが皇帝に推挙される。あまりのすばやさからすれば、ネルウァ自身も暗殺の陰謀にかかわっていたかもしれない。流刑者はよびもどされ、没収財産は返還される。新帝は元老院との協調をかかげ、財政再建にのりだす。同時代人のタキトゥスは自由がよみがえったという。でも、それはあくまで元老院にとっての自由だった。兵士たちにすれば、ドミティアヌスの死は悲しむべきことだった。じっさい、親衛隊は反旗をひるがえし、新帝を軟禁して、陰謀首謀者を探し出し殺してしまう。

老齢のうえに病弱であったので、ネルウァには余命が残り少ないと見なされていた。とすれば、信頼できる後継者を探しておかねばならない。しかも、元老院にも軍隊にも好感をもたれそうな人物が待ちのぞまれたのである。それらしい人材はすぐに見つかった。

ゲルマニアの属州総督トラヤヌスは軍人としても有能であり、人間としても尊敬されていた。ネルウァ帝との養子縁組がむすばれ、ネルウァの治世はふたたび安泰になる。「皇帝の地位をおり、身の安全のために私人の生活にもどらなかったことをのぞけば、私は皇帝としてなにもしなかった」とネルウァ帝は述べている。しかし、実子がいなかったこともあるが、有能な人材を後継者に指名するというモデルは手本になった。

ネルウァは、やさしく穏やかな人物だったが、たまたま激高した後で、ぐったり倒れ、ほどなく息をひきとる。わずか一六ヵ月の治世だった。

九八年、ゲルマニアにいた中年盛りのトラヤヌスは、すぐにローマに直行しなかった。ライン川やドナウ川周辺の辺境にいる軍隊を訪れ手なずけておかねばならなかった。いまだに亡きドミティアヌス帝をしのぶ声が軍隊にはくすぶっていたからである。

トラヤヌス帝の胸像　ローマ帝国の最大の版図をつくる。ピウス・クレメンス美術館蔵

九九年晩夏、皇帝即位後一年半がたち、トラヤヌス帝はローマに入城する。群衆の歓迎はすさまじかった。馬を降り、歩きながら、親しい者たちと抱擁する。その謙虚な姿は民衆にはたいそう好ましいものであった。

ときの文人貴族プリニウスは長大な皇帝賛歌をささげている。それによれば、トラヤヌス帝は力強く篤実（とくじつ）で信心深い人物であった。元老院でもあたたかく迎えられ、彼もまた有能な元老院議員を重用する。属州に派遣された元老院議員たちとは往復書簡をかわし、それぞれの地域の対策にも配慮した。小アジアの知事であったプリニウスとの往復書簡が現存するが、そこから皇帝の激務ぶりが想像される。

道路網が修復され、要所には橋が築かれる。後世の歴史家はドナウ川にかけられた橋の見事さに驚嘆している。首都には広場、市場、浴場が建設され、最大規模の水道橋も設けられた。外港のオスティアにはあらたに六角形の港が新設される。属州地にはティムガド（北アフリカ）、クサンテン（ゲルマニア）などの都市が築かれ、退役兵の植民活動がなされた。

さらに、民衆に配慮することでもぬかりはなかった。貧民救済のために生活必需品が支給され、子供たちにはアリメンタとよばれる養育基金が設けられている。このような慈愛にあふれる施策はその後も二〇〇年つづいたという。つぎからつぎへと打ち出される誠意ある活動のために、トラヤヌス帝は「最善の元首」として称讃されるのであった。

遠征で最大版図に

ところで、トラヤヌスはなによりも軍人である。戦争こそが彼の天職であった。彼の治世

トラヤヌス帝の戦勝記念柱　113年にローマに建てられた。高さ38m。らせん状の浮彫りには、ダキア戦争での要塞建設や戦闘場面が描かれている

は、国境地帯にかまびすしい近隣勢力が脅威となる時代ではなかった。しかも、アウグストゥス帝以後の一〇〇年間に、クラウディウス帝によるブリタニア併合をのぞけば、ローマ人の大いなる征服活動があったわけではない。

それにもかかわらず、軍人としての血がさわいだのだろうか、トラヤヌス帝は大規模な遠征を志すのだった。

治世一九年の間に、ダキア、メソポタミア、アッシリアなどが併合され、ローマ帝国の版図は最大になる。とくにダキア戦争（一〇一～一〇六年）は圧巻であった。その戦争絵巻は首都ローマの一角にあるトラヤヌス帝の戦勝記念柱に語られている。らせん状の浮彫り絵巻のなかで長身のトラヤヌス帝はひときわ目立っている。高貴な風貌にはたくましさもあり、使者に接見し、作戦を練り、神々に犠牲をささげ、敗者の降伏を許す。これらの征服による戦利品は国家財政をうるおし、公共建築や公共政策の平和事業に役立つものになった。

為政者の鑑（かがみ）のような人物だったが、飲酒癖と同性愛には眉をひそめる人々もいた。だが、欲しいだけ飲みほしても、しらふのままだったし、誰であれ美少年の心を傷つけることもなかったという。ここでも「最善の元首」として、ほどほどであったというわけだ。

トラヤヌスは属州出身の最初の元首であり、イベリア半島南部の名家に生まれた。ネルウァ帝の養子として後継者に指名されていたので、自分の後継者問題も前例にならった。といっても、いとこの息子であるハドリアヌスの名があがる。だが、この後継者指名には謎が少なくない。なにしろ、遠征先の死の床で告げられ、数日間はふせられていたという。疑惑は

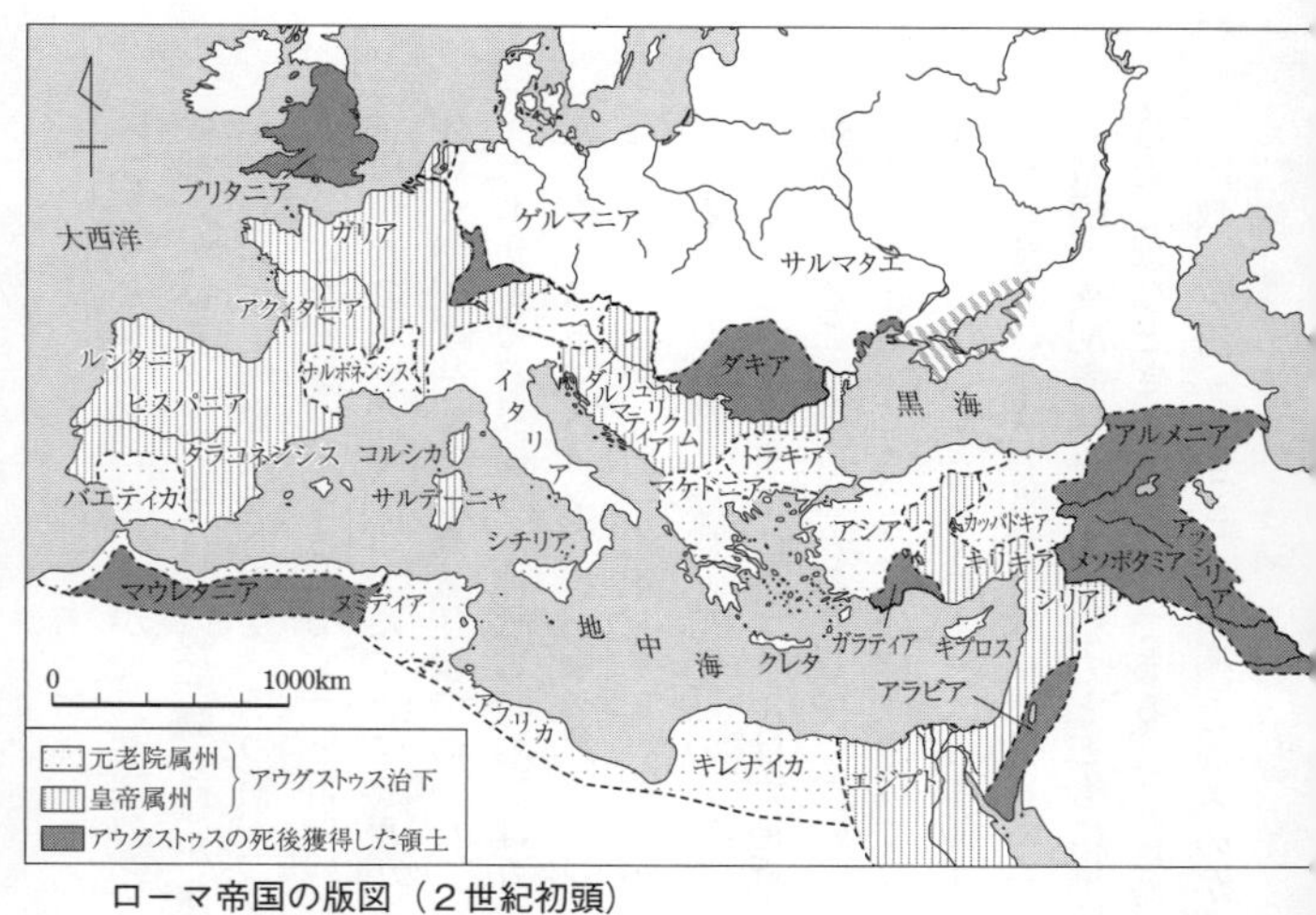

ローマ帝国の版図（２世紀初頭）

晴れないが、元首の妻として文句のつけようもないプロティナが関与していたことは確かである。

敬虔なローマ人の本領

権威の核になる神々の威光

うわべだけなら、ローマ人は現世主義で実利に走りやすく見える。だが、意外にも宗教的で敬虔な人々であったという。ギリシア人のポリュビオスの目にも「神々を畏怖する民」と映り、生粋（きっすい）の本国人キケロも「ほかの民にまさって神々に敬虔なローマ人」を自負している。

カエサルは古代にあって合理主義も現実主義も骨の髄までしみこんだ男だった。そのカエサルをして不思議な行動をとらせたことがある。彼は二七歳で国家祭祀の神祇官一〇人のひとりとなっている。やがて三七歳のとき、その神祇官のなかの首長になる大神祇官に立候補している。ふつうは公職経験も豊かな高齢者がなるのだから、無謀な挑戦である。だが、カエサルは必死であった。その朝、「母上、今日、あなたの息子は大神祇官職につくか、亡命者になるか、どちらかです」と言い残して家を出たという。借金をしまくり巨額の賄賂工作がものをいって、めでたくカエサルが選出される。この地位は終身であったから、彼は死ぬまで国家祭祀の最高責任者であった。

カエサルの暗殺後、大神祇官の地位はカエサル派の実力者レピドゥスがつぐ。元首になったアウグストゥスは父親ほど歳の離れたレピドゥスを気づかってこの大神祇官職をとりあげなかった。だが、前一二年、レピドゥスが死去すると、その後はアウグストゥスが大神祇官になる。それ以後、歴代元首がこの大神祇官につくのが慣例になった。

なぜ、これほどまでにカエサルは大神祇官になることにこだわり、また、元首たちも大神祇官であることを当然とみなしていたのだろうか。ローマ人はくりかえし「権威をもって統治せよ」と語ってきた。その権威の核になるのが神々の威光というものであった。それを思えば、ここにはまさしくローマ人の本領がひそんでいるのではないだろうか。

カエサルは誰よりも深く地中海世界に君臨する大帝国ローマを自覚した人物である。その大帝国の支配者は軍事力や権力とともに権威をおびていなければならないのだ。権威をおびる者とはひときわ敬虔な人である。その意識がことさら強いのがローマ人であったのだろう。

宗教（英語 religion）の語源となるのが慎み（ラテン語 religio）という言葉である。この慎みと同義語になるのが敬虔（ラテン語 pietas）である。慎みをもつ人々こそが敬虔な人々なのである。

ここで気になることがある。ローマ帝国に生きる人々はどのように元首の姿を思いえがいたのだろうか。それを考えれば、目につきやすい彫像は大きな役割をはたしたことがわかる。なかでもアウグストゥス帝は彫像を数多く残している。名高い彫像としてはプリマ・ポルタのアウグストゥス像がある。右腕をのばし軍隊の最高司令官として力強い姿をしている。もうひとつは大神祇官の姿がある。頭から正装着トガをかぶり、ひかえめで、もの思いにふけっている。その姿は力よりも敬虔さを物語る。アウグストゥスは晩年はこの大神祇官の姿の彫像を好んだという。

再建されたパンテオン

ローマ市街の古代遺跡のなかでも、コロッセオと並んで人だかりのつきないのがパンテオンである。このよろずの神々をまつる万神殿（ばんしんでん）を創建したのはアグリッパであり、彼はアウグストゥス帝の側近中の側近にして娘婿であった。皇帝とその右腕にとって、なによりも世界帝国の安寧（あんねい）が心にかかることだった。

そもそもローマ人にとって、神々は敵意か善意かの黒白をはっきり示すものであり、灰色をほのめかすことなどなかった。敵意は神々の怒りであり、善意は神々の満足であった。神々をあがめる祭礼にぬかりなければ世は太平である。だが、ひとたび神々の怒りをかうと

パンテオン　万神殿としてアグリッパが創建し、ハドリアヌスが再建した

災厄がふりかかり、とほうもない鎮静のつとめをはたさなければならなかった。

地中海世界に大いなる覇権を築きながら、ローマは一〇〇年にわたって同胞の血を血であらう内乱に苦悶していた。それはローマ人が神々の怒りをかっていたからにほかならない、とアウグストゥス帝は懺悔する。つぎつぎと神殿が建てられ修復される。パンテオンの建立もそのひとつである。もっともアグリッパの創建したパンテオンはなによりもユリウス家顕彰のためであった。

今日パンテオンは壮麗な円形ドームの威容をほこる。内部の天窓から陽光がもれさし、そこにいれば敬虔な気分になる。このパンテオンを再建したのがハドリアヌス帝である。アグリッパの方形状の神殿は八〇年の大火で焼失し、その後修復されたパンテオンも落雷で炎上している。ハドリアヌス帝のもとでパンテオンは帝国内のあらゆる神々を奉る万神殿に変身した。この半円球状のドーム天井をもつ円堂神殿には、為政者の世界観がほのめかされている。ハドリアヌス帝は地中海世界帝国としてのローマをひとつの完結した世界と考えていたのである。

拡張主義をとって帝国版図を最大規模にしたトラヤヌス帝の死後、ハドリアヌス帝はアウグストゥス帝の初心にもどり、併合地の一部を放棄し、国境防備につとめた。その皇帝がパンテオンの再建にことさら腐心したことは注目される。なにしろ、ハドリアヌス帝は治世の半分を属州の視察についやし、帝国内の隅々まで人心にふれたのであった。

ガリアおよびゲルマニア（一二〇～一二一年）、ブリタニア（一二一～一二二年）、ヒスパニア（一二二年）、小アジア（一二三年）、ギリシア（一二五年）とつづき、さらにシチリア経由でローマに帰国する（一二七年）。その後、アフリカ（一二八年）、アテナイ（同年冬）、カリア、キリキア、カッパドキア、シリア（一二九年）、やがてエジプト（一三〇年）を訪れ、ローマに戻ったのである（一三一年）。このために、帝国の属州各地で「皇帝陛下の御来臨」を刻する貨幣が数多く残されている。

帝国をくまなく歩いた為政者であれば、それぞれの地域であがめられる神々のすべてがないがしろにされるべきではなかった。あらゆる神々をあがめることこそが帝国の安寧と繁栄をもたらすのだ。ここに地中海世界帝国ローマは多神教世界帝国として感知されるのである。神々に懺悔したアウグストゥス帝の祈願はハドリアヌス帝の神々への恭順（きょうじゅん）のなかでよみがえったことになる。

芸術と狩猟を愛する趣味人

ハドリアヌスの一族はヒスパニアの出である。トラヤヌスと縁故が深かったことでハドリアヌス家の人々も世に出るのが早かった。ハドリアヌスが帝位についたとき四一歳である。

ハドリアヌス帝の胸像　国境の防備に尽力した。ローマ国立博物館蔵

ハドリアヌス帝の別荘　２世紀の前半にティボリ近郊に造った別荘の人工池と彫像

「ハドリアヌスは長身であり、容姿は優雅であった。髪はくしで巻き毛にし、生来の傷をかくすために顎鬚（あごひげ）がゆたかであった」（『ローマ皇帝群像』）という。この顎鬚が似あっていたので、後の皇帝たちはまねすることをためらわなかった。

彼は生粋の軍人ではなかったが、軍隊の忠誠をかちとり、軍紀の引きしめにつとめた。国境の守備を固め平和を保ったことは、おそらくハドリアヌス帝の最大の事績であろう。属州ブリタニアにおける「ハドリアヌスの長城」の建造はその平和政策を示唆してあまりある。

属州の視察や国境の防備に配慮したとはいえ、ハドリアヌス帝は内政を軽視したわけではない。騎士身分の者が文官職に重用され、さらに皇帝の諮問機関を整備している。だが、帝位継承直後に、有力元老院議員を処刑したというので、元老院とはうまくいかなかった。このように元老院貴族には評判がよくなかったとはいえ、ハドリアヌスは有能な為政者であった。

それにもかかわらず、彼はなによりも芸術と狩猟を愛する趣味人だった。とりわけギリシア文化を愛好し、「ギリシアかぶれ」とさえ言われている。彼にとっての聖地はアテナイであり、生涯三度もそこを訪れている。

平和政策を堅持したり、文官組織を充実したりすれば、いささかなりとも皇帝の公務は軽くなる。そのような余暇こそが生きがいであったにちがいない。ローマ近郊のティヴォリに壮麗な別荘を建設し、その庭園には属州旅行の思い出がいたるところに再現されたのである。その栄華の跡は今日ほとんどは廃墟と化している。でも、そこには学芸を愛好した皇帝の夢想がしみこんでいるかのようだ。ハドリアヌスは晩年の多くをこの別荘ですごしたという。

ハドリアヌスの長城　属州ブリタニアとケルト人居住区との境界付近に建造された。著者撮影

孝行息子の政治手腕

ハドリアヌス帝治世下の一三〇年ごろ、小アジアのペルガモンでガレノスという男児が生まれた。富裕な建築家の父の支援で各地を遊学し、数年間をアレクサンドリアで勉学にはげんでいる。最初は哲学を学び、ほどなく医学を志した。アレクサンドリアは医学解剖が許される唯一の場所だった。この地でガレノスは経験をかさね技

術をみがく。そのことはガレノスの医学理論と臨床体験にとって計り知れない重みをもっている。

二七歳のときペルガモンに帰郷し、ここで剣闘士の治療医になった。肉を切り裂く流血の競技のおかげで、ガレノスは治療にあたる外科医としてかけがえのない経験をつんだのである。

故郷で四年間の務めをはたし、三一歳のとき帝国の都ローマの土をふむ。時は一六一年、ハドリアヌス帝の後継者であったアントニヌス帝が没し、マルクス゠アウレリウスが義弟のルキウス゠ウェルスとともに共治帝として即位したところだった。

そのマルクス帝は養父のアントニヌス帝について語っている。

父からは、温和であることと、熟慮の結果いったん決断したことはゆるぎなく守り通すこと。いわゆる名誉に関して空しい虚栄心をいだかぬこと。労働を愛する心と根気強さ。公益のために忠言を呈する人びとに耳をかすこと。各人にあくまでも公平にその価値相応のものを分け与えること。いつ緊張し、いつ緊張を弛めるべきかを経験によって知ること。少年への恋愛を止めさせること。(『自省録』神谷美恵子訳)

などを学んだという。アントニヌス帝の治世はおおむね平和と繁栄の時代だった。あまりにも安泰であり、とくに言いたてる出来事もないほどだった。政敵がいたにしても、その血一滴すら流さなかった。このために彼の世には歴史がないと皮肉る者もいた。元老院の評判が芳しくなかった養父ハドリアヌス帝を神格化するために尽力したことから、アントニヌス帝はピウス（孝行者）というあだ名をもらっている。

高貴な風貌をもち、柔和で生来の落ち着きをそなえ、話術の才にたけていたが、人の話にもよく耳をかたむけた。もともと貴族の資産家の出であったが、富や身分を誇示することなどいささかもなかったという。だから、英雄伝というよりも聖者伝の素材になるような人物だったのである。

もちろん国庫を浪費することなどないから、没後には六億七六〇〇万デナリウスが遺されていた。しかし、アントニヌス帝の人柄を見ると、徳性にすぐれていたばかりでなく、天性の政治手腕に恵まれた人物だったことがわかる。元老院と協調し友好であったのも、権力をちらつかせる素振りを見せなかったからである。そのかたわらでは、官僚制を整備した堅固な行政機構を築きあげていたのである。

最初の共治帝時代

医者のガレノスがローマを訪れたのはアントニヌス帝の病没直後だった。そのころの首都ローマは医学の諸派がひしめきあっていた。そのなかで解剖の技量を公に示し、名医としての評判を高める。患者の容態や予後について的確な判断をくだすのだから、都の人々は驚いた。評判は評判をよび、ついには皇帝の目にとまるのである。マルクス帝の診察にあたることになり、皇帝の信頼をかちとるのであった。

一六六年、疫病が大流行し、イタリアにまで到来したとき、ローマを離れ帰郷する。もっとも、それは口実であり、医学論争の論敵から身の危険すら感じていたためともいう。ガレノスとは「穏やかな人」の意であるが、それとはほど遠い人物であり、激昂しやすい論客であったらしい。だが、名医としての期待がおさまることはなかった。ほどなく皇帝の命でよびもどされ、帝室の侍医となる。

マルクス＝アウレリウスはおごそかな印象をあたえる幼児だったという。幼いころから哲学に熱意をもち、乳母の手を離れると、すぐに進歩的な哲学者たちにあずけられている。やがてギリシアの哲学者をまねて粗末なマントをまとい、地べたに寝るようになった。だが、母親に懇願され、寝台に眠ることをしぶしぶ聞きいれるのだった。

一六歳のとき、心から慕うアントニヌス帝の養子にむかえられる。九歳下のウェルスも同時に養子となり義弟となった。それから二三年後、ローマ史上最初の共治帝が誕生する。ウェルスについて、「弟はその性質により、私をして注意深く身を省みるようにかき乱すこともあったが、同時に尊敬と愛情によって私をよろこばせてくれた」と義兄は語っている。平和な幕開けだったが、やがて、戦争、洪水、飢饉、疫病、さらには戦争が相つぎ、気の休まるときがなかった。

アルメニアの管理権をめぐるパルティアとの戦争に勝利すると、トラヤヌス帝時代以降ほぼ五〇年ぶりにローマで凱旋式がおこなわれた。しかし、東方戦線から、戦利品だけではなく、帰還兵たちは悪疫も運んできた。それはすさまじい勢いで拡がり、とくに人口が密集する大都市での打撃が大きかった。

　やがて北方辺境でもゲルマン人の侵略がつづき、共治帝は戦場にかりだされる。マルクス帝は遠征へのガレノスの随行を期待したが、ガレノスは固辞したという。このような遠征のさなかに、ウェルス帝は脳溢血で倒れ死去する。共治帝の期間は八年で終わった。

裏切られた哲人の期待

拡張された版図を維持していくには、もはや問題が山積していたのかもしれない。マルクス帝治世の後半はほとんど憩う暇もなく戦場に身をおかざるをえなかった。国境での戦いはなによりも防衛戦争であった。これらの戦争は財政を圧迫し、ときには平和の代償として金銀財宝を払うはめにもなった。

　この北方戦線の陣中で、灯火をかかげてマルクス帝は『自省録』をつづるのである。そこには世界帝国の最高権力者の内面がギリシア語で語られている。皇帝としての責任、神々との関わり、宇宙の理法と人生の処し方などのテーマはストア派の伝統にのっとっている。だが、高潔な人柄からにじみでる聡明さがあり、そこには宗教と道徳をめぐる深い洞察が感じられる。

　マルクス帝は為政者としては多事多難であったが、愛妻ファウスティナとの間に一四人の子をもうけている。だが、幼児期を越せたのは六人だけだったし、男児はコンモドゥスしか生きのびなかった。マルクス帝は幼いコンモドゥスを後継者と見なし教育に努めた。ガレノ

マルクス＝アウレリウスの騎馬像　五賢帝最後の一人。ストア派の哲人で著書に『自省録』がある

スのローマ残留を認めたのも、彼をコンモドゥスの養育係のひとりとして期待したからである。

　ネルウァ、トラヤヌス、ハドリアヌス、アントニヌス、マルクスは「五賢帝」とよばれ、その時代は「ローマの平和」の絶頂期であった。最適任者を皇帝の後継者に指名し、有為の人物が最高権力者として君臨している。これらの皇帝には実子がいなかったり、いても先立たれていたりしたこともあるが、後継者選抜の原則は踏襲されてきた。だが、世界史のなかでも類まれなほど高潔で聡明な哲人皇帝にも予測できなかった過ちがある。実子コンモドゥスに期待したことである。

　一八〇年、一八歳のコンモドゥスはマルクス帝とともにドナウ川沿いの前線にいた。そのとき、マルクス帝が死去する。コンモドゥスが帝位につくのは当然であった。だが、ただちに北方戦線から撤退し和平のために代償金を支払うという方針を打ち出す。威信を重んじる人々には苦々しい思いがしたにちがいない。

　さらに、ひいきの側近に政治の実務をゆだね、怠惰で放埒（ほうらつ）な性格をあらわにしだす。放蕩（ほうとう）と乱行が目につき、暗殺の陰謀が発覚する。未遂に終わったが、元老院への不信感はつのるばかりだった。再三にわたって命を狙われることになり、やがて精神に変調をきたしたのかもしれない。誇大妄想がひどくなり、ローマを「コロニア・コンモディアナ（コンモドゥスの植民市）」と改名する。ヘラクレスの化身を気どり、剣闘士の姿で競技場に登場したりもする。またもや暗殺の陰謀がねられ、一九二年の大晦日、側室、侍従、親衛隊長らが共謀して殺害した。

マルクス帝の治世も、コンモドゥスの治世も、それにつづく内乱とセウェルス朝の初期も、ガレノスは宮廷の侍医であった。比類なき名医であることは周知の事実となり、臨床医としても病理学者としても医療教育者としても名声を博した。ガレノスに対抗する医学の諸派も彼の晩年にはほとんど勢いを失いつつあった。彼はまさに地中海世界の医学における勝利者であり、皇帝であった。

ヒポクラテスにはじまる古代医学を集大成した巨人の目に、皇帝とその周辺におこっていたことはどのように映っていたのだろうか。彼の膨大な著作のなかに、それを知る手掛かりはほとんどない。それとも、医学に没頭することしか頭になかったからこそ、七〇歳ほどで没するまで権謀術数のうずまく宮廷社会で生きていけたのかもしれない。

第八章　混迷と不安の世紀

軍隊が擁立する皇帝たち

競売にかけられた帝位

一八世紀の啓蒙思想家モンテスキューにとっても、ローマ人の盛衰は歴史の教訓としてひとかたならぬ思いのあるものだった。ルイ一四世の絶対王政が立ちはだかり、なんとしても国家のあり方を根源的に考えなおさねばならなかった。モンテスキューは五賢帝時代とその後の時代について語っている。

ネルウァの英知、トラヤヌスの栄光、ハドリアヌスの勇気、両アントニヌスの美徳は、兵士たちに自尊心を与えた。しかし、新しい怪物どもが彼らに代わって登場したとき、軍事政権の弊害はその極端にまで及んだ。そして、帝国を売物にした兵士たちは、皇帝たちを暗殺して、その後の帝権に新しい値段を付けた。（『ローマ人盛衰原因論』田中治男・栗田伸子訳）

「朕は国家なり」と豪語するルイ一四世のような独裁者が君臨するとすれば、有為有徳の為政者よりほかにあってはならない。三権分立論をとなえるモンテスキューはローマ帝国の皇帝権力の事例に鋭いまなざしをむける。

　皇帝権力といえども軍事力こそが支柱である。そのあからさまな姿はネロ帝死後の内乱で誰の目にもはっきりした。だが、権力はそのむきだしの姿態をさらすことを好まない。なにかヴェールのようなものでおおわれているのがいいのだ。そのヴェールは権威とよんでもいいだろう。その薄衣（うすぎぬ）のヴェールを五賢帝は自然体で身につけていた。もちろん各人各様の人知れぬ工夫もあっただろうが、それはさりげないものであった。

　ところが、比類なき賢帝の実子コンモドゥスには、そんなヴェールはなんの魅力もなかった。ライオンの毛皮をまとい棍棒をかついでヘラクレス神になりすますのが好ましかった。それでも権力の核心には嗅覚があった。なにしろ、軍隊には甘く、兵士たちは放埒（ほうらつ）に暮らすことになれていたのだ。

　コンモドゥス暗殺後、老齢の首都長官ペルティナクスが皇帝にかつぎだされる。だが、この正義を愛する老人はどうやら改革を急ぎすぎたようだ。とりわけ横暴ぶりの目立つ親衛隊をまじめにしようとしたのが反感をかうはめになった。おしかけた兵士を説得しようとしたが、あえなく殺害されてしまう。三ヵ月足らずの帝位であった。

　それから、度肝をぬくような奇想天外なことがおこる。ペルティナクスの義父と大資産家との間で帝位が競売にかけられたのである。親衛隊により多くの手当を約束した者が勝ちだ

セウェルス帝の凱旋門 パルティア遠征の戦勝記念に建造。フォロ・ロマーノにある

った。もちろん資産にまさるユリアヌスが帝位をえる。だが、それと同時に、三人がそれぞれ属州の軍隊に擁立されて舞台に登場している。これら四者が乱立するなかで、ライン・ドナウ全域の軍団の推すセプティミウス＝セウェルスが支持を集めた。だが、一九三年に帝位に就いても、数年は政敵の鎮圧と粛清についやされている。

遺言は「兵士を富ましめよ」

セウェルスは北アフリカの出身である。フェニキア人が植民したカルタゴ国家の勢力下にあったから、セム語系の人であった。本人もかなりアフリカ訛りのラテン語だったが、姉妹にいたってはフェニキア語しか話さなかったという。ローマ人によって滅ぼされたカルタゴ人の血をひく者が皇帝になったのだから、皮肉といえば皮肉である。

ローマの高貴な家柄などみじんも気にならないから、セウェルス帝の改革は徹底したものになる。イタリア人にかぎられた親衛隊は解散され、属州出身者にも開放される。軍隊内の身分差別はのぞかれ、実力次第で高級武官の道も開かれる。また、軍務経験者でも民政職になれるようになり、行政組織そのものが軍人色をおびていく。兵士の給与は増額され、退役兵は優遇され、現役兵の結婚も容認されている。こうして、皇帝と軍隊とはますます固い絆で結ばれるのだった。

ローマ観光の目玉のひとつにフォロ・ロマーノがある。広場や神殿などの公共建築物がひしめくなかに、セウェルス帝の凱旋門がある。パルティア遠征の戦勝を祝賀するものである。首都クテシフォンが攻略されたが、この東方の旧敵はもはや抵抗する力を失っていた。略奪のかぎりがつくされたという。兵士を喜ばせるにはなによりだった。

晩年の五年間をブリタニア遠征ですごした。最後に、息子二人をよび、「心を合わせよ、兵士を富ましめよ、ほかは気にするな」と遺訓を語り、息をひきとった。しかし、長男カラカラと次男ゲタの兄弟は仲良くなれるはずがなかった。とり巻きが二人をあおっていたから、敵意はむきだしになる。兄は和解するそぶりをして弟を誘いだし、殺してしまう。二一一年のことである。

カラカラ帝の胸像　ローマ市街に残る大公衆浴場を建設したが、29歳で暗殺される。ピウス・クレメンス美術館蔵

カラカラ帝はなによりもローマ市街に残る大公衆浴場で名高い。空前の規模で建てられ、その「光の間」は後の建築家が同じものを造ることなどできないと感嘆したほどだった。今日、上部は崩れ去ってしまったが、その巨大な遺構から往時の豪華絢爛ぶりがしのばれる。

カラカラ浴場　広さ11万㎡で1600人を収容できた。写真はモザイクを施された大理石の床。３世紀初めの建造

カラカラ帝の事績といえば、アントニヌス勅法があげられる。帝国内に住むすべての自由人にローマ市民権をあたえるというもの。すでに父帝の時代からローマもイタリアも眼中になかったから、これまでの特権や伝統を大切にする謂(いわ)れはなかった。すべての地域が平等であり、全体としての帝国があるだけだった。一瞥(いちべつ)すれば、自由民大衆への喜ばしき恩恵に見える。だが、その狙いは税収の増大にあったという。市民権のない者ならば、それまでは相続税や奴隷解放税が免除されていたのである。

父帝は前例のないほど莫大な資産を残してくれていた。だが、それでもカラカラ帝には足りなかった。遺訓の「兵士を富ましめよ」だけには忠実だった。兵士の俸給は年額五〇〇デナリウスから七五〇デナリウスに増額されたのである。というよりも、兵士しか頼るところがなかった。弟のゲタを殺していたことから、弟を支援する政敵から身を守らなければならなかったのだ。粛清につぐ粛清がはじまり、屍(しかばね)の数は二万にものぼるほどだった。そのなかには、裁判もないまま冤罪で処刑される者も少なくなかった。

これでは元老院との仲がこじれないはずはなかった。ローマに居づらくなったカラカラは巡幸と称して各地を旅する。兵士たちには人気があったからご機嫌なときもあったらしい。さらに東方の旅はパルティア遠征に様変わり、敵国の内紛を利用して侵略の手をのばすのだった。

だが、その裏でカラカラ暗殺計画が進んでいた。行軍中に腹をこわしたカラカラが用足ししようとしたときが狙い目だった。皇帝に礼を失さないように護衛団の誰もが背をむける。カラカラが半ズボンをおろしかけたところで刺客の刃が突きぬけたのである。二一七年、カラカラはまだ二九歳だった。

男あさりをする女装の皇帝

暗殺の首謀者は親衛隊長マクリヌスだった。皇帝の死を嘆き悲しむふりをして帝位にのぼる。しかし、パルティア遠征に失敗したのが命とりだった。和平工作のために金を使ったばかりか、兵士たちの優遇措置のいくばくかをとりあげるという始末。兵士たちの不満はつのり、もはや点火をまつばかりだった。

ところで、セウェルスの妻ユリア＝ドムナはシリアの祭司長の娘であった。美貌と知性で名をはせた女性である。彼女にはユリア＝マエサという名の妹がいた。このマエサには娘二人がおり、娘たちにはそれぞれ男児がいた。姉の息子がエラガバルスであり、妹の息子がアレクサンデルである。

マクリヌス帝に怒る兵士たちをたきつけたのがマエサである。ひそかに孫のエラガバルスを擁立する。カラカラ帝の落胤(らくいん)というふれこみだった。カラカラは謀殺されても兵士たちには人気があったからだ。従兄妹どうしの過ちがあったとささやかれていたという。兵士たちは蜂起し、マクリヌスは追いつめられる。変装して逃げまわったが、ほどなく捕まり殺されてしまう。

二一八年、新帝エラガバルスはシリア生まれで一四歳になったばかりである。太陽神の祭司だったというが、それにしても奇怪な身なりで首都ローマに姿を見せた。紫の絹衣は金糸で縫いとられ、真珠の首飾りとエメラルドの腕輪をつけ、頭には宝石をちりばめた黄金冠をかぶっていた。唇には紅がぬられ、眉は墨で描かれていた。ローマ人の目からすれば、これはまったく女の装いだった。

案の定、正真正銘の女性と三度も結婚したのに、エラガバルスには同性愛の噂が絶えなかった。それもきわめつけの男あさりなのである。「皇帝は使いを出して巨根の男を探させる」と伝えられている。これみよがしに媚(こ)びて情夫を誘惑するばかりか、街娼になりすまして男の客をとることもあったという。あげくの果てに、それ専用の部屋が宮廷に設けられ、うら若い全裸の男娼が甘い声でささやいて客を誘ったともいう。自分の身体に女性の膣を作ってくれた者には謝礼をはずむ、とまで言ったことさえある。男あさりにくれる皇帝は「ふしだらな女」と噂されることを好んだというから、もはや偉大なるローマ皇帝の権威などは見る影もなかっただろう。

エラガバルスの奇怪さは性関係にばかり見られたわけではない。皇帝のあがめる太陽神のために巨大にして壮麗なる神殿が建造された。毎朝、夜明けとともに、寺院を訪れ、おびただしい数の牡牛と羊が殺されて祭壇にそなえられるのである。祭司長エラガバルスは脱毛し、白粉と頬紅をぬり、目には縁どりをほどこして、きらびやかな装身具をまとい、絹衣につつまれていた。祭壇のまわりでは、さまざまな楽器が奏でられ、いかがわしいシリア風の女たちが厚化粧の皇帝とともに舞い踊った。

年端もいかぬ若造だから、およそ分別などわきまえられるはずがなかった。側近の要職に卑賤な生まれの人物を登用する。「料理人、理髪師、御者が帝国を治めている」という声が騒がしかった。

そんな皇帝がいつまでも玉座にいられるわけがない。反乱と暴動があいつぎ、かばってい た家族と側近ですら、エラガバルスの奇矯な行動に眉をひそめた。近くにいた兵士たちにも見捨てられ、便所に逃げ込んだところで殺されてしまう。母ともども、遺体は首をはねられる。裸にされて、街中を引きずりまわされ、テヴェレ川に投げ込まれた。治世は四年にすぎず、一八歳だった。後世の歴史家は、カリグラやネロのような前例すらなければ、と悔やんでいる。そうすれば「エラガバルス

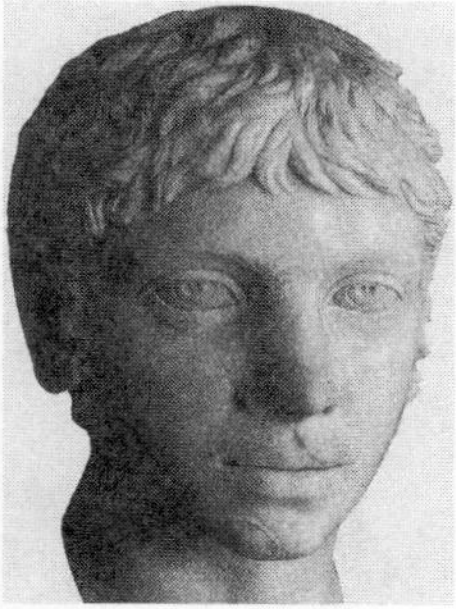

エラガバルス帝　カラカラ帝の落胤といわれ、14歳で皇帝になったが、治世は4年だった。カピトリーニ美術館蔵

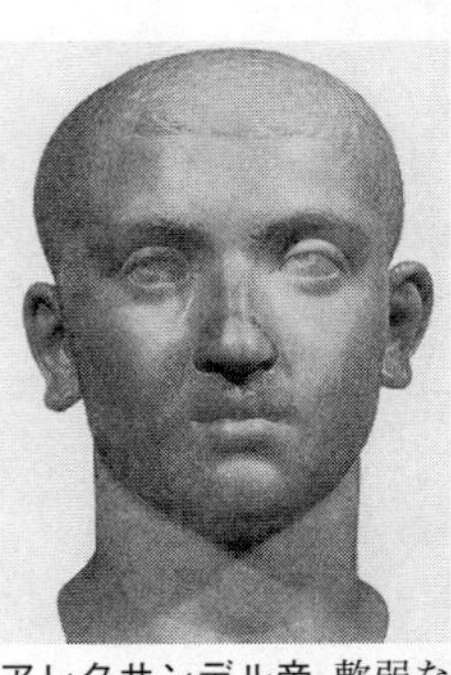
アレクサンデル帝　軟弱な皇帝として軍の怒りをかい、母と共に殺害される。ルーヴル美術館蔵

がローマ皇帝であったという事実さえも文字に記す気にはならなかっただろう」と告白する。

減給の噂が命取りに

代わって登場したのが、エラガバルスの従弟アレクサンデルである。当時一三歳の少年にすぎなかった。だが、おだやかでもの静かな人柄は好感をよぶ。といっても、やさしすぎるせいで、母親のいいなりだった。自分の意にそわないことでも母に従ったという。だが、母親が出しゃばりすぎるのは、むしろ幸運だったかもしれない。おかげでアレクサンデル帝の評判は落ちないですんだのだ。顧問団に良識ある元老院議員をむかえ、周囲の意見に耳をかたむけ、穏健な政治がつづくのである。

しかし、軍隊の動きはたびたび不穏になった。なにしろ、コンモドゥスの治世から四〇年間、兵士たちはほとんど甘やかされていた。軍紀の乱れはとどまらず、ちょっとしたことでも反抗する輩が後を絶たなかった。法学者としても名高い親衛隊長ウルピアヌスは軍紀粛正にのりだしたが、反感をかって殺されてしまう。親衛隊ばかりが横暴であったのではない。軍紀の乱れは、属州に駐屯する軍団のなかにも忍びよっていたのである。

そのころ東方国境にはゆらゆらと暗雲がただよってくる。騎兵戦力でローマ軍を悩ませたパルティア王国が滅んだのはよかった。だが、二二六年、さらなる強国ササン朝ペルシアが勃興する。ササン朝はゾロアスター教を奉じ、民族復古主義の気運に燃えていた。それはオリエントにおけるローマ帝国の勢力を駆逐することでもあった。メソポタミアに侵寇したことで属州シリアが脅かされる。

二三一年、アレクサンデルは出陣し、苦戦の末、かろうじてペルシア軍を退却させた。だが、味方の損害も小さくなかった。ローマ軍の士気はあがらず、皇帝の武勇を示すどころか、臆病者のそしりもまぬがれなかった。

やがて、二三三年、ゲルマン人が西北部国境を越え、ローマ軍に襲いかかる。その地域は混乱におちいる。だが、母の忠告に従って、アレクサンデルは戦争よりも報償金による和平工作に走った。軍人らしからぬ軟弱な皇帝と見なされ、軍隊からは軽蔑されるはめになった。そればかりか、戦費の削減のために兵士の給与を減額するとの噂が拡がり、軍隊の怒りをかってしまう。二三五年、アレクサンデルは母とともに殺害された。一三年間統治し、享年二六歳であった。

ともあれ、この気のいい皇帝は軍事にうとく、そのために時流を読みとれなかったのだ。それが命とりになった。それというのも、アレクサンデル帝の目前にはのちに「軍人皇帝の時代」とよばれる半世紀が待ちうけていたのである。

危機と混乱の三世紀

担ぎ出された老帝の悲劇

アレクサンデルを殺したのはマクシミヌスの反乱軍だった。元老院はしぶしぶマクシミヌスの即位を承認する。彼はトラキアの貧農の出であり、二メートルをはるかに超す筋骨隆々たる巨漢だった。きらびやかな首都は無学卑賤の身にはまぶしかったのか、治世三年の間に、一度もローマの土をふまなかった。

だが、ことさら軍営生活を好み、軍事行動にすばらしい才能をもっていた。なによりも戦争が大好きだったから、ゲルマン人を撃退し、ダキア人を襲撃し、サルマタイ人を征討する。いずれもめざましい成功をおさめたが、なにしろ戦費がかかりすぎた。そのために財産没収やら強制徴収やらの手段で富裕者に負担がかかる。

負担の加重は属州で大きく、とくに北アフリカには不満があふれていた。大地主たちは属州総督ゴルディアヌスを押したてマクシミヌスに反抗する姿勢をみせる。だがこの反乱軍の動きは思わしくなかった。率いるゴルディアヌスは八〇歳の老人だったし、信頼する息子も戦場で倒れてしまう。父帝は悲しみにくれ、みずから命を絶つのだった。帝位を元老院に承認されて二〇日後の悲劇だった。

元老院は教養あるゴルディアヌス父子に期待していたので、あわてふためいた。粗野なマクシミヌスが軍勢をつれてローマに入城すれば、粛清の嵐がふきすさぶにちがいないのだ。元老院はただちに経歴にとむ二人の老人バルビヌスとプピエヌスを共治帝として選出する。新体制の一人はローマに残り、もう一人はイタリアに進軍するマクシミヌスの迎撃にむかった。

ところが、マクシミヌス軍の歴戦の勇士も戦争につぐ戦争、そのうえこの同胞との戦いにはうんざりしてきたらしい。皇帝暗殺を狙う者たちが出てきて、幕舎に乱入して、マクシミヌスを殺害してしまう。このマクシミヌス帝暗殺は青天の霹靂（へきれき）だった。だが、棚ぼたの勝利もつかの間、二人の共治帝の仲は険悪になっていった。しかも、親衛隊は貴族臭のただよう新体制に不満だらけだった。宮廷を襲撃して、二人を街中引きずりまわし、殺してしまう。

建国千年祭とゴート人の侵寇

ところで、ゴルディアヌス家は民衆にも人気があったらしい。亡祖父の一三歳の孫が連れ出され、ゴルディアヌス三世として即位する。とうぜん独力で統治できるはずはないから、実権は側近の誰かの手にあった。

しかし、このころから史書の性格があぶなっかしくなる。あやふやな伝承にもとづく後世の伝記しか残っていないのだ。そのことがこの時代の無秩序をほのめかすものでもある。それを承知のうえで、ぼんやりとした概略を物語っておこう。

実直な義父が親衛隊長だったとき、ゴルディアヌスの内政はまだ無難だった。義父が病死すると、後任はアラブ人のフィリップスだった。この男は年若い皇帝の無能ぶりに目をむけさせ、兵士たちの支持を集めて、ペルシア遠征中にゴルディアヌス三世を殺害する。

二四四年、皇帝となったフィリップスはペルシア軍と講和し賠償金の支払いすら辞さなかった。ローマに帰還して政権を固めなければならなかったからだ。やがてドナウ遠征を成功させ、凱旋式を行う。二四八年には、華やかなローマ建国千年祭が挙行されている。そのころから、各地で反乱があいつぎ、鎮圧に悩まされた。さらに、ドナウ川周辺地域にゴート人が侵寇し、混乱をきわめる。派遣した将軍デキウスは人望があつく、ゴート人を撃退すると、数個軍団から皇帝に擁立された。やがてデキウス軍はフィリップス軍を敗走させ、フィリップスは戦死した。

バルカン出身のデキウス帝の治世はわずか二年にすぎなかった。だが、世が世ならば、賢帝としての誉れも高かっただろう。ローマの伝統秩序を信奉し、ローマ古来の神々への参拝を義務づけようとした。改革にまじめに取り組みながら、やがてまたもや侵入したゴート人と戦うことになる。だが、敵の罠にはまり、息子とともに戦死している。

デキウス帝の短い治世にも二人の帝位簒奪(さんだつ)帝が現れたが、いずれも殺されている。皇帝の名をおぼえる間もなく、次の皇帝が出現する。だから、記憶力の弱い者にはたいへんだった。それとも、ここまでくると、民衆には誰が皇帝だろうとどうでもよかったのかもしれない。

　後継のガルス帝の治世は、ゴート人と貢税で和解したものの、疫病に悩まされた。ほどなくササン朝ペルシアが東部国境へ侵略を開始する。それとともにゴート人が和平協定を無視してローマ領内を荒らしまわった。そこでドナウ川流域地方の属州総督アエミリアヌスがゴート軍を斥ける。勢いにのる兵士たちは統率者を皇帝にまつりあげる。アエミリアヌスは軍団とともにすばやくイタリアを急襲した。その巧妙さに動揺したガルスの部下たちはガルスを殺害する。しかし、この新帝も治世三ヵ月で兵士たちの手で葬られてしまった。ガルス帝に忠実なウァレリアヌスがその主の死後みずから皇帝に名のりをあげていたのである。

東はペルシアの猛攻、西は異民族侵入

　二五三年、ウァレリアヌスは皇帝としてすみやかに承認され、すぐに長男ガリエヌスも共治帝としてむかえられた。ウァレリアヌスはそれほど公人としての称讃にあふれていた。六〇歳の父は東部を、四〇歳の息子は西部を、協力して統治する。

　東部には無秩序とともに外敵の脅威が迫っていた。シャープール王の率いるペルシア軍は手ごわい相手だった。局地戦では勝利しても、ペルシア軍の猛攻はすさまじかった。さらに運悪く軍隊内部に疫病がはやり、戦力の低下はさけられなかった。ほどなくペルシア軍に包囲されて敗北し、ウァレリアヌス帝みずから捕虜となり虐待されたという。すぐれて有為な皇帝であったにもかかわらず、人生の最後にとてつもない屈辱にみまわれている。そのせいで、彼の皇帝としての声望はかすんでしまうのである。

西方の防衛を仕切ったガリエヌスにも異民族の侵入があいついだ。その間にあれこれと軍事改革を断行する。とりわけ、独立し機動力にすぐれた騎馬軍団を創設したのはめざましかった。思慮深いながらも決断力に富み勇気あふれるのだから、時世にめぐまれれば武勲と賢帝の誉れを一身に集めたにちがいない。だが、もはやローマは一枚岩の軍事力を誇示する時代ではなくなっていた。

ライン川流域にはゲルマン人の諸部族が出没し、ドナウ川流域には、ゴート族、マルコマンニ族、クァディ族などが入れかわり立ちかわり侵攻する。荒海のなかで大船が行方知れずにさまよっているかのようだった。ローマ帝国はまさしく存亡の危機にあったと言える。

東方での事態が好転したのはせめてもの救いであった。同盟関係にあるパルミュラ王オダエナトゥスがペルシア軍を撃退し、属州の反乱軍まで鎮圧してくれた。ガリエヌス帝はその功に「東方の統治者」の称号をあたえて報いている。さらに、オダエナトゥスはペルシアへの攻勢に手をぬかず、クテシフォンまでも攻略した。小アジア北部では侵略したゴート族を斥け、まさに「東方の統治者」にふさわしい実力を誇示した。だが、不運にも王国の内紛で殺される命運にあった。

その王国を継いだのは王妃ゼノビアである。「その顔は日焼けして黒かったが、信じられないほどの美しさだった」と後世の史伝は語っている。才色兼備であるばかりか勇敢でもあり、その覇権をローマは黙認せざるをえなかった。

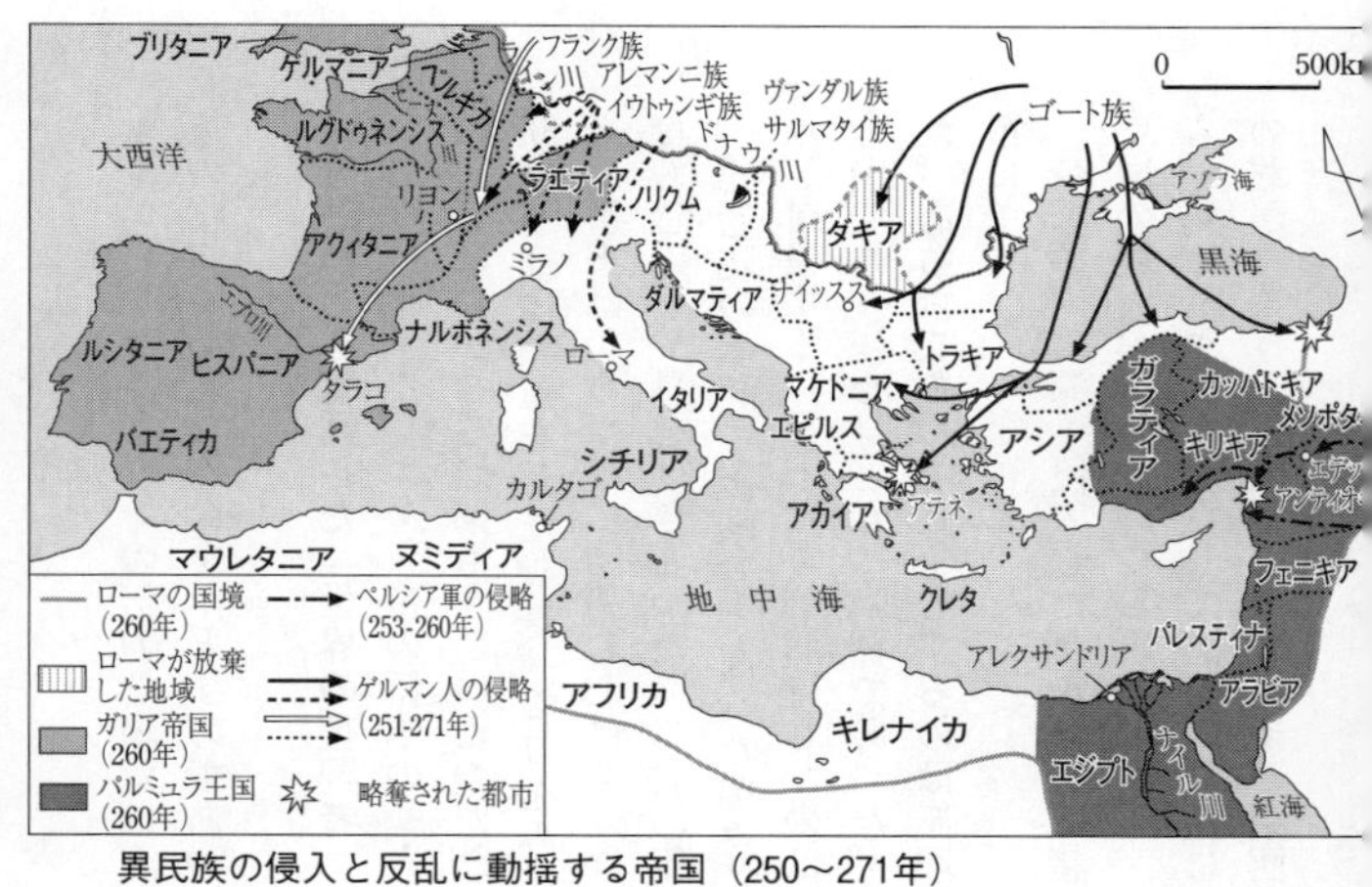

異民族の侵入と反乱に動揺する帝国（250〜271年）

西部に目を転じると、事態はより深刻だった。このために後世の『ローマ皇帝群像』はガリエヌス帝を「邪悪な君主」とよび、「対抗して皇帝を称する者が二〇人もいた」という。たしかに西部の混乱はひどかったが、手ごわい勢力は七人であり、なかでも手こずったのは「ガリア帝国」にすぎない。

二六〇年、ゲルマニア総督ポストゥムスはみずから皇帝を宣言し、ガリア、ブリタニア、ヒスパニアの覇権をにぎる。数年にわたってガリエヌス帝の攻勢を斥け、分離帝国を存続させた。

東にパルミュラ王国があり、西に「ガリア帝国」がはびこる。それとともに異民族の侵入はとだえることがない。どうしようもない内憂外患のなかで「邪悪な君主」が十数年ももちこたえられるはずがない。むしろガリエヌス帝は帝国の秩序を回復すべく刻苦勉励したと言えなくもない。少なくともその努力と誠意は評価されてもいいだろう。だが、そのガリエヌスも側近の陰謀であえなく命を落とすのであった。

分離勢力を奪回した「世界の復興者」

二六八年、ガリエヌス帝の将軍の一人であったクラウディウス二世が皇帝になる。前帝の殺害者にいかなる処罰もなかったのだから、彼自身も陰謀に加担していたのだろう。ゴート族の遠征に熱意をかたむけ、これをみごとに撃破したのでゴティクスの異名をもらう。でも、事実はかろうじて勝利したにすぎないともいう。やがて遠征先で疫病が発生し、皇帝自身も感染して息をひきとった。二七〇年夏のことである。

元老院の承認で後継者となった弟クインティルスは軍団の支持をえられず、命運をさとり、自殺する。兵士たちが期待したのは騎兵隊長アウレリアヌスである。イリュリアの貧農の出であり、心身ともに強靭であった。根っからの軍人であったが、政治手腕にもたけていた。あちらこちらで戦争をするのは無理難題と判断し、ときには威嚇し、ときには懐柔する策にでる。

帝国領内に深く侵入したゲルマン人諸族には苦戦しながらも撃退し、ヴァンダル族はドナウ川の彼方へ追いやってしまう。だが、強敵とされるゴート族には大きな打撃をあたえながら、属州ダキアを放棄して国境の安定に努める。あのトラヤヌス帝が征服した地域であったのだが。こうして国力をたくわえ、東西の難題にいどむのである。

ローマの黙認をいいことに、ゼノビア女王のパルミュラはエジプトや小アジアにも勢力をのばしていた。もはや独立王国の存続を認めず、遠征し屈服させるしかなかった。美しきゼノビアを捕らえてローマに連行したが、凱旋式で引きまわした後は、皇帝の別荘に幽閉して静かな余生をおくらせたという。

西には帝国内分離勢力である「ガリア帝国」があった。だが、もはや軍紀をひきしめ戦力にまさるローマ皇帝軍の敵ではなかった。戦いは圧勝劇に終わり、ガリアはとり戻されたのである。

ローマ人と異民族との戦い　３世紀の石棺の浮彫りに描かれた戦闘の様子。ローマ国立美術館蔵

こうして、二七四年、東西の憂いをぬぐい去ったアウレリアヌス帝には「世界の復興者」の名があたえられた。だが、異民族の侵入はいったん回避されたにすぎないのだ。そのことをアウレリアヌス帝はすでに熟知していた。それにしても首都ローマの街はあまりにも無防備だった。予期される外敵の侵略にそなえて防壁を築かねばならない。こうして今日ローマ市街に残存する「アウレリアヌスの防壁」が築かれたのである。

しかしながら、この「世界の復興者」もまた、遠征途上ボスフォロス海峡を渡ろうとするとき側近の手で殺されてしまう。殺害の動機はまったくわからない。個人としての怨恨（えんこん）か、違法行為に厳罰主義でのぞんだ皇帝への反感か、謎だらけである。それほどに、数々の改革を実行し、戦勝の武勲にかがやき、兵士たちにも敬愛された皇帝だった。

ローマ市街に残るアウレリアヌスの防壁 外敵の侵略にそなえ、アウレリアヌス帝は首都ローマに防壁の建設を余儀なくされた

半世紀で七〇人の皇帝が出現

後任は高齢の元老院議員タキトゥスである。おだやかでつつましい退役軍人だったが、半年たらずで殺されてしまう。お次は親衛隊長フロリアヌスだった。だが、ほかに有為の軍人プロブスを擁立する勢力があらわれる。やがてフロリアヌス軍内で反乱がおこり、現帝はあえなく殺害された。

もちろん、新帝はプロブスだが、公明正大にして熱意あふれる人物である。異民族の侵入は止まず、対抗する僭称帝があいついだから、おあつらえむきの軍人であった。彼の墓碑には「ここに眠るプロブス（プロブス）は、皇帝にして高潔きわまりなき人、すべての野蛮人の征服者、僭称帝どもの征服者である」と刻まれたという。それでも、親衛隊長カルスの裏切りで気まぐれな兵士たちが寝返り、殺されてしまう。その惨劇はもはや軍人皇帝時代の現代病であった。

次なるカルス帝は息子二人を後継者にして、あいついで遠征に出むく。戦勝をかさねたが、陣営の兵舎のなかで死んだという。落雷のためという説があるが、真相は謎である。

カルス帝のそばにいたのは次男のヌメリアヌスだった。眼病に苦しむ詩人であったが、父帝の死を理由にローマ軍を撤退させる。だが、帰途の駕輿（がよ）のなかで死体で発見された。事の顚末は不明だが、背後に皇帝護衛隊長ディオクレティアヌスがいたらしい。

長男のカリヌスは父との共治帝である。「カリヌス帝の無軌道ぶりは語りだすときりがない」と後世の『皇帝群像』は指摘する。だが、考慮すべきは、そのおぞましいばかりの醜聞の多くはディオクレティアヌス支持派から流布されていることだ。大軍を率いるカリヌス軍はディオクレティアヌス軍と激突。勝利を目前にしたところで、カリヌスは側近の将校の一人に刺し殺された。おそらく過去の怨恨が災いした自業自得であろう。カルス朝三代は三年で幕を閉じる。それは同時に軍人皇帝時代の終幕でもあった。

すさまじい混迷の半世紀であった。この期間に正統な皇帝とみなされた者だけでも二六人を数える。そのうち二四人は殺されたり戦場の刃でたおれたりしている。さらに、共治帝三人、僭称帝四一人を加えれば、じつに半世紀で総計七〇人の皇帝が出現したことになる。そのほとんどが軍人であり、駐屯する軍団に擁立され、味方の兵士の手であるいは敵軍の刃で息の根を止められたのである。皇帝の数が大インフレーションすれば、皇帝の威光は大暴落するしかなかった。

社会危機の中で芽を出すキリスト教

皇帝をめぐる勢力にばかり目をうばわれていると、民衆の生活には目がとどかなくなる。皇帝がめまぐるしく入れかわっても、庶民大衆には皇帝の名などはどうでもよかっただろう。むしろ、ありふれた人々の身のまわりで何がおこっていたのか、それを知らなければ歴史の実態にふれたことにはならない。だが、それを掘りおこすのは簡単ではない。

軍人皇帝時代は「三世紀の危機」ともよばれている。兵士偏重の優遇策で国家財政は混迷をきわめる。財政は破産寸前なのに、安易に通貨を増発するばかりだった。貨幣の中身は劣悪になり、物価は高騰する。とりわけ銀貨の品位が急速に下落し、このため通貨の発行量は七倍にふくれあがったという。

財政危機はさらに経済危機および社会危機へと拡がる。社会の底辺にある人々はどこに拠り所をおくべきか、さまようしかなかった。それでも、これらの人々は世俗の彼方にある神々に救いを求めるしかないのだ。そのような渇望をいだく人々の心のなかで神々はどのような姿をとるのだろうか。

すでにティベリウス帝の治世に、エルサレムでイエスという男が十字架刑に処されたという。その男の復活を信じ救い主とあがめる人々がいた。彼らはキリスト教徒とよばれた。その布教につとめたパウロはネロ帝のころローマにまで達していた。このときパウロは迫害にまきこまれ、殉教したという。

たしかに帝政前期に弾圧も迫害もあった。だが、冷静に見れば、三世紀半ばまでキリスト教はローマ国家から一つの宗教勢力として認知されるほどではなかった。

カタコンベの壁画　アッピア街道付近の聖カリストのカタコンベ（キリスト教徒の地下墓所）にある聖餐式の壁画。３世紀

帝国全土でキリスト教徒の迫害にのりだしたのは三世紀半ばのデキウス帝が最初だった。といっても、伝統を重んじローマ古来の神々をあがめるようにしただけだから、キリスト教徒だけを狙い撃ちしたわけではない。キリスト教徒のなかに、それらの神々への供犠をかたくなに拒む人々が目立っていただけである。だから、ある公職者は「ローマ人の宗教を悪くいう奴等はがまんならない」ともらしている。それはローマの貴族層の代表的な声であった。

もっとも、ハドリアヌス帝のパンテオンにみられるように、ローマ社会は外来の宗教をほとんど無条件に受けいれてきた。八百万（やおよろず）の神々があがめられ、いわば信教の自由が認められていたのである。そのかげには、他人の宗教、とくにローマ人の宗教についてとやかく言わないという暗黙の約束があった。

エジプト系のイシス女神は埋没したポンペイにもりっぱな神殿があった。イシス女神には夫である冥府の神オシリスがいたが、この神はアピス神と合体してセラピス神として再生し崇拝された。とりわけイシス女神は地中海沿岸各地の愛と豊穣の女神にとけこみ、さながら普遍神のごとくあがめられた。

シリア系の神々は分散しているが、天空神あるいは豊穣神バールに代表される。また、セウェルス朝期には不滅の太陽神をあがめる人々が目立っている。シリアのみならず首都ローマにも礼拝堂があった。エラガバルス帝はこの神をローマの国家神ユピテルに代えて主神にしようとしたほどである。

小アジア系のキュベレ女神は大地母神として広くあがめられている。すでにハンニバル戦争の脅威にさらされたとき、国家祭礼としてこの女神の崇拝にふみきる。それとともに女神に愛され受難し復活する若者アッティスの神話は民衆の心をとらえたのである。

イラン系のミトラス信仰は牛を屠(ほふ)って血をすすりながら来世の幸福をめざす密儀宗教である。この信仰は軍人たちを魅了し商人たちにも広く受容された。北はブリタニアやライン川地方にまで、南はサハラ砂漠にまでミトラス礼拝堂の痕跡が残っている。

ギリシア系の神々が受容されたのは言うまでもない。というよりも、ローマの神々と融合し同一神格となっている。なかでも酒神ディオニュッソス祭礼は酩酊と狂騒にひたり神の救済を実感する世界へと人々を誘うのである。そこには来世への期待があり、広大な影響力があったという。

ところがシリアとエジプトにはさまれた地に生まれたユダヤ教とキリスト教はこれらとは異なる。唯一神にこだわるばかりに、多神教世界では物議をかもすのである。すでにハドリアヌス帝の時代にユダヤ教は神殿を破壊され、ユダヤ人は各地に離散してしまった。キリスト教はといえば、ローマ古来の宗教儀礼を重んじる人々にはかたくなでおぞましい無神論者集団にしか感じられなかった。しかし、この信仰のあり方こそが危機と不安にあえぐ人々の魂を確実にとらえていたのである。

第九章　一神教世界への大転換

動乱の時代に秩序をもたらす

策士ディオクレティアヌス

われわれ日本人にとって、乱世といえば戦国時代が思い浮かぶ。応仁の乱（一四六七年）から織田信長による足利義昭の追放（一五七三年）までの一〇〇年余の時期である。だが、天下の覇権はやがて豊臣秀吉へ、さらには徳川家康へと転じた。鳴かぬホトトギスをめぐって、「殺してしまえ」という信長、「鳴かしてみよう」という秀吉、「鳴くまで待とう」という家康。天下人の器量についての名高いたとえ話である。

「軍人皇帝の時代」あるいは「三世紀の危機」とよばれる半世紀は戦国時代の半分ほどである。だが、その激動と混乱の深さでは、はるかに勝ることはあってもいささかも劣ることはなかった。そのような動乱をのりこえ、地中海世界にふたたび安定した秩序がもたらされた。その主役がディオクレティアヌスである。この男ははたして信長タイプなのか、秀吉タイプなのか、それとも家康タイプなのか、そんな切り口もあっていいだろう。

というのも、戦国大名から織豊政権をへて幕藩体制にいたる推移を見れば、軍人皇帝の時代以後の変化にひそむ問題も思いえがきやすくなるからだ。ディオクレティアヌスによる天下統一がなったからといって、いつまた皇帝僭称者や帝位簒奪者が出現するかもしれないという情勢はかくしようもなかった。

ディオクレティアヌスがかなりの策士であることはまちがいない。ヌメリアヌス帝の暗殺者は親衛隊長で舅のアペルとされるが、この男は擁立されたディオクレティアヌスの手ですぐに処刑されている。あまりの手際のよさからすれば、このヌメリアヌス暗殺計画の背後にディオクレティアヌスがいたと思われてもしかたがないだろう。

しかし、ただの策士ではすまなかったことも疑いえない。弟ヌメリアヌスの死後、兄カリヌスはまだ生きていた。この対抗するカリヌス帝を撃退してしまうと、もはやディオクレティアヌスは帝国全土の唯一の支配者であった。だが、彼はカリヌス支持派の実力者たちにほとんど報復しなかった。そればかりか、彼らの多くを国家の要職にとりこんでさえいるのだ。まさしく為政者の慈悲を示したのである。

ディオクレティアヌス帝　在位21年間で、地中海世界にふたたび安定した秩序をもたらした。イスタンブール考古学博物館蔵

さらにまた、意外なことがおこる。かつての戦友マクシミアヌスを共治帝にむかえたのである。ディオクレティアヌス帝は帝国東部を治め、マクシミアヌス帝は帝国西部を担当するのである。最初の数年はそれぞれ軍事行動に費やされている。東北部辺境にはサルマタイ人が、東部辺境にはペ

ルシア人が出没していたし、西部のガリアでは農民反乱がおこり、西北部辺境をゲルマン人が脅かしていた。

やがて、政情を安定させ辺境を平穏にするために、二九三年、二人の正帝（アウグストゥス）と二人の副帝（カエサル）で分担する四分治制（テトラルキア）がしかれる。この共治システムの導入には、後継者を明らかにしておくという意味合いもあったらしい。なにしろ、帝位を狙うものがどこにひそんでいるのか、予測もできないところがあったのだ。いずれかの帝位を簒奪しても、残りの三人は皇帝として対立しうる。同時多発テロでも成功させないかぎり、帝位の簒奪は無理難題となるわけである。

さらにまた、ディオクレティアヌスは驚くべきことをやってのける。皇帝として二〇年も働けばもう十分に国家につくしたと思っていたのだろうか。皇帝という公務の凄まじいばかりの重責について深く考えていたのかもしれない。未熟な青少年では担えず、体力も気力も衰える老人には重荷だった。在位二一年目の三〇五年、六〇歳のディオクレティアヌスはニコメディアですすんで正帝の地位から退く。同僚の正帝マクシミアヌスもミラノでしぶしぶ退位したのである。

最高神ユピテルの子

ところで、四分治制といっても、ディオクレティアヌス帝の知恵と判断がなによりも尊重されたのは言うまでもない。歴史家は「彼らは帝を仰ぎ見る、まるで父あるいは最高神を仰ぎ見るかのように」と伝えている。その指導力のもとで、さまざまな改革が着手されている。

最後の軍人皇帝らしく、まず兵員を倍増し、軍事力を強化する。帝国の行政にあっては、属州を細分化して再編し、全土を一二の管区にまとめあげる。それとともに、官僚制を整備し、文官と武官を切り離すことに努める。軍事活動に専念できる武官は属州や管区にとらわれずに行動できるようになった。

このような改革の実施には、とりわけ軍隊と官僚組織の維持のためには、なによりも税制を整備し通貨を安定させなければならなかった。人頭税と土地税を組み合わせたカピタティオ・ユガティオ制が導入される。そのために、二九七年には帝国全土で人口調査と土地測量が実施されている。軍人皇帝時代以来インフレーションが深刻であったので、三〇一年には最高価格令が発布され、違反者には重罪が課された。だが、これらの改革がどれほど功を奏したかとなると、おぼつかないところもあった。

ディオクレティアヌス帝の浴場の復元断面図　大プール（左端）も備わっていた。パリ国立美術学校蔵

これらの諸改革のなかでも異彩をはなつのは、宗教面における改革である。ディオクレティアヌス帝は金糸を織りこんだ絹の礼服を身にまとい、宝石で飾られた靴をはいて祝祭の場に出る。オリエント風に跪（ひざまず）きながら拝礼する謁見儀礼を臣下に要求し、皇帝はドミヌス（主人）

とよばれるようになる。自由人を尊重する古典古代の常識からすれば、大きな転機であった。

三世紀の混乱のなかで、宮廷にも陣営にも、さまざまな辺境地の出身者があふれていた。それればかりか、陣営にはいわゆる蛮族の将校が闊歩(かっぽ)していたらしい。種々雑多な人々がおり、ローマ人としての教養や慣行をわきまえない者も少なくなかった。共通の結びつきがほとんどなくなってしまえば、それほどローマにもイタリアにも親しみがなかったディオクレティアヌスでも胸が痛む。じっさい彼は生涯に一度しかローマを訪れていない。それでもローマ古来の神々は尊重されなければならないと願っていた。みずからが最高神ユピテルの子になり、その威光の前に臣下を跪かせたかった。その権威こそが臣下の民に忠誠心と祖国愛をはぐくむことを期待していたのだろう。

このために治世の末期には伝統宗教の再興をめざすようになる。ローマの神々への礼拝が義務づけられ、それに違反する者は罰せられた。とりわけキリスト教徒のなかにはローマの神々への礼拝を拒否する者が目立ち、彼らは迫害され、処刑されて殉教する場合も少なくなかった。

ラテン文学の復興をめざしたディオクレティアヌスは、ラテン語修辞学教授としてアフリカ出身のラクタンティウスを小アジアに招いている。だが、この文人はキリスト教徒であり、大迫害の期間に失職してしまう。このために皇帝にそそぐまなざしは厳しいものがある。「ディオクレティアヌス帝は犯罪の創造者であり、邪悪の考案者である」とさえ語っている。

後にキリスト教が公認されると、ディオクレティアヌス帝のような迫害帝は死後もその責任を追及された。そのキリスト教時代に書かれた著作のなかでも、五世紀のゾシモスは非キリスト教徒の皇帝にもかなり公平な目で筆をすすめている。ところが彼の歴史書のなかでディオクレティアヌス帝の治世二〇年は失われてしまった。熱狂的なキリスト教徒には、この迫害帝を高く評価するような文面は不都合で目ざわりだったのかもしれない。それでも、ディオクレティアヌス帝が新時代の扉を開いたことだけは誰もが認めざるをえなかった。

コンスタンティヌスのキリスト教公認

ところで、ディオクレティアヌスはクロアティアのアドリア海沿岸にあるサロナ（現スプリト郊外）で引退した。その田園の豪華な別荘に住む老人が一度だけ公に姿をみせたことがある。後継者の間で激しい対立がくりかえされていたので、その復位をすすめる声があがった。彼は「わしが菜園に植えたキャベツの世話にどれほど心をくだいているか、それがわかれば、そんな頼み事はできないはずだよ」と答えただけだった。もちろん腰をあげることもなく、三一一年の初冬、別荘で息をひきとる。一説では、みずから食を断って死んだという から、ストア派の賢人のごとき潔い死だったのかもしれない。

本章の冒頭の話にもどるが、ディオクレティアヌスは変革期の統率者として信長、秀吉、家康のいずれのタイプだろうか。決断力をもってすばやく行動するところは信長的であり、

コンスタンティヌス帝の凱旋門　４世紀初頭、コンスタンティヌス帝の戦勝を記念して建造された、ローマ最大の凱旋門

策士でもあるが人情もあるところは秀吉にも似ており、明晰な洞察力をもってどっしりと事をすすめるところは家康のごとき性格でもある。いずれのタイプというよりも、そのすべてを兼ねそなえ臨機応変に使いわけた人物だったのだろうか。それほど自制心のある器でもなければ、地中海世界帝国の落ちこんだ未曾有の危機をのりこえることなどできなかったのである。

　ディオクレティアヌスとともに退位したはずだったが、帝位に未練があるマクシミアヌスは息子マクセンティウスの帝位簒奪とともに隠棲からよびもどされる。副帝のコンスタンティヌスに娘を嫁がせて同盟関係をむすんだりした。だが、混乱は深まるばかりであり、やがてマクシミアヌスはコンスタンティヌスに敗れ自死をよぎなくされる。

　三一一年、正帝ガレリウスの死とともに、四人の支配者は、一方にコンスタンティヌスとリキニウスの同盟があり、他方にマクセンティウスとマクシミヌス＝ダイアの同盟があった。対立は深まり、事態は緊迫する。三一二年、コンスタンティヌスはミルウィウス橋の戦いでマクセンティウスを圧倒し、翌年、リキニウスはマクシミヌス＝ダイアを打倒した。ここに、西方の皇帝としてコンスタンティヌスがおり、リキニウスが東方の皇帝になる。頭が混乱しそうになるほど人名が登場する。ディオクレティアヌスの懸念どおり、簒奪帝が乱立する情況は今なお鎮静したわけではなかったのだ。だが、直情家だが鷹揚(おうよう)でもあるコンスタンティヌス帝はこれをのりこえるべく大勝負にでる。弾圧し迫害しても絶えることのないキリスト教徒を公認したのである。世に名高い三一三年の「ミラノ勅令」である。伝説では、ローマ進軍中に天高く光りかがやく十字架の証(あかし)と「汝、これにて勝て」との文字を皇帝も兵士たちもその目で見たという。その確信があってこそキリスト教を公認する気になった、と伝えられている。

民族、階層を超えて拡大

小アジアのニカイアを出身地とするディオ＝カッシウスという歴史家がいる。ギリシア語で二二九年までの『ローマ史』を書いている。この同時代史をふくむ歴史書は八〇巻にもおよぶが、そのなかでキリスト教徒についてはほとんどふれられていない。彼の故郷では一〇〇年以上もまえから行政当局を当惑させていたはずだが、同時代人の目にはことさら気になる問題ではなかったのだろう。

ところが、この歴史家から三世代もすれば、ミラノ勅令を経験するのである。コンスタンティヌス帝がキリスト教に改宗したという話が伝説にとどまらないならば、カッシウスの曾孫は皇帝みずからがキリスト教徒である時代に生きたことになる。その背景には、この三世代の間にキリスト教徒がすさまじく増大していたことがあげられる。なぜこのような飛躍的増大がおこったのだろうか。

初期（二世紀末ごろまで）のキリスト教徒の多くはユダヤ人やギリシア人であったらしい。しかも、離散したり移住したりして、大方は大都市部に住みついた人々だった。このころのキリスト教徒の迫害は、スミルナ、アレクサンドリア、ルグドゥヌム（現リヨン）、カルタゴ、ローマなどの大都市であったが、殉教者にはユダヤ人やギリシア人が多かったという。さらに、これらのキリスト教徒には富裕な人々は少なく、大多数は中下層民であったらしい。イエスは、貧しい人々、悲しんでいる人々、耐え忍ぶ人々に祝福をあたえているのだから、当然といえば当然である。

だから、キリスト教徒が増えたのであれば、これら民族、居住区、階層という三つの限定がくずれたということになる。ユダヤ人やギリシア人にかぎらず、また大都市部の外に、さらには上層階層の人々にまで、キリスト教が受けいれられつつあった。

ところで、キリスト教の普及は人々がただ別の宗教に鞍がえしたというだけの出来事ではない。多神教世界が一神教世界に転換するという人類史上の大事件なのである。なぜ多神教世界に住む人々が唯一神をあがめることに同意したのであろうか。

いささか余談になるが、前述したように、地中海世界の「三世紀の危機」はわが国の戦国時代に類似している。しかも、この時代にキリスト教が日本の土をふみ、戦国大名のなかには改宗する者さえいた点でも似ていないわけではない。わが国でも、一六世紀後半に最大規模に普及したとき、キリシタン二〇万人、教会数二〇〇にまで拡大していたという。しかし、禁制がくりかえされ弾圧が強化されると、信徒数は激減し、キリスト教は表舞台から消えてしまった。

もちろん、大膨張期にいたるまでの時間の長短という問題もある。その時点まで地中海世界においてキリスト教は二〇〇年間以上も潜伏していた。だが、宣教師ザビエルの鹿児島上陸（一五四九年）から秀吉によるバテレン追放令の発布（一五八七年）まで四〇年にも満たないのである。これでは比較にならないという考え方もできる。しかし、そこには、信仰心の基層がどこか異なっていることもあるのではないだろうか。しかも、それはキリスト教信仰の核心にふれるものであるにちがいない。

犠牲式としてのイエスの死

キリスト教信仰の核心に「救い主イエスが人類の罪を一身に背負って十字架刑に処せられた」という物語がある。その様子は、ローマのパラティーノ丘で発見されたキリスト教徒をからかう有名な落書き（次頁の写真参照）からもうかがわれる。ロバの頭をもつ人間がはりつけにされ、その憐れな姿を片手をかかげる男が見あげているという図柄である。下には粗雑な字で「アレクサメノスはやつの神を拝んでいる」と書かれている。この落書きは二世紀のものとされるが、キリスト教信仰の核心をついたものでもあるのだ。

弾圧と迫害がくりかえされながらも、ローマ帝国支配下の地中海世界では信徒が増えるこ

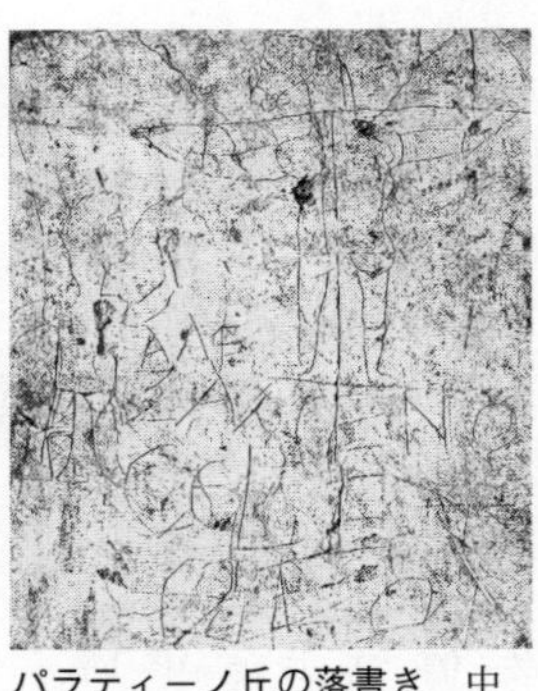

パラティーノ丘の落書き　中央にロバの頭をもつ人間がはりつけにされ、左側に男が手を挙げて、「アレクサメノスはやつの神を拝んでいる」と落書きされている。Peter Brown, *The World of Late Antiquity*より

とがあっても減ることはなかった。だが、一六世紀日本では禁教と弾圧がつよまると、隠れキリシタンとして細々と生き残ったにすぎなかった。信仰の土壌においては同じような多神教世界であったが、どこに差異があるのだろうか。

　シマウマの群れがライオンに襲われたとき、一頭が捕まって食い殺されると、残ったシマウマ群はふたたび安心して草を食むという。どれか一頭さえ犠牲になってくれれば、自分たちは大丈夫であると本能で感じるらしい。この脅威と不安を克服するための犠牲のプログラムは、生物である人間の意識のなかにも深く組みこまれている。

　思えば、古代地中海世界の多神教はこの犠牲式という儀礼においてきわだっている。古くは人身御供（ひとみごくう）もあったが、やがて羊や山羊が屠（ほふ）られ生贄（いけにえ）にされていたのである。われわれ現代人がその合理的思考で古代人の心を思い浮かべれば、どこか雲をつかむようなところがある。まして超自然の存在をあがめる信仰心は精神世界のなかでも中核をなすものである。古代地中海世界の人々にとって、犠牲式は神々を宥（なだ）めるために欠かすことのできないものだった。五賢帝時代の地中海世界は「ローマの平和」のなかで空前の繁栄を誇っていた。だが、二世紀末になって明らかになったのは、皇帝権力を支えるのはもはや軍隊のむきだしの力だったことである。軍人のみが偏重され、ほかはただ放っておかれた。辺境地域では異民族の侵入がかさなり、ときには地中海沿岸地域まで侵略することもあった。

このような荒れ放題の社会のなかで、古来の人間関係が揺らぎ、伝統の共同体は壊れつつあった。人と人との結びつきが弱まり、個々人は孤立していくだけだった。彼らが個々それぞれに救いを求めたというのは自然のなりゆきである。それらのなかに、来るべき世界に希望をいだく者も少なくなかっただろう。それは救済者（メシア）を待ち望む人々であった。

その大きな潮流のなかに、十字架上に刑死して復活したイエスを救済者としてあがめる人々がいた。神の子イエスの死によってすべての人類が救われ、その復活によってあらゆる人々の永遠の命が約束されたのである。それは神々の許しを乞うために生贄を捧げるという古代人の常識にかなっていた。しかも、神の子その人が生身のまま犠牲にされたのであるから、とてつもない衝撃力をもつのだった。このようにしてキリスト教の主題は分かりやすかった。それを大きな弾みとして信徒が増大したのである。

禁欲意識の土壌に

また、貧しい下層民こそが救われるべきであると説いているのも注目される。彼らは虐げられ苦労だらけの身であったから、なによりも救いを求める人々であった。「富裕な人々は不幸である。もうこの世で慰めにあずかっているからだ」。この言葉は虐げられた貧しい人々には富裕者への恨みや妬みを晴らす福音であり、神の恵みへの希望をあたえるものだった。その階層こそ圧倒的な大多数であった。さらに、それによりそいながら、富裕な人々のなかにも自分の富を喜捨して唯一神に奉仕する者も現れる。ある社会心理学者が指摘するように、ここには虐げられ抑圧された階層の絶叫が打ち寄せる大荒波のように襲いかかっていたのである。

しかしながら、なぜ一神教でなければならなかったのだろうか。多神教の神々は礼拝者の心の内までのぞきこむことはない。それほど厳格な戒律を課すこともなく、いいかげんなところがある。ところが、一神教の神は人間の内なる世界にまで入りこむ。まず唯一神への帰依の念が求められ、「心を尽くし、精神を尽くし、思いを尽くし、力を尽くして、あなたの神である主を愛しなさい」という絶対的な掟がくる。そのうえで、かつてなら「姦淫するなかれ」と行為の禁止を命じられるだけだったが、今や「淫らな思いで他人の妻を見る者はすでに心のなかでその女を犯したのである」と魂に釘をさされるのである。さらには物欲への戒めがえんえんとつづく。

ここには人間の欲望を汚れたものとみなす禁欲意識が濃厚である。この禁欲意識はすでにヘレニズム期以来のストア派やエピクロス派にも色濃くあった。もはや地中海世界に空前の平和と繁栄が訪れ久しくなっていた。そのような世界では、かえって物質の豊かさだけではむなしいという思いが強くなるのかもしれない。それは禁欲意識というだけでなく、むしろ心の豊かさを求める精神的土壌とでもよべるものだった。その土壌の上でキリスト教なる一神教が受容され拡大することができたのである。

まとめておくと、十字架刑上で主が犠牲になるという物語の理解しやすさ、抑圧された人々の怨念、および心の豊かさを求める禁欲意識、の三つである。これらが相まって、混乱と不安の時代にキリスト教が広く人々の魂をゆさぶったのである。三世紀後半に、キリスト教は民族、居住区、階層を超えて飛躍している。そのためには、それなりの条件が備わっていたのである。

もとより、多神教世界が一神教世界へ転換するという大問題を多少の頁で語り尽くせるものではない。とりあげるべき論点は多種多様であり、万言を要しても満足できないだろう。しかし、とりあえず、筆者はこれら三点に留意しておきたい。

七〇〇年も価値を維持した金貨

ところで、話は一変するが、ドルの通貨記号はなぜDではなくSなのだろうか。その謎を解くには、コンスタンティヌス帝の時代までさかのぼらなければならない。

西の皇帝だったコンスタンティヌスは、東の皇帝リキニウスを斥け、単独の支配者になった。ディオクレティアヌスの改革路線を継承し、官僚制を基軸とする階層社会を整備する。また、野戦機動部隊を創設して、帝国内の軍隊の移動を円滑なものにした。さらに小作農の移動を禁じたり、職業の世襲化をはかったりして、社会と税収の安定に努めている。やがてビザンティオン（現イスタンブール）に遷都し、帝国の重心を東にずらすのである。

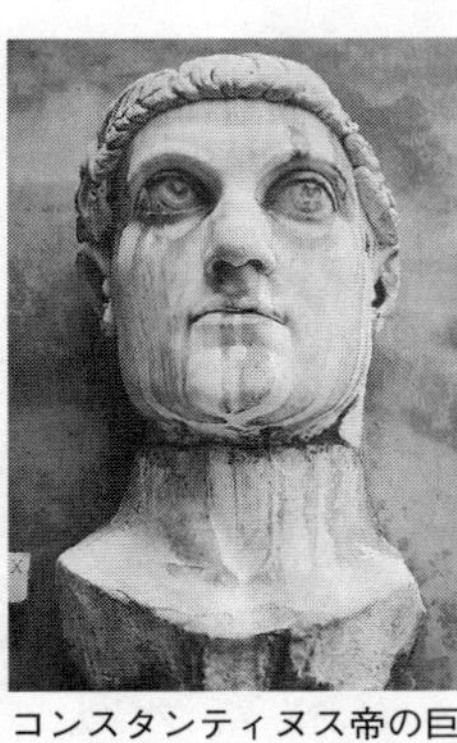

コンスタンティヌス帝の巨大石像の断片　高さ2.8メートルの像は、コンセルヴァトーリ美術館の中庭に置かれている

それとともに、皇帝は通貨改革を断行する。しかも、確固たる決意をもって臨んだ。というのも、彼はいわゆる「悪貨は良貨を駆逐する」というグレシャムの法則に気づいていたかもしれないのだ。

三世紀に軍事力を頼りとした皇帝が兵士の給料のために銀の含有量の少ない銀貨の改鋳をくりかえした。通貨は底なしに下落し、物価は天井知らずに騰貴する。多少の通貨改革などではインフレは止まらず、ディオクレティアヌス帝の時代に各品目の最高価格を定めて、違反者には重罪を科したが、むだだった。

人間は、どうも自分が生きている間だけ、なんとかなればいいと思うものらしい。子の時代ぐらいならともかく、孫も曾孫もこえて、その先の時代まで考慮するのは生やさしいことではない。だが、ひときわ長身で体格にめぐまれたコンスタンティヌス帝はその精神にあっても骨太だった。混乱した経済活動を安定させるには、確固たる通貨制度を築くことだと信じて疑わなかった。

ローマ人の重量単位一ポンドから七二枚の金貨をつくることにして、その金貨をソリドゥス（solidus）と命名した。びっしり詰まって固まった状態を英語でソリッド（solid）というが、その語源にあたるラテン語である。ソリドゥス金貨（ギリシア語ではノミスマ金貨という）は金含有量が四・四八グラムあり、きわめて純度の高いものであった。それとともに、銀の含有量が二・二四グラムの銀貨を発行した。金と銀の比率を一対一二であるとすれば、ソリドゥス金貨一枚は銀貨二四枚に相当する。

しかも、驚くべきことに、この純度の高い金貨はほぼ七〇〇年にわたって維持されている。一四五三年にコンスタンティノープルが陥落するまで、理論上は同じ基準であり、現実にあっても一一世紀後半まではほとんど不変であった。

当然のことながら、ソリドゥス金貨は国際交易において通用力を誇り、最も信用の高いものとして評価された。今日、紙切れにすぎないドル紙幣が国際通貨として信用されるのは、経済力と軍事力にまさるアメリカ合衆国政府がこれを保証するからである。しかし、貴金属の含有量に左右される通貨の時代には、その純度が高く安定していなければならない。ソリドゥス金貨はそれを見事にやってのけたのである。

コンスタンティヌス帝のソリドゥス金貨　純度が高く、700年間も国際通貨の役割を果たした。ピーター・ブラウン著『古代末期の世界』より

そこには、通貨改悪による経済と社会の混乱から学んだコンスタンティヌスの並々ならぬ強固な決意があったにちがいない。だが、それだけでは、後世の皇帝たちが易きに流れて金貨の改悪に手をそめないとはかぎらない。

コンスタンティヌス帝は「最上の行いとは、すべて神の思し召しであり、神の命令を実行するのが人間なのだ」と語っている。キリスト教の公認後これを厚遇し、ローマ帝国を再建するために大胆な遷都までもなしとげた絶大なる権力者。そこには神々しいばかりの皇帝の姿があったかもしれない。その威光の輝きは数百年にわたって地中海世界を中心とするユーラシア西部を照らしつづけたのだろう。それこそソリドゥス金貨の純度を輝かせつづけたものではないだろうか。ドルが貨幣記号にSを用いるのは、このソリドゥスの長期にわたる安定した通用力にならうべく願ったことにある。

背教者の逆説から異教の全面禁止へ

声望高まる副帝

三三七年、六五歳のコンスタンティヌス大帝がこの世を去る。死に臨んでキリスト教の洗礼を受けたといわれ、コンスタンティノープルの教会に埋葬された。いまだに首都はローマにあると思っていた同市民には衝撃であり、彼らは故帝に怒ったという。だが、葬礼はキリスト教公認を広く知らしめるかのようであった。それとともに、唯一神の救いにあずかろうとする民衆の心情と帝国を再建しようとする支配者の意志とがかさなるひと時であった。ここに多神教世界帝国は一神教世界帝国へと変貌するのである。

しかしながら、その変貌の過程は必ずしも平坦ではなかった。大帝の死後、首都コンスタンティノープルでは軍隊が反乱をおこす。大帝の三人の息子をのぞいて、親族のほとんどが殺されてしまう。かろうじて難をのがれたなかに、大帝の甥にあたるユリアヌスがいた。まだ五歳の幼児にすぎなかったのが幸いだった。

息子三人は相談して帝国を分割統治する。だが、ほどなく相互に抗争がおこり、さらには、またまた帝位簒奪者も出現して混乱する。やがて息子三人のなかから、末弟のコンスタンティウス二世（一世は大帝の父コンスタンティウス）が単独の皇帝になった。歴史家は「虚栄心だらけの愚か者であり、側近の宦官たちに害されている」と非難する。だが、皇帝は大帝の体制を強化し、統治の安定に努めた。

コンスタンティウス二世には男児がいなかったし、単独統治の難しさも身にしみていた。三五五年、彼はもはや成人していた従兄弟でアテネ留学中のユリアヌスを副帝にむかえる。さっそく国境の不穏なガリアに派遣したが、ユリアヌスはゲルマン人を撃退してしまった。さらに、安定した属州には減税をほどこしたから、ユリアヌスの声望は高まる。ここぞとばかり軍隊はユリアヌスを西の正帝に擁立したが、コンスタンティウス二世は容認しなかった。彼はユリアヌス討伐軍を率いて西進したが、途中で急死してしまう。しかし、コンスタンティウス二世の遺書を開くと、そこには意外にもユリアヌスが後継者に指名されていたという。

敬神の徒ユリアヌス

古来の神々への祭儀を復興しようとしたために背教者とよばれたユリアヌス。彼はある意味ではもっとも時代のムードを身におびていた人物であったかもしれない。というのは、もはや物欲だけにかまける時代は去り、人々は富や欲望にふりまわされる生活にどこかむなしさを感じていた。それだからこそ、清貧をよしとしたキリスト教が威勢をましていたのだ。

その風潮のなかで、キリスト教は公認され手あつくもてなされ、権力者の保護が当たり前になっていた。そうであればあるほど、体制化した宗教はどこかで淀み濁ってくる。だから、目を澄まし思いをこらせば、狂おしくなるほど気にさわるのだった。ユリアヌスのような繊細な精神には、もはやキリスト教はまやかしにすぎず、おぞましいものにしか映らなかった。彼からすれば、どうしようもなく腹立たしいキリスト教徒だらけだったのだろう。「神々を怖れぬガリラヤ人」どもは幼児を甘い菓子でなんどもだますごとく、友愛や隣人愛や自己犠牲という甘い言葉で多くの人々をたぶらかし、あがめるべき神々への畏敬から遠ざけているようだった。ユリアヌスは、すでに哲学に傾倒し、ミトラス信仰をはじめとする諸々の密儀宗教にも参入していた。そのような敬神の徒にとって、人間の集団を守護してくれる神々への祭儀を拒む一神教こそはまぎれもない無神論にすぎなかった。

だからといって、彼はキリスト教徒を暴力で弾圧しようとはしなかった。というのも、迫害でもすれば、また殉教者の美談がぞくぞくと生まれるにちがいないのである。ユリアヌスはこれら無神論者の迷妄をたたくべく痛烈な論陣をはる。だが、その成果ははかばかしくなかった。そればかりか、彼は劇場や戦車競走のような娯楽を蔑視したので、民衆の反感をかうこともあった。

皮肉に見れば、ユリアヌスの姿勢こそはキリスト教徒のあるべき敬虔な姿であった。彼こそはそのようなキリスト教の堕落に誰よりも気づいていたのかもしれない。ユリアヌスの異教復興策は時代錯誤ではなく、むしろ時代の底にひそむ声をいち早く感じとっていたとも言えるのである。

しかし、ユリアヌスにふりかかる運命は過酷であった。三六三年、ペルシア遠征の戦いのなかで、ふりそそぐ流れ槍で負傷し、まもなく息をひきとる。単独の皇帝になって、二年しかたっていなかった。

異教を禁止してキリスト教を国教に

ユリアヌスの死後、ふたたび帝国に暗雲が立ちこめる。混乱のなかで、「キリスト教を偏愛し知識人を毛嫌いした」兄弟皇帝ウァレンティニアヌス一世とウァレンス、実務能力に欠ける若輩皇帝グラティアヌスあるいは幼児皇帝ウァレンティニアヌス二世、簒奪帝マクシムスがあいつぐ。だが、混迷は深まるばかりだった。

それとともに、辺境外に住むゲルマン人部族がにわかに騒がしくなっていた。その背後では、東方の内陸アジアから騎馬遊牧民がなだれこみ、ゲルマン人の居住地を圧迫していた。三七六年、西ゴート族はドナウ川を渡って帝国内に移住しはじめる。世にいうゲルマン民族大移動である。だが、むかえる地元の官吏たちは横暴であり、食糧もまた不足しがちだった。そのためゲルマン人移住者は暴徒と化してしまう。ローマ軍はその暴動の鎮圧にあたっ

テオドシウス帝の在位10周年記念楯　行政・軍事に辣腕をふるい、キリスト教を国教にした

たが、ほとんど全滅という惨状だった。

三七九年、そのような軍事的混迷のなかから東部の皇帝になったのが軍人テオドシウスである。彼は行政にも軍事にも辣腕をふるった。東部ではゲルマン人を同盟部族として定住を認め、西部では反乱を鎮圧し簒奪政権を打倒している。しかし、注目されるのは、これら軍事力の主要部分がゲルマン人などの異民族で占められていくことである。そこには帝国が変わり果てていくかもしれないという兆しがひそんでいた。

テオドシウスは敬虔な正統派の信徒としてキリスト教の擁護に熱意をかたむけ、三九二年、すべての神々の異教祭儀を禁止してしまう。これは事実上、キリスト教を国教としたことになる。

その背後には、熟慮慎重にして勇猛果敢なテオドシウス帝ですら頭のあがらない人物がいた。ミラノ司教アンブロシウスである。前年、腹心の部下がテッサロニケ市民に殺された腹いせに、テオドシウス帝はその市民の大虐殺を命じた。勇猛な聖者アンブロシウスはただちにテオドシウスを破門する。やがてテオドシウスはしおらしく改悛の意を示し、教会への復帰を認められたのである。

ところで、キリスト教の勢いがとめどもなくなればなるほど、異教徒貴族も必死になるところがあった。元老院からウィクトリア女神が撤去されようとすると、それに猛然と抗議するシュンマクスのような気骨者も出ている。だが、この動きを察知したミラノ司教アンブロシウスは皇帝（ウァレンティニアヌス二世とテオドシウスの共治帝時代）に書簡を送る。

> ローマ帝国支配下の万人が地上の支配者にして元首たる陛下がたのために戦うごとく、陛下がたは全能の神と聖なる信仰のために戦っておられます。なぜなら各人が真の神、すなわち万物を統(す)べ給うキリスト教徒の神を真に拝さぬかぎり、救済は確保されないからです。なんとなれば、この神こそ心底からあがめられるべき真なる唯一神なのです。聖書にあるごとく、異教徒の神々は悪魔(ダイモーン)なのですから。（『西洋古代史料集』の後藤篤子訳）

かくして四世紀末には異教神殿は閉鎖され、その全面禁止とともにキリスト教はローマ帝国の国教となるのである。それから三年後の三九五年、五〇歳に手のとどかないテオドシウス帝がミラノで死亡した。ローマ帝国は息子二人に分割継承されるが、その東西に分割された帝国はふたたび統一されることはなかった。

第一〇章　文明の変貌と帝国の終焉

巨大な変動と民衆の心

アウグスティヌスの洞察

三八七年の復活節前夜に、ミラノ司教アンブロシウスから洗礼を受けた子連れの中年男がいた。男には一五年間つれそった内縁の妻がいたが、二人は心ならずも離別していた。やがてこの男は故郷のアフリカに帰り、友人数名とともに静かな修道生活をおくる。だが、学識も深く、高潔な人柄であったので、男は沿岸都市ヒッポの司祭に選ばれ、三九六年には司教になった。その後三十数年の後半生はキリスト教会のために捧げられるのである。

男の名はアウグスティヌス、古代最大の教父となる人物である。そのころローマ帝国の威光もかすみ没落しつつあるという実感があった。とくに四一〇年夏、アラリックの率いる西ゴートのゲルマン軍勢がローマに侵入し都を荒らしてから、雲行きはあやしくなった。このような災いがふりかかるのもキリスト教が広がったからである、と異教徒たちは攻撃していた。これらの非難からキリスト教を擁護するために『神の国』全二二巻が執筆されるのである。

この大著は信仰の書というよりも歴史哲学の書であり、歴史における一大転換期の意味を神の摂理が導く筋道のなかで説こうとする。まず、神々への崇拝はこの世の繁栄のためには不可欠な前段であったとして、異教徒の非難をかわす。それとともに災厄はいつの世にもふりかかるものであり、来世の救済にあずかるには神々への崇拝は無力であると論破する。そして、唯一の神を愛する謙虚な信徒からなる神の国（天の国）と自分しか愛せない高慢の輩からなる悪魔の国（地の国）とが対立する構図のなかで人類史が描かれ、それぞれの国に定められた終末が訪れる、と語りかける。

知性も洞察力もそなえたアウグスティヌスには、人間は目に見えない大きな力によって動かされていると思われた。その力によって生かされている自分こそが真の自己であり、それは魂とよばれるものであるのだ。

「書斎の聖アウグスティヌス」　フィレンツェのオニサンティ聖堂にあるフレスコ画。1480年、ボッティチェリ作

すでに三世紀の哲学者プロティノスにとって、万物は一つのもの、唯一のものにとけこむのであった。彼自身は新プラトン主義者であり、キリスト教徒ではなかった。だが、臨終のときに「今、私は、われわれの内にある神的なものを、万有の内なる神的なものの元へと上昇させるように努めているのだ」と語ったという。この臨終の言

葉を、アウグスティヌスは賢者の言葉を慕うかのごとくとり上げている。そこには異教徒であってもキリスト教徒であっても、なにか内なるものに目を向け、ある神的なものが存在するのだという内省があるかのようである。

だからといって、あの世への関心が高まっていたというだけではすまないのである。なにか得体の知れない巨大な変動がひそんでいるかのように感じられていた。だから、それを越える絶大なる存在に頼ろうとするのは自然のなりゆきだった。もはや小さい力しかふるえない神々では手のほどこしようもない事態に直面しているのだ。ここにあって人間を救い出すことができるのは全知全能の唯一神だけである。そのような時代の気分をきっちりととらえながら、アウグスティヌスは雑多なことがらにも神の摂理を見出そうとしたのである。

虐殺された女哲学者

これより六〇〇年前、ギリシア人歴史家ポリュビオスは世界が大きな力にのみこまれていくのを実感し、『歴史』を書いている。それは強大な軍事力をもつローマが世界を併合しまとめあげようとする時代であった。その時の流れは誰の目にも映る形のはっきりしたものであった。だが、六〇〇年後を生きるアウグスティヌスには、それとはまったく異なる巨大な変化が感じられるのだった。それは目にこそ見えないが、もっと深いところで大規模に変わりつつある世界であっただろう。

その変化はときとして熱狂の嵐となることがある。アレクサンドリアの町にヒュパティアという名の中年女性がいた。彼女は男のごとく哲学者の外衣を着ており、誰の質問にも相手の知識や気分にふさわしい口調で必ず答えてくれる。プラトン、アリストテレス、プロティノスについて問われれば、書物をひもとかずにすらすらと説明したという。当代きっての名高い哲学者であった。

しかし、キリスト教徒たちの信じるところでは、ヒュパティアは淫乱で妖術師の饗宴に出入りする女であった。しかも、石を投げつけたキリスト教徒を拷問して処刑した属州知事の館をしばしば訪ねているのだ。キリスト教徒たちはこのヒュパティアを血祭りにあげようと狙っていた。

ある夕刻、帰宅中のヒュパティアに石が投げられたので、彼女は逃げる。それでも石は雨のようにふりそそぎ、ヒュパティアは近くの教会にかけこんだ。だが、その教会こそ司祭たちがなぶり殺しにしようと待ちかまえている場所だった。ヒュパティアが身動きしなくなると、裸にして、ずたずたに肉を切り刻んでしまう。その血のしたたる肉片をかざしながら、キリスト教徒たちは街を行進したという。

この事件は四一五年におこり、アウグスティヌスが生きている同時代の出来事なのである。キリスト教徒であれば「汝の敵を愛せよ」とまで教えられていたはずである。その敬虔（けいけん）であるべき信徒がなぜこれほどまでに狂信の徒になれるのだろうか。

まがりなりにもキリスト教はすでに国教であった。だが、キリスト教に帰依することを潔しとしない人々もいた。これら異教徒をとげとげしい目でながめるキリスト教徒も少なくなかった。なかには、キリスト教徒でないことはもはや許されないと思う人々もいた。そういう気分が高揚するときには、キリスト教徒が異教徒を迫害するという場面も見られた。ヒュパティアの話はその小さな一例である。

民衆の心を反映した聖者伝

ところで、信仰心が高揚すると迫害にたどりつくならば、それは負の裏面あるいは邪道とでもいえるものだろう。信仰の熱意には信徒の理想と結びつくような正道がある。その理想とは聖者を慕うという場面に出ることがある。そのような理想の人物について語られたものが聖者伝である。

聖者伝そのものはもっと後の時代に執筆されている。だが、古代末期に活動した人々のなかにはこの種の聖者伝に書き残される者が少なくない。そこに登場する人々はその当時の民衆の尊敬を集めていたのである。このような出来事は三世紀後半から四世紀、五世紀になるにつれ、ますます目立ってくる。

これらの聖者伝には超能力者の荒唐無稽(こうとうむけい)な物語が書き記されていると考えられてきた。そのために、歴史学の実証研究にはなじまないとされ、ほとんど無視されていたきらいがある。しかし、二〇世紀後半にオックスフォード大学出身のピーター＝ブラウンという古代史家が登場し、事態は一変する。彼とその支持者たちは、荒唐無稽な物語のなかにも、苦行者を聖者としてあがめる民衆の期待があり憧れが秘められていると考える。そこには民衆の心の在り方が反映しているというのである。民衆の多くが住んでいたのは小さな町や村落でしかなかった。そこに生きる人々はいかなる期待や憧れをもっていたのだろうか。それは人々の心性を芯（しん）として社会生活を考えるということになる。その裏には、為政者や高位聖職者のような重要人物だけに注目しても、その時代や社会はわからないという反省がある。

聖者伝の対象になった人々は修道士であり、とくにそのなかでもエジプトやシリアの荒野で苦行する隠修士（いんしゅうし）である。彼らは人里離れて住み修行するのである。その典型をさかのぼれば、もちろんイエス＝キリストその人に行きつく。

『新約聖書』には、荒野で四〇日間断食するイエスの姿が描かれている。そのなかで空腹のイエスを悪魔が誘惑して「神の子ならこの石をパンに変えてみよ」とそそのかす。それに対して「人はパンのみに生きるに非ず」とイエスは答える。そこでイエスを神殿の屋根に立たせて「神の子なら飛び降りてみよ」と悪魔はささやく。イエスは「神の言葉を試してはならない」と反論する。最後に、悪魔はこの世の栄華を見せて「私を拝めば全てをあげよう」と惑わせると、イエスは「悪魔よ去れ！」と叫ぶ。

ここには苦行の典型が描かれており、それにならうかのように荒野の隠修士たちが登場する。このような隠修士たちが後世の聖者伝のなかに数多く描かれている。このはしりになるのが、四世紀のアレクサンドリア司教アタナシウスによる『アントニウス伝』である。

それによれば、エジプトの山々は苦行する隠修士たちの住まいとなり、わが家をすててこの世で天上の生活をおくると誓った隠修士たちが荒野に満ちあふれていたという。いささか誇張された表現かもしれないが、それほど隠修士たちがぞくぞくと登場する。それらの人々のなかでも、アントニウスは聖人とよばれる人の原型と見なされている。

このアントニウスは、二〇歳のときに、「すべてをすて、貧者にあたえて、私について来なさい」というイエスの声を聞いたという。そこで彼は苦行こそが徳を完成させるものだと思い、瞑想と断食の生活に引きこもる。一五年間そのような生活をつづけた。だが、それでも物足りなさを感じ、彼はまったく人のいない無人の荒野に引き下がる。そこで激しい苦行に身をさらしたのである。

そうした苦行のなかでアントニウスはなにを考えたのであろうか。つまるところ、なんのために自分は戦っているのかということであり、それは欲望であると突きつめていく。人の声を聞きたい、誰かと語りたい、なにか異なるものを見たい、そういうところまで自分をどんどん追いつめていくのである。そのようななかでも、彼は最後に行きつくところにたどりつく。なにが人間の欲望の底にあるのか、それは邪淫であると見すえる。異性に対する欲望というものがやはり最後に残っていく、と彼は洞察する。その肉欲をもさらに否定しながら、彼はすべてを悪魔の誘惑と受けとめ、それと格闘するのであった。やがて、彼は誘惑に打ち勝ち悪魔を退散させて悟った人間として登場してくる。

修道院の誕生と修行伝説

このような砂漠に住む苦行者の噂は各地に広がり、多くの人々の感動をかきたてていく。

アントニウスを慕う人々の群れがあちらこちらに出現し、やがてこの聖者にならって世捨て人になる者が後を絶たないのであった。

そのようななかで、これらの世捨て人を一つの集団として吸収しながら修道院というものが誕生してくる。修道院をめぐる通説では、六世紀のイタリアでベネディクト派の修道院が最初に創始されたと考えられていた。しかし、むしろそれに先んじて、エジプトやシリアに隠修士の集まりがあったということになる。まず隠修士がひとりひとり登場した。やがて彼らは徐々に集団として組織化され、そこには規律が生まれる。こうして修道院が成立したというのが、近年の説明である。そういう意味では『アントニウス伝』は、修道の理念というものを普及させることに大いに役立ったと言われている。

ほかにも数多くの聖者伝がある。たとえば、アウグスティヌスと同時代の司教パラディオスも修道士の物語を書いている。そのなかに登場するマカリオスは洞窟でくらした。彼は悪魔の罠におちいらないように、外から来る欲望よりもむしろ内なる欲望のささやきに耳をすます。そして、それを自力で否定し斥(しりぞ)けるというふうにして禁欲の苦行にいそしむのであった。その姿を象徴的に示唆するようなエピソードが残っている。

パラディオスの筆による伝記のなかで、マカリオスは修行のさなか籠(かご)を編みながら祈りを捧げていた。そのとき、突然、彼は足を蚊に喰われてしまう。怒ったマカリオスはその蚊を手で打ち殺す。瞑想のただなかで起こった突然の暴挙を恥じて、彼は虫類がうようよする沼のなかに裸でもぐりこんでしまう。それはまさしく目もくらむような苦行であった。

じつのところ、このテキストはもともとギリシア語で書かれていたのだが、それがラテン語に訳されるときに間違いがおこったという。ラテン語のテキストでは蚊については一切言及されていない。そのかわり、彼は、性の欲望というものを恥じて、自分を罰するために裸になって沼のなかにもぐりこんでしまったという話になっている。

そこにあるのは、その当時の人々の考え方であり感じ方である。悪魔の誘惑のなかでももっとも根元にあるのは性の誘惑であると考えられていた。そのような性欲をいかに断ち切るか、またそれを超越した人をいかに聖者とあがめたのか。その底には信心深い民衆の心の揺らめきと期待がひそんでいるのだ。そこで彼らが目にするのは、これらの聖者たちがさまざまな病気を治癒したり、奇跡を行ったりする場面である。

さらに、ある聖者伝には、シメオンという人物が描かれている。彼はシリア北部に生まれ、教養もなにもない羊飼いであった。一〇歳のころに改心して禁欲生活に入り、やがて激しい修行に励んだ。しかし、集団的な禁欲修行にあきたらず、洞窟での断食生活に入る。やがて誰もいない人里離れた砂漠にふみこみ、ついには高い柱を立ててその上に登って座したままでいたという。めくるめく徹底的な禁欲を実践するのであり、このために柱頭聖人とよばれた。このような聖者の噂は各地に広まり、その事績を後の人々もならうようになる。さらには、その周囲に人々が集まってきたのである。

ローマ帝国は滅亡したのか

他殺説の犯人とは

ところで、古代末期はしばしばローマ帝国の没落あるいは衰退の時代といわれている。一八世紀の啓蒙思想家ギボンが『ローマ帝国衰亡史』を書いて一躍時代の寵児(ちょうじ)となってから、そういう見方が広く認められるようになった。

勃興(ぼっこう)から成長と発展をつづけ、平和と繁栄のなかで栄華をきわめながら、やがてローマ帝国も衰弱する。あれだけ偉大な世界帝国であっても、死滅の運命をまぬがれなかったのである。このローマ帝国の死因はどこにあったのか、その問いかけは専門家にかぎらず多くの人々にとってもやはり気になるところであるだろう。

没落原因論をめぐっては、古くからさまざまな議論がなされている。その場合、二〇世紀フランスの碩学(せきがく)ピガニオールが語るところは、もっとも分かりやすい。ローマ帝国は天寿をまっとうしたのではなく殺されたというのだ。これはローマ帝国他殺説ともいえるが、それなら犯人は誰なのかという問題が出てくる。もちろんゲルマン人が容疑者として浮かびあがる。ゲルマン人は大挙してローマ帝国領土内に侵入したり移住したりしている。それが没落の原因だったと考えるのである。

その経緯を思い描くために、五世紀半ばのものとされる一つの史料を示しておきたい。仮に「多言語に通じる東ローマ軍人の手記」とでも題しておこう。

私はコンスタンティノープルの商家に生まれた。幼いころからラテン語を学び、ギリシア語同様、読み書きに不自由はない。青年期になると皇帝随行部隊に抜擢され、黒海西岸地方のトラキアにある駐屯地に勤めた。

あるとき、恐ろしい外敵が侵攻してくるという噂が広がった。なにしろ、その凶暴で野蛮なことにおいて、比類がないという。自分たちの子供の頬に縦横の傷をつけ、髭がはえないようにするらしい。体軀はずんぐりしており、とてつもなく頭がでかく異様であり、怪物のような感じがするとか。食物に火をとおすことなく、草木の根や腐った肉を食べて、まるで獣のように暮らしている。それに、遊牧民として移動して生活するので、子供のころから寒さにも飢えにも慣れっこになっているそうだ。

こいつらはフン族とよばれているが、戦闘になると、けたたましい叫びをあげて敵に襲いかかる。抵抗があると、いったん四散するが、ふたたびすばやく舞い戻り、道すがらことごとく破壊してしまうのである。ただし、要塞に梯子(はしご)をかけて攻略することも、塹壕(ざんごう)に囲まれた野営地を襲うこともできないのだ。だが、矢を放つ巧みさは想像を絶する。矢の先端には尖った骨が付いており、鉄と同じくらいの破壊力がある。

その噂は嘘ではなかった。数日後には、フン族の大群がわが駐屯地の目前に迫っていた。近郊の町や村を襲撃し、われわれは出動して必死で応戦した。だが、彼らは騎乗の才

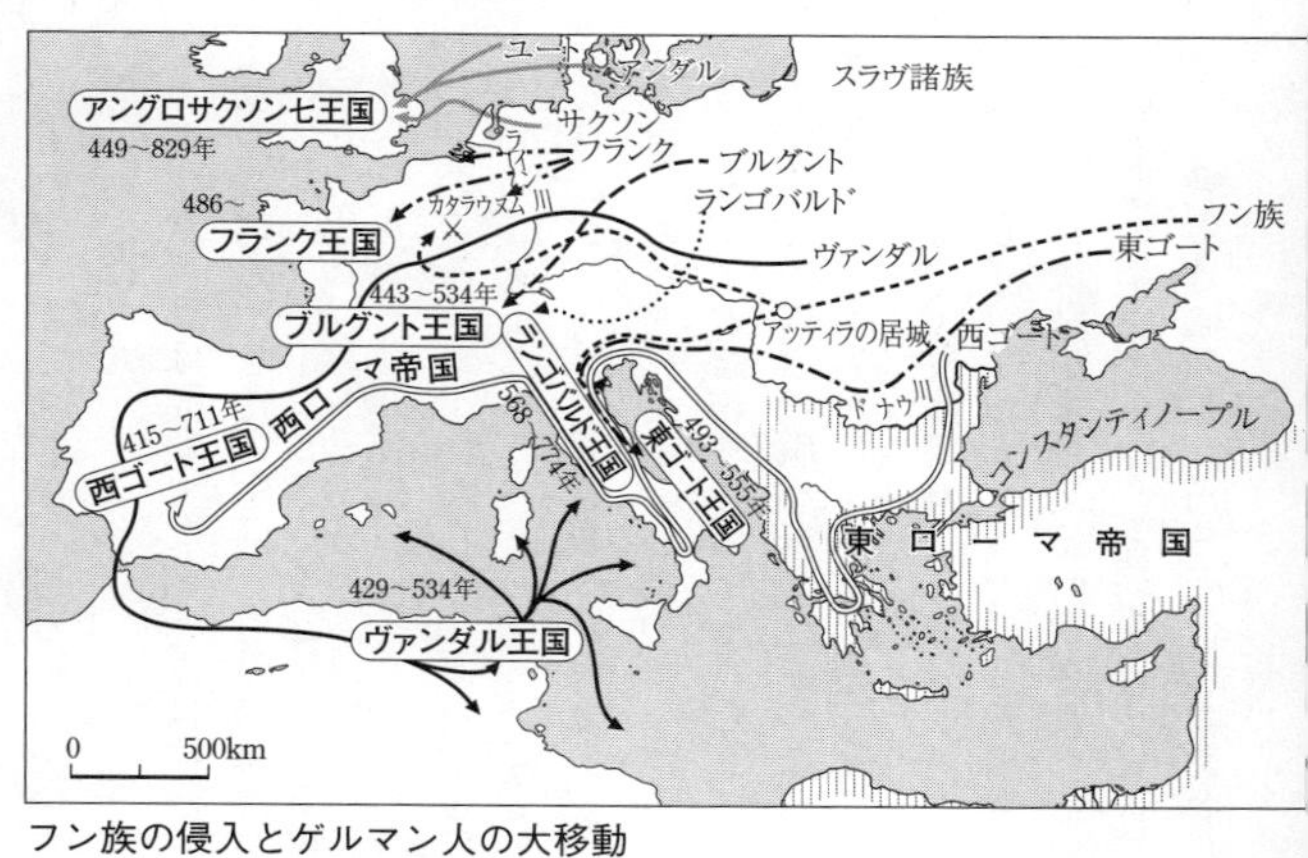

フン族の侵入とゲルマン人の大移動

にすぐれ、そのすばしっこい神出鬼没ぶりには舌をまいた。深い森のなかに踏み込んで追撃したときだった。どこからともなく飛んできた敵の矢に右腕を撃ち抜かれ、私は落馬して、敵の手に捕まってしまった。

どんな残忍な目にあっても仕方がないとあきらめていたが、ギリシア語とラテン語に通じていることが私の命を救った。というのも、フン族は西方の侵略をくりかえしており、ときには外交交渉のための通訳が必要であった。私はフン族の言語を半年ほど徹底的に教育された。幸い私は聴覚に恵まれていたので、最初はちんぷんかんぷんなフン族の言語も十分に理解できるようになった。

やがて宮廷によびだされ、アッティラとよばれるフン族の国王にまみえることになった。アッティラは背丈こそ高くないが、胸幅は広く、たくましい感じがした。フン族の常にもれず、大きな頭に、目は窪んでいた。眉毛は飛び出し、鼻は平たく低く、肌はくすみ黒いほどだった。

アッティラは従順でない者には情け容赦もなく怒り狂うが、誠実に屈服する者にはこよなく温情を示した。生活は意外なほど質素で、金銀の食器など使わず、もっぱら木製だった。だが、酒類にはどしがたいほど目がなく、占いをめったやたらと信じるところがあった。

そのころ西ローマからの和平貢納金は久しくとどこおり、それはアッティラの癪(しゃく)の種だった。口実はいくらでもできた。ローマ帝国の東西にわたって怒濤(どとう)の侵攻がくりかえされ、まるでフン帝国構築への執念ともいえるほどだった。やがてフン族の大半は西方のガリアをめざす。だが、劣勢のローマ軍は民族防衛に目覚めたゲルマン人の諸族を援軍にひきこみ、強力な布陣でのぞもうとしていた。このとき私は通訳として従軍していたが、ローマ軍との大きな戦いは二度だった。

最初は、ロワール川沿いにある町（現オルレアン）を三〇日以上も包囲した戦いである。だが、ローマ軍の援軍がぞくぞくと押し寄せ、フン族は攻略の途中で放棄せざるをえなかった。ローマとゲルマンの連合軍は追撃を止めず、後方に迫っていた。

ついに決戦をまじえる時がきた。その舞台は、カンプス＝マウリアクスの地だった。広い平原の中央に小高い丘があり、それをへだてて両軍は対峙した。戦闘は激しさをきわめ、戦場は血のしたたる死体でおおわれていった。とくにゲルマン族の軍勢はアッティラを狙って襲いかかった。アッティラは陣地内に身をひき、もはや包囲されるのを待つばかりだった。ところが、不思議なことにローマ軍はアッティラと好を通じたのである。このとき私は通訳をさせられたので、その事情は理解できたが、その内容を詳らかにするわけにはいかない。ただフン族を完膚なきまでに滅ぼせば、ゲルマン人の勢力が勝ち誇ることをローマ軍は怖れていたのだ。

私はこのとき暗闇のなかでローマの使節にまぎれて脱出した。あの合戦以後、フン族の帝国への野望は影をひそめた。一時はイタリアへの侵寇を企てたが、もはや往年の勢威はアッティラの率いるフン族から失われてしまった。

西ローマ帝国最後の皇帝

この「多言語に通じる東ローマ軍人の手記」はかぎりなく信憑性を疑われている。というよりも、種を明かせば著者の創作であり、まぎれもなく偽作である。だが、弁解すれば、当たらずとも遠からず、なのである。というのも、古代末期の作家マルケリヌス、シドニウス、プリスコス、ヨルダネスらの叙述を参考にしているからである。創作とはいえ、時代背景はそれなりにふまえているつもりだ。なお、古戦場カンプス＝マウリアクスとは、今日カタラウヌムという名で知られている。

テオドシウス帝の死後、ローマ帝国は東西に分裂した。なかでも西ローマ帝国は、紀元五世紀半ば、もはや風前の灯だった。ゲルマン人の侵入や移住に悩まされながら、東方から恐ろしく不気味なフン族の脅威が迫っていた。かつての大帝国は勢いのあるゲルマン人に頼るよりほかに道はなかったのである。まさしく「毒をもって毒を制す」である。

しかし、それは西ローマ帝国の落日のかがやきにすぎなかった。四五五年には、北アフリカに渡って王国を築いていたヴァンダル族のゲルマン人がローマを略奪する。このときの被害は大きく、ほどなく皇帝権力はかろうじて形をなすにすぎなかった。しかも、皇帝を支えるローマ軍の中枢部はゲルマン人傭兵だらけだった。

四七六年夏、ゲルマン人傭兵隊長のオドアケルが国家転覆を企て、少年のロムルス＝アウグストゥルス帝を退位させてしまう。失意の少年はナポリ湾沿岸に退き、ひっそりと暮らすしかなかった。だが、彼がいつ亡くなったのか、それすら記録されていない。確かなのは、西ローマ帝国から皇帝という地位が永遠に失われたことであった。かくしてローマ帝国他殺劇はあっけなく幕を閉じる。

別の運命をたどった東の帝国

地中海から黒海にいたる入り口に位置するビザンティオン。その北岸を金角湾、南岸をマルマラ海、東岸をボスフォラス海峡にかこまれた小さな集落にすぎなかった。だが、コンスタンティヌス帝の時代に大都市に変貌すべく拡張建設が始まる。六年間の突貫工事でおおかな形ができあがり、三三〇年、そこが帝国の首都コンスタンティノープルであると宣言された。

この新都の建設は、なによりも異教徒の首都ローマに対抗して、キリスト教徒の首都であることをきわだたせるところにあった。そのために教会やバシリカの建設に多大の努力がはらわれている。異教に見切りをつけたかのように、コンスタンティヌス帝は最後の二〇年間でたった一度だけローマを訪れたにすぎない。

しかしながら、新しい首都であっても、そこに皇帝が常住したわけではない。皇帝の宮廷はその後の五〇年間、小アジア北東部のニコメディア（現イスミト）にあった。そればかりか、皇帝たちはあちらこちらに住み、なかには一度もコンスタンティノープルに足を運んだ形跡のない皇帝すらいる。だから、同時代の人々には、この遷都が大それた出来事であったとはほとんど意識されなかった。後代になってこの出来事が強調されすぎるようになったと言うべきだろう。新都の城壁はそれまでの集落地を数倍も拡大したが、まだ中身がともなうものではなかったのである。

だが、ローマ帝国の未来の牽引力がイタリア半島にはないことは明らかだった。帝国の西部では、異民族が侵入し、交易が停滞し、都市住民も減少したが、東部では異民族の侵入にもほとんど悩まされることはなかった。このために国境のかなたに広がる東方との交易で繁栄し、都市住民も増大していたのである。

しかし、都市の成長は新たな問題をもたらすことになる。それは貧困者の群れが生じ、増大しつつあったことである。彼らには食糧をあたえるとともに、娯楽も提供しなければならなかった。こうしていわゆる「パンとサーカス」の慣行はコンスタンティノープルでも受け

イスタンブールの戦車競走場跡（ヒッポドローム・左端）　中央がブルー・モスク、奥は聖ソフィア大聖堂

つがれる。パンになる穀物は貢納物として産地エジプトから輸入され、民衆の口に入った。サーカスである戦車競走は市民たちの関心の的であった。今日イスタンブールに残る戦車競走場の跡は、ローマのチルコ・マッシモに比べればかなり狭い感がする。だが、折り返し地点のカーブの急角度は戦車の激走をさらにスリリングなものにしていたにちがいない。民衆が狂おしく叫びたてる様がしのばれる。

治世の大半をコンスタンティノープルですごしたのはテオドシウス一世（在位三七九～三九五年）が最初である。彼の死後、ローマ帝国は東西に分裂し、ふたたび統合されることはなかった。それ以降、東の皇帝たちはコンスタンティノープルに常住するようになる。宮殿は戦車競走場に隣接していたから、しばしばそこに皇帝が姿をみせている。そこは民衆にとって政治の舞台でもあった。戦車競走は青組と緑組のファン・クラブに二分されていた。さらに、応援団が音頭をとって請願したり抗議したりする騒ぎも日常茶飯事になった。

テオドシウス一世の孫にあたるテオドシウス二世（在位四〇八～四五〇年）が東の皇帝位についたとき、まだ七歳にすぎなかった。その後の四〇年以上もの間、帝位にあったが、実権は姉のプルケリアにあった。熱心なキリスト教徒であったので、宮廷には修道院のような敬虔な雰囲気がただよっていたという。

皇帝自身は政争に背をむけるかのように、信仰と学問の生活に熱心だった。そのためか、コンスタンティヌス帝以後の法令をまとめた『テオドシウス法典』を編纂させ、その名を残すことになる。また、フン族をはじめとする異民族侵入の脅威は去らなかったので、「テオドシウスの城壁」が築かれている。コンスタンティヌス帝の旧城壁の外側に、南のマルマラ海岸から北の金角湾にいたる高い城壁がそびえ立つ。その後、地震のために改修され、三重の構造をもつ難攻不落の大城壁ができあがっている。

じっさい、この防壁は一〇〇〇年にわたって外敵に立ちはだかり、一五世紀のオスマン・トルコ軍の侵攻までもちこたえたのである。この壮大な城壁の遺構は今日でも目にすることができる。それは、五世紀後半に崩壊した西の帝国と比べれば、その後の東の帝国を暗示しているかのようだ。その覇権はビザンツ帝国として強靭に生き残っていくのである。まさに「中世ローマ帝国」とよぶにふさわしいものだった。

死因は癌か脳卒中か

ふたたび話は西の帝国にもどる。このローマ帝国の衰亡を人間の病死になぞらえる考え方もある。病死であれば、病因がある。癌による死亡説がもっとも有力である。その場合、癌細胞はキリスト教ということになる。

前述したように、三世紀後半以降、キリスト教徒が増えつづけている。そのころからローマ帝国に異民族の侵攻やら内乱やら災難がふりかかったのだ、と異教徒たちは非難する。たしかに、多神教社会である地中海世界にとって唯一神をあがめるキリスト教は異質であり、その拡大はローマ帝国を根底からゆさぶるものであった。だから、もちろん古代末期の同時代にも、ローマ帝国が衰退していくのはキリスト教徒のせいだとする人々がいた。これに対して、アウグスティヌスのようなキリスト教の指導者たちは、再三にわたって、それらの非難を論駁(ろんばく)しなければならなかった。

しかしながら、なぜ異質な人々が出現すると衰退するのだろうか。たとえば、ファシズム下のイタリアから追われた古代史の大家モミリアーノのように、きっぱりと説明することもできる。問題は、キリスト教が普及し優秀な人材が教会に吸収されたことだという。それとともに国家そのものに優秀な人材が集まらなくなる。そこにローマ帝国が没落していく主因のひとつがあったということになる。癌による死亡説になぞらえれば、癌細胞が人体の良質な部分を食いつくしたということだろう。

さらに別の病因を考えれば、たとえば脳卒中もありえることである。脳卒中をおこして半身不随になってしまったとしたら、それはどんな病状であるのだろうか。四世紀末に東西に分裂した後、東のローマ帝国はビザンツ帝国としてその後の数世紀は繁栄をつづけていく。

しかし、西のローマ帝国は五世紀の後半には消滅してしまうのである。そこに半身不随の病状を見てとるわけである。

そもそも軍事力を国家の支柱と考えるかぎり、それは絶えず増強されなければならない。こういう考え方からすれば、ローマ帝国が専制国家になればなるほど、ますます軍隊が重視されることになる。そのために国家は莫大な財政を負担してしまうのである。当時の為政者にとって、軍事力の増強は帝国の延命策としてことさら重要であっただろう。むしろ、それよりほかの道はないというほど差し迫るところがあった。たとえてみれば、体力の衰えを自覚しながら滋養強壮剤を飲みつづけたようなものである。本来ならば、もっと老化して衰弱するはずなのに、薬でしばし強壮になっていたということである。

もともとローマ帝国が地中海世界全体を包みこんでいたということに肥満体のような無理があったのかもしれない。東西分裂の段階で、右半身と左半身との動きがちぐはぐなのが誰の目にもはっきりする。もはや東西のバランスがとれなくなってしまったのだ。つまり、東と西との発展の差異が著しくなり、そのストレスによって生じた動脈硬化が半身不随をひきおこしたと言える。

生産力の枯渇と自然死説

そのほかにもいろいろと考えられる。たとえばカロリー不足とでもいえるが、人的資源が枯渇（こかつ）するという症状になる。ある学者が指摘したように、全体として人口が減少していたということは明らかである。この点は気候変動とも関連しており、気候史学の示唆もなおざりにできない。それによれば、四〇〇年ごろを境にユーラシア大陸規模で寒冷化がおこっているという。そうすれば、人口減少の背景に気候変動があってもおかしくはない。

また、社会経済の構造そのものに目を向ければ、ローマ帝国の骨格に大きなひずみが生じたことも考えられる。その場合にも、さまざまな原因がとりざたされる。

古代地中海世界は奴隷制社会であり、そこに平和がつづき、やがて奴隷が枯渇してしまったという。奴隷の大半が戦争捕虜などによって補給されていたとすれば、大規模な戦争の少ない時代には早晩そうなるよりほかになかったのだ。奴隷供給源の枯渇は大きな社会問題としてとらえられているわけである。もっとも捨て子を奴隷にしていたことは社会の裏面史として無視できないほど多かったのであるが。

さらに、農耕地が減少したり痩せたりという面もないわけではない。奴隷や土地のように社会を成り立たせている生産力の骨格が身体に比べて細くなってしまったのである。これはすでに二〇世紀初頭の大学者マックス゠ウェーバーが指摘したことである。

そのほかにも、各地に属州が設置され、それらの属州地がそれぞれに活発に生産することにも問題がひそんでいる。帝国の中心にあるイタリアが生産地としての主力の地位を失っていくことになり、そこに没落の原因があることになる。この説明もやはり二〇世紀を代表する古代史家ロストフツェフが唱えたところである。

ここで取り上げたのは、ローマ帝国没落原因論のほんの一部にしかすぎない。ローマ帝国没落の真因を探るとなると、その解釈は百花繚乱（ひゃっかりょうらん）の観があり、多種多様な診断書が下されることになる。

たしかに、事態の一側面に注目すれば、われわれはそれなりの衰退のシナリオを描くことができる。しかし、ローマ世界あるいは古典古代文明というものを全体として考えるならば、それは天寿をまっとうしたと考えていいのではないだろうか。あるいは、老衰したと診断してもいいのではないか、と筆者個人は考えている。文明にも生老病死があり、古代地中海世界はいわば自然死の状態であったように思われる。

復活した伝統世界

ローマ帝国の衰退をめぐっては、古くから、しばしば現代という同時代を映す鏡としてとらえられていた。それなりに繁栄した文明が衰退していくように見えれば、そこにはなにかしら自分たちの世界を投影するものがあるかのようだった。

しかしながら、二〇世紀後半になると、このような考え方は欧米中心の考え方であるという批判がされるようになった。かくして、これまでの衰退・没落史観というものを否定する見方が現れるのだ。さらに、それは「古代末期」という時代がもつ意味を根底から再考してみようという動きになる。これは一九七〇年代になってとくに高まってきた意見である。

ふたたびここで、ピーター＝ブラウンに登場してもらおう。大きな問題を提起したのは、その『古代末期の世界』（*The World of Late Antiquity*）である。この本は一般向けの啓蒙

「祈る人」　象徴的な表現の４世紀のフレスコ画。大英博物館蔵

書であったが、新しい歴史の見方にもあふれていた。それによれば、二〇〇年から七〇〇年までの地中海世界は、変貌していく部分と、伝統の古典古代の文明を継続している部分との間の緊張関係のなかにあるという。その時代には没落とか衰退とかいう見方では理解できないものが少なくないのである。

三世紀半ばの人々はまだ古典古代の制度や社会をひきついでいた。ところが、半世紀後の四世紀になると、彼らには想像すらできなかった制度や社会が出現するのである。たしかに、四七六年には西ローマ帝国が消滅し、西アジアにおいては六五一年にササン朝ペルシアが滅亡する。このような出来事に注目すれば、古代末期はあたかも衰退と没落のメランコリックな物語であるかのように見える。しかし、それは、たんなる印象批評にすぎないのではないだろうか。西洋側から見たローマ帝国の没落があり、イラン側からながめたペルシア帝国の終末があったにすぎないのだ。

反面から見れば、この時代はめざましいほどの新しい局面が始まっている。ヨーロッパにおいては、この時代にキリスト教が公認され、広く普及していく。西アジアにおいては七世紀にはイスラム教が成立する。このような時代であれば、もっと積極的にとらえ直すことができる。つまり、新しい基盤が形成される時代であったわけだ。そのような考え方がはっきりと打ち出されたのである。

宗教をめぐる世界としてながめてみよう。西ヨーロッパにおいてはカトリック世界が築かれていく。東ヨーロッパにおいてはギリシア正教の世界が生まれてくる。さらに、西アジアにおいてはイスラム世界というものが登場する。

そのような三つの世界を考えれば、ヘレニズム期からローマ帝国の時代には地中海世界が全体として統一された時代であった。だが、やがてそれが三つの世界に分断されてしまうように見える。はたしてそうだろうか。さかのぼって眺望(ちょうぼう)すれば、分断されたとは必ずしも言えないのだ。

というのも、三つの世界にはそれぞれ古層となる世界があるのではないだろうか。西ヨーロッパのカトリック世界としてまとまる地域は、古来のラテン文化、ゲルマン文化、ケルト文化などの世界である。また、東ヨーロッパのギリシア正教世界はかなりの普遍性をもったギリシア人の文化を受け入れた地域である。さらに、西アジアにおいては、連綿と古くから高度な文明を築いたオリエント世界の伝統があったのである。

ローマ帝国によって政治体として統合された古代地中海世界があった。古代末期になると、統合以前の地域の土俗的ともいえる伝統世界をふたたび復活させながら、古来の自己の世界が築かれる。そのような面に注目すれば、たしかに古代末期は没落とか衰退とかではとらえきれないところがある。多様な可能性をひめた世界であると考えることができる。

古代末期の同時代性

しかしながら、このような多様さのなかにも均質な部分がひそんでいる。とくに注目されるのが、古代末期の宗教や文化にあらわれる同時代性である。たとえば、壁画のような表現芸術をながめると、現代に生きる人間には、いわば抽象芸術のようなものが登場しているのである。

それは、古典古代の生き生きとした写実的な彫刻や絵画とまったく異なり、きわめて単純化された作風になっている。なにかを象徴的に表現し、観念的ですらある。古典古代の作風は外にむかって現実をありありと再現しているが、古代末期の芸術は人間の内にむかって観念的に語りかけているかのようである。表面的には単純化されているようだが、なにかしらもっと奥深いものを表象しようとしているかのような気がする。

それはただ表現芸術にかぎらず思想のなかにも現れている。先にとりあげた聖者伝の事例などである。聖者たちはこぞって禁欲者の理想像を示すが、その生き方そのものが抽象的な臭いがする。

しかし、このような「古代末期」を新しい時代としてとらえる考え方に対して反論がないわけではない。そもそも狭く宗教や文化にかぎられた見方であり、それは経済や政治の面では根拠がないという批判がある。それによれば、古代末期の経済や政治に成長や発展の痕跡（こんせき）はないという。

それに対しても、またもや反論がなされている。四世紀以後の時代には、新しい支配階層が出現しているのであり、それは少なくとも二世紀間はつづいたという。そのような支配階層は秩序を形成しているのだ。このころ「御世の回復」(Reparatio Saeculi) という理念を刻んだ貨幣や碑銘が数多く登場しているが、そこには新しい秩序の形成を見てとることができる。

古代末期の北アフリカやシチリアでは、華麗なモザイクがあちらこちらで製作されてい

ピアッツァ・アルメリーナのヴィラに残る華麗なモザイク　上は狩猟の図。下は岸辺のヴィラや天使たちの船遊びの図。当時の富裕な人々の生活が垣間見られる。３世紀末〜４世紀。著者撮影

代表的なものが、シチリア内陸部のピアッツァ・アルメリーナに残っており、目をみはるほど華麗なモザイクである。こうした土地には、大地主たちがきわめて豊かな生活を味わっていた形跡がある。そこから、政治や経済の面でも新秩序が生まれ、豊饒がよみがえっている様を想像できるという。

このようにして、古代末期をながめる視座はさまざまである。だが、現在のところ、衰退・没落史観には偏りがあるとする見方が勢いづいている。それはなによりも、古代末期における民衆の心性に注目する。三世紀から七世紀までの期間は、たんなる「古典古代のたそがれ」の時代ではないと言うべきだろう。ひとつの新しい秩序が生まれ、これまでにない考え方や感じ方が芽生えた時代ではないだろうか。

二一世紀の帳（とばり）を開きながら、歴史を見る枠組みの問題として、古代末期社会論は大きな転換期をむかえている。それは最も新しい歴史の話題ともいえるかもしれない。「興亡の世界史」の本巻を閉じるにあたって、そこから新たなメッセージを受けとることになる。

世界史のなかでローマ帝国ほど典型的な興亡史はないように思われている。だが、そこには、カルタゴ滅亡のときにスキピオが思い描いたような悲しみの涙にくれる場面はもはやなかった。しかし、歴史を見ることの醍醐味（だいごみ）ならば、それをあらためて感じとることができる。

古代末期を衰退や没落と考えるのではなく、人間の営みの時代として理解してみる。やはり人間というものは常に新しいことに挑戦しているのであり、そのような時代として見直すべきなのだろう。こうしてみれば、歴史の見方を反省するときに、古代末期社会論はひとつのモデルでもあるのだ。それにしても、ローマ帝国あるいは古代地中海文明には、世界史を考える上で、指針となる材料がどこかしこにもころがっているのではないだろうか。

学術文庫版のあとがき

一〇年前の自分の写真を見れば、ずいぶん変わったなあと思うことがある。じつは、それと同じように自分の頭のなかもかなり変異しているにちがいない。ローマの通史について何度も書いているが、そのなかでも本書は最も長いもの。ある意味で書きたい出来事を十分にもりこめた本であるが、それでも書き切れなかった内容も少なくない。

だが、一〇年という月日は物の見方や考え方をも変容させる力があり、この歳月に歴史のなかの人物にことさら興味が向くようになった。かつてはそれほど注目しなかった人物がやたらと気になったりする。とりわけ、ここでは三人の人物をとりあげておきたい。

まずは、マルクス・アントニウス（前八二年〜前三〇年）である。カエサルの腹心にして、のちにオクタウィアヌスの政敵になる人物。それとともに、クレオパトラと浮き名を流したことでも名高い男である。

筆者も本書では型どおりのことしか書かなかったが、アントニウスは一筋縄ではいかない魅力をひめた人物だと思えるようになった。

アントニウスは若いころから遊び癖のある男だった。幼くして父親を亡くすも遺産はすぐに使い果たしてしまい、生涯、放蕩者という評判につきまとわれたという。しかしながら、彼には高貴な威厳があり、英雄ヘラクレスの子孫であるかのように気どっていたらしい。だが、多少の礼を失するようなふるまいも、兵卒たちには好意をもって見られていた。しかも、友人や兵士たちに気前がよかったことも、ほかの瑕疵を目立たなくさせ、アントニウスの声望を高めたという。

数年間の軍務の後、前五四年、二八歳のアントニウスはカエサルの率いるガリア遠征軍に従軍する。カエサルは、いざ事となれば力を発揮する青年アントニウスの姿に、ことさら興味をいだいたらしい。

前四八年夏、ファルサロスの野が戦場となったとき、カエサル軍の左翼を任されたアントニウスは敢然と奮戦し、数にまさる敵軍の崩壊する様を目のあたりにしている。

この決戦の後、アントニウスはイタリアの統治を任されたが、もともと行政や訴訟はアントニウスにとって退屈きわまりないことだった。戦場での姿とうって変わって、アントニウスは怠け者になり、公務をなおざりにして、酒宴にうつつをぬかす。それでも公務はこなさなければならなかったので、あげくの果てに女優をはべらせては遊びながら行うほどだったという。

前四四年、カエサル殺害後の混乱のなかで、共和政を死守しようとする元老院も頑強であり、ほどなくアントニウスを公敵だと宣告した。アントニウスは戦局不利を察知して、ガリア遠征を名目に軍勢を集める。元老院派も兵力をつのって追撃したので、北イタリアの戦場で敗北し、もはやアントニウスはアルプスを越えて逃げるしかなかった。だが、困難に直面したときのアントニウスはあきらめず、兵士たちを励ましつづけるのだった。

やがてカエサルの補佐役だったレピドゥスが、軍隊での人望でアントニウスにかなわないことを自覚して歩みより、オクタウィアヌスとの和解をも仲介している。かくして三者の三頭政治が実現する。

だが、その後、クレオパトラと親しくなった四〇歳のころから、どこか骨抜きになったようなふしがある。その姿はシェイクスピア劇には格好の題材になるが、これ以上はふれないでおく。たしかに、同時代人が評したように、「アントニウスは危機のなかで高潔な人物に変身する」が、平時には放蕩者になるのだろう。

次には、皇帝ドミティアヌス（五一年～九六年）である。

紀元一世紀のローマ帝国ははからずも三人の愚帝を経験している。淫蕩なるカリグラ、放埒なるネロ、そして残虐なるドミティアヌスである。しかし、三人とも治世の最初から愚挙なふるまいであったわけではない。若くして皇帝になったカリグラやネロとは異なり、兄の死後に即位したドミティアヌスは三〇歳だった。

平穏な時代がつづき享楽的・退廃的な雰囲気があふれていた。ドミティアヌスは敢然と綱紀粛正に着手し、貴族の男女を何人も姦通罪で処分し、同性愛の疑いのある元老院議員や騎士身分の者たちを処罰している。なかでも任期三〇年の間は純潔を求められたウェスタの巫女が情交したとき、父帝も兄帝も黙認していたのに、ローマの伝統に従って厳格に死刑を宣告した。

しかし、自分のことになると、話がちがった。皇妃ドミティアと有名役者との情事が発覚したとき、皇妃を離婚後に流罪に処し、姦夫は公道で斬殺する。やがてほとぼりがさめるとドミティアを呼びもどして再婚したのだから、人々の反感はつのった。自身は性欲をおさえられずに、いつも房事に励んでいたという。「人には厳しく自分には甘く」を地で行くような生き方なのだ。

もともと付き合い下手で孤独を好むところがあったらしい。自分に敵対する者への疑念は深まるばかりだった。このように猜疑心と不安感はあおられ、陰謀や反乱にはことさら神経質になる。元老院議員、騎士身分、宮廷役人が次々と処刑され、恐怖政治がくりかえされる。こうしたなかで皇帝暗殺がおこるのは当然だった。

ドミティアヌスは正義を愛し秩序を重んじたが、何事にも杓子定規に対処した。その偏執ぶりは度を超しており、おそらく自分の潔癖症にかなり苦しんでいただろう。その意味では、孤独で哀れな人生だったにちがいない。

最後に、アンブロシウス（三四〇年ころ〜三九七年）をとりあげておく。

三七九年、ゲルマン民族が大挙して帝国内に移住してきた混迷のなかで、軍人テオドシウスが東部の皇帝になる。彼は行政にも軍事にも辣腕をふるった。東部ではゲルマン人を同盟部族として定住を認め、西部では反乱を鎮圧し簒奪政権を打倒している。

この時代のミラノに、アンブロシウスという人物がいた。帝国高官の息子としてトリーアで生まれ、ローマに赴き法律や修辞学の高い教育を受けている。そのため生粋(きっすい)のローマ人のごとき精神の持ち主だったという。若くして政治の世界に進出し、有能な官吏として活躍する。三〇歳のころはイタリア北部の州知事として活躍した。

そのころ、ミラノで宗派抗争がくりかえされていたが、アンブロシウスは収拾にのり出し、あざやかな手さばきで事態を解決したという。たまたま司教が亡くなると、はからずも歓呼する民衆から後任の司教に推挙されてしまう。そもそも彼は聖職者ではなかった。本人はまだ洗礼さえ受けていなかったから、異例のことだった。

アンブロシウスは司教になってからは、異端派の聖職者を罷免したり、宮廷内の異端支持勢力をおさえたりした。その影響力はしだいに誰もおよばないほどになる。弁舌の才にすぐれ、人柄に力強い魅力があり、民衆は彼につき従うのだった。

テオドシウス帝の溺愛した娘ガッラの母はキリスト教の異端であるアリウス派を信奉していた。この母后はアリウス派を優遇するように教会によびかけたが、アンブロシウスは意に介さなかった。司教追放さえ命じられたが、アンブロシウスは微動だにしなかったという。

さらにまた、本文でもふれたテッサロニケ市民をテオドシウス帝が報復虐殺したときにも、アンブロシウスは皇帝を破門し、教会への立ち入りを禁止する。ほどなく皇帝は改悛の意を示し、教会の儀礼を受けた。俗なる帝権への聖なる教権の勝利であった。なにやら、一一世紀のカノッサの屈辱を思い出させるのではないだろうか。

このような流れのなかで、三九一年、異教神殿は閉鎖され、翌年、異教の全面禁止とともにキリスト教はローマ帝国の国教となった。アンブロシウスには、戦闘的教父の原型といえる面もあるが、人の心に語りかける慈父のようなところもあった。実力派のテオドシウス帝さえもイタリアでは司教の威光に屈しなければならなかったのだ。

アンブロシウスのようなしたたかな人物がいなかったら、まだ揺れ動いていたキリスト教会が一本筋の通った堅固な母体を築き上げることができただろうか。そう思えば、歴史における個人の役割をあらためて考えさせる素材でもある。

この一〇年の間に、筆者の頭のなかでも、歴史叙述において人物の足跡が大きな意味をもってきたようだ。還暦を過ぎたせいか、ますます人間そのものが気になってきたのだろう。その間の想念は『ローマ帝国　人物列伝』（祥伝社新書）に詳しいので、興味をいだかれた方は手にとっていただければ幸いである。

二〇一七年　八月

本村凌二

1992年
・プリニウス（大）『プリニウスの博物誌』1-3、中野定雄ほか訳、雄山閣出版　1986年
・プリニウス（小）『プリニウス書簡集』國原吉之助訳、講談社学術文庫　1999年
・プルタルコス『プルタルコス英雄伝』上中下、村川堅太郎編、ちくま学芸文庫　1996年
・プルタルコス『モラリア』2・6・11・13・14、戸塚七郎ほか訳、京都大学学術出版会　1997-2004年
・ペトロニウス『サテュリコン』國原吉之助訳、岩波文庫　1991年
・ポリュビオス『歴史』1、城江良和訳、京都大学学術出版会　2004年
・マルクス・アウレーリウス『自省録』神谷美恵子訳、岩波文庫　2007年
・マルティアーリス『エピグランマタ』上下、藤井昇訳、慶應義塾大学言語文化研究所　1973-1978年
・ユウェナーリス『サトゥラエ　風刺詩』藤井昇訳、日中出版　1995年
・ヨセフス『ユダヤ戦記』1-3、秦剛平訳、ちくま学芸文庫　2002年

・E・マイヤー『ローマ人の国家と国家思想』岩波書店　1978年
・E・S・P・リコッティ『古代ローマの饗宴』平凡社　1991年
・J・ルージェ『古代の船と航海』法政大学出版局　1982年
・M・ロストフツェフ『ローマ帝国社会経済史』上下、東洋経済新報社　2001年

史料（引用中、筆者が意訳した部分もある）

・『西洋古代史料集』第２版、東京大学出版会　2002年
・『西洋法制史料選１ 古代』創文社　1981年
・アエリウス・スパルティアヌスほか『ローマ皇帝群像』1-2、南川高志ほか訳、京都大学学術出版会　2004-2006年
・アプレイウス『黄金のろば』上下、呉茂一・國原吉之助訳、岩波文庫　1956-1957年
・ウェルギリウス『アエネーイス』岡道男・高橋宏幸訳、京都大学学術出版会　2001年
・エウセビオス『教会史』全３巻、秦剛平訳、山本書店　1986-1988年
・エウセビオス『コンスタンティヌスの生涯』秦剛平訳、京都大学学術出版会　2004年
・カエサル『ガリア戦記』國原吉之助訳、講談社学術文庫　1994年
・カエサル『内乱記』國原吉之助訳、講談社学術文庫　1996年
・ガレノス『自然の機能について』種山恭子訳、京都大学学術出版会　1998年
・クセノポン『キュロスの教育』松本仁助訳、京都大学学術出版会　2004年
・キケロ『キケロー選集』全16巻、岩波書店　1999-2002年
・スエトニウス『ローマ皇帝伝』上下、國原吉之助訳、岩波文庫　1986年
・セネカ『道徳論集（全）』茂手木元蔵訳、東海大学出版会　1989年
・セネカ『道徳書簡集（全）』茂手木元蔵訳、東海大学出版会　1992年
・セネカ『悲劇集』1・2、小川正廣ほか訳、京都大学学術出版会　1997年
・タキトゥス『年代記』上下、國原吉之助訳、岩波文庫　1981年
・タキトゥス『同時代史』國原吉之助訳、筑摩書房　1996年
・タキトゥス『ゲルマニア・アグリコラ』國原吉之助訳、ちくま学芸文庫　1996年
・パウサニアス『ギリシア案内記』上下、馬場恵二訳、岩波文庫　1991-

・弓削達『ローマ帝国の国家と社会』岩波書店　1964年
・弓削達『地中海世界とローマ帝国』岩波書店　1977年
・弓削達『ローマはなぜ滅んだか』講談社現代新書　1989年
・吉野悟『ローマ法とその社会』近藤出版社　1976年
・吉村忠典『支配の天才ローマ人』人間の世界歴史４　三省堂　1981年
・吉村忠典『古代ローマ帝国』岩波新書　1997年
・吉村忠典『古代ローマ帝国の研究』岩波書店　2003年
・L・アンビス『アッチラとフン族』白水社文庫クセジュ　1973年
・P・ヴェーヌ『パンと競技場』法政大学出版局　1998年
・M・ウェーバー『古代社会経済史』東洋経済新報社　1959年
・A・エヴァリット『キケロ――もうひとつのローマ史』白水社　2006年
・L・カッソン『古代の旅の物語』原書房　1998年
・P・ガーンジィ『古代ギリシア・ローマの飢饉と食糧供給』白水社　1998年
・F・キュモン『古代ローマの来世観』平凡社　1996年
・P・グリマル『古代ローマの日常生活』白水社文庫クセジュ　2005年
・K・グリーン『ローマ経済の考古学』平凡社　1999年
・P・クルセル『文学にあらわれたゲルマン大侵入』東海大学出版会　1974年
・L・ケッピー『碑文から見た古代ローマ生活誌』原書房　2006年
・M・ゲルツァー『カエサル』筑摩書房　1968年
・K・ケレーニイ『神話と古代宗教』ちくま学芸文庫　2000年
・A・N・シャーイン＝ホワイト『新約聖書とローマ法・ローマ社会』日本基督教団出版局　1987年
・E・R・ドッズ『不安の時代における異教とキリスト教』日本基督教団出版局　1981年
・Ch・ハビヒト『政治家キケロ』岩波書店　1997年
・M・フーコー『性の歴史』II・III、新潮社　1986-1987年
・P・ブラウン『古代末期の世界』刀水書房　2002年
・P・ブラウン『古代末期の形成』慶應義塾大学出版会　2006年
・J・ブルクハルト『コンスタンティヌス大帝の時代』筑摩書房　2003年
・T・ホランド『ルビコン』中央公論新社　2006年
・K・ホプキンス『古代ローマ人と死』晃洋書房　1996年
・K・ホプキンス『神々にあふれる世界』上下、岩波書店　2003年

・小川英雄『ローマ帝国の神々』中公新書　2003年
・島田誠『古代ローマの市民社会』山川出版社　1997年
・島田誠『コロッセウムからよむローマ帝国』講談社　1999年
・新保良明『ローマ帝国愚帝列伝』講談社　2000年
・砂田徹『共和政ローマとトリブス制』北海道大学出版会　2006年
・高田康成『キケロ』岩波新書　1999年
・土井正興『新版スパルタクスの蜂起』青木書店　1988年
・豊田浩志『キリスト教の興隆とローマ帝国』南窓社　1994年
・長谷川博隆『カエサル』講談社学術文庫　1994年
・長谷川博隆『ハンニバル』講談社学術文庫　2005年
・長谷川博隆『古代ローマの政治と社会』名古屋大学出版会　2001年
・長谷川博隆『古代ローマの自由と隷属』名古屋大学出版会　2001年
・半田元夫『キリスト教の成立』近藤出版社　1970年
・比佐篤『〈帝国〉としての中期共和政ローマ』晃洋書房　2006年
・秀村欣二『ネロ』中公新書　1967年
・平田隆一『エトルスキ国制の研究』南窓社　1982年
・保坂高殿『ローマ帝政初期のユダヤ・キリスト教迫害』教文館　2003年
・松本宣郎『キリスト教徒大迫害の研究』南窓社　1991年
・松本宣郎『ガリラヤからローマへ』山川出版社　1994年（講談社学術文庫　2017年）
・松本宣郎『キリスト教徒が生きたローマ帝国』日本キリスト教団出版局　2006年
・南川高志『ローマ皇帝とその時代』創文社　1995年
・南川高志『ローマ五賢帝』講談社現代新書　1998年（講談社学術文庫　2014年）
・南川高志『海のかなたのローマ帝国』岩波書店　2003年
・本村凌二『薄闇のローマ世界――嬰児遺棄と奴隷制』東京大学出版会　1993年
・本村凌二『ローマ人の愛と性』講談社現代新書　1999年（『愛欲のローマ史』講談社学術文庫　2014年）
・本村凌二『優雅でみだらなポンペイ』講談社　2004年（『古代ポンペイの日常生活』講談社学術文庫　2010年）
・本村凌二『多神教と一神教』岩波新書　2005年
・安井萠　『共和政ローマの寡頭政治体制』ミネルヴァ書房　2005年
・山形孝夫『砂漠の修道院』平凡社ライブラリー　1998年

しやすくしてくれる。

・Th・モムゼン『ローマの歴史』I-IV、名古屋大学出版会　2005-2006年　▶ローマ史家の長谷川博隆の翻訳による19世紀を代表する初期集落から共和政末期にいたる通史。その学識の深さは今なお感動的ですらある。ローマ史学の創設者といわれる著者はこの書で歴史家としては唯一ノーベル文学賞を受賞した。
・G・フェレーロ／C・バルバガッロ『古代ローマ一千年史』騎虎書房　1988年　▶法制度の研究からローマの興亡史に没頭したフェレーロに、世界史家のバルバガッロが協力して書かれた学生・教員向けの通史である。
・村川堅太郎／長谷川博隆／高橋秀『ギリシア・ローマの盛衰』講談社学術文庫　1993年　▶古代市民の姿に注目しながら、地中海世界にくりひろげられた都市国家から大帝国にいたる興亡の歴史を縦横無尽に通観する。
・弓削達『永遠のローマ』講談社学術文庫　1991年　▶ローマ理念の形成を主眼におきながらローマ帝政期の社会と政治に光をあてている力作である。
・桜井万里子／本村凌二『ギリシアとローマ』世界の歴史5　中央公論新社　1997年　▶ギリシア・ローマ史に関する簡潔な通史。とくにローマ期については社会や制度を背景にしながら、そこに生きる人々に目を向けている。
・塩野七生『ローマ人の物語』全15巻、新潮社　1992-2006年　（携帯版は新潮文庫版がある）　▶作家による歴史叙述の通史。1200年のローマ史をこれほど長大に一人の手で書いたものとしては世界にも類例がない。随所に著者の人間観・歴史観がこめられており、リーダーシップ論の歴史教科書として読めば秀逸である。

外国語文献による高度な学習のために

・*The Cambridge Ancient History:* VII-XIV, Cambridge UP 1984-2005
・*Storia di Roma :* I, II 1/2/3, III 1/2, IV, Torino 1988-1993

特定のテーマをあつかうもの

・青柳正規『皇帝たちの都ローマ』中公新書　1992年
・石川勝二『古代ローマのイタリア支配』渓水社　1991年
・岩井経男『ローマ時代イタリア都市の研究』ミネルヴァ書房　2000年
・大月康弘『帝国と慈善——ビザンツ』創文社　2005年

参考文献

執筆に際して参考にした文献のなかで、重要度の高いもの、最新のものを挙げた。

古代史研究の基本となるもの

・伊藤貞夫／本村凌二 編『西洋古代史研究入門』東京大学出版会　1997年　▶ギリシア史およびローマ史を本格的に研究する学徒のための研究案内書である。テーマ毎に全体の研究動向がつかめるようになっている。

・松本宣郎／前沢伸行／河原温 編『文献解説 ヨーロッパの成立と発展』南窓社　2007年　▶古代史・中世史を概観しながら、主要なテーマをめぐって、研究動向を伝えている。とくにわが国の研究文献は最新のものまで挙げられているので、上記の『西洋古代史研究入門』を補ってくれる。

概説・辞典・通史など

・岩波講座『世界歴史』４・５・７巻、岩波書店　1998年　▶これらのなかには、ローマの成立から古代末期にいたる基本的な問題を取り扱う論考も少なくない。

・D・バウダー『古代ローマ人名事典』原書房　1994年　▶ローマ史に登場する人物や作家についての簡潔な解説書である。

・Ph・マティザック『古代ローマ歴代誌』創元社　2004年　▶王政期の７代の王と共和政期の指導的人物を詳しく解説している。ローマ興隆期の人物像を概観するのに手頃である。

・C・スカー『ローマ皇帝歴代誌』創元社　1998年　▶文字どおり初代のアウグストゥス帝から西ローマ帝国の最後の皇帝たちまで、それぞれの人物や事績を詳しく解説している。

・長谷川岳男／樋脇博敏『古代ローマを知る事典』東京堂出版　2004年　▶ローマ史に関するさまざまな話題を要領よくまとめて解説している。

・E・ギボン『ローマ帝国衰亡史』1-10、ちくま学芸文庫　1995-1996年　▶英文学者の中野好夫ほかによる18世紀啓蒙思想の読みごたえある名著の全訳である。

・E・ギボン『図説 ローマ帝国衰亡史』東京書籍　2004年　▶ローマ史家の吉村忠典・後藤篤子による上書の縮刷版の翻訳に図像を加えて理解

西暦	ローマ史	日本および世界
	とされる	
453	アッティラ王没し、フン族は分散	
476	西ローマ帝国滅亡	
481頃	クローヴィス、フランク人の王となる（メロヴィング朝、~751）	
484	東西教会が分裂する	
493	テオドリック大王麾下の東ゴート族、オドアケルを倒し、イタリアに王国建設	
506	西ゴートのローマ法典が制定	
527	ユスティニアヌス帝即位	
529	「ローマ法大全」の編纂が始まる	
529	モンテ=カッシノ修道院の創設	
532	ニカの乱	
534	ユスティニアヌス帝、ヴァンダル王国を滅ぼす	
537	ハギア=ソフィア大聖堂完成	
565	ユスティニアヌス帝没	
		589年、隋の中国統一 610年頃、ムハンマドがイスラーム伝道を始める 645年、大化の改新
1204	第4回十字軍によるコンスタンティノープルの占領	
		1338年、足利尊氏が征夷大将軍になり室町幕府が始まる
1453	オスマン朝、コンスタンティノープルを陥落させる	

西暦	ローマ史	日本および世界
	を実現	
325	ニカイア公会議。アタナシウス派が正統、アリウス派が異端とされる	
330	コンスタンティヌス帝、ビザンティオンに遷都（コンスタンティノープルと改称）	
361	ユリアヌス帝即位し（～363）、異教の復興を図る	
374	フン族、ヴォルガ川を渡る	
376	西ゴート族、ローマ帝国領に侵入、ゲルマン民族大移動の開始	
		391年、倭国軍が渡海して百済・新羅を破る
392	テオドシウス帝、キリスト教以外の異教を全面禁止	
395	テオドシウス帝没し、ローマ帝国東西に分裂	
		400年、高句麗の好太王、５万の大軍を新羅に送り、倭国軍を破る
410	アラリック王麾下の西ゴート、ローマ市を略奪	
418	西ゴート族、スペイン・南仏に王国樹立	
		420年、宋成立 421年、倭国、宋へ遣使
429	ヴァンダル族が北アフリカに侵入し、ヴァンダル王国を建国（～534）	
430	四大教父の一人、アウグスティヌス没	
		439年、北魏、華北を統一。南北朝時代が始まる
451	カタラウヌムの戦い。ローマとゲルマン人の連合軍、フン族を撃破 カルケドン公会議でキリスト教単性説が異端	

西暦	ローマ史	日本および世界
	に敗北	
14	ティベリウス皇帝に即位	
		25年、後漢建国(～220)
30頃	イエス・キリスト磔刑に処される	
51～57	パウロ、キリスト教の伝道に発つ	
54	ネロ帝即位	
64	ローマ市の大火、皇帝ネロによるキリスト教徒の迫害	
79	ヴェスヴィオ山の噴火で、ポンペイ埋没	
96～180	五賢帝時代	
117	トラヤヌス帝のもとでローマ帝国の版図、最大となる	
161	マルクス=アウレリウス帝即位	
166	マルコマンニ戦争。これ以降、ローマ帝国の領土は異民族に侵される	大秦王安敦の使節、日南郡に至る
		184年、黄巾の乱
212	カラカラ帝、帝国の全自由民に市民権付与(アントニヌス勅法)	
		220年、後漢滅び、魏呉蜀の三国分立
226	アルデシール1世、パルティアを滅ぼし、ササン朝ペルシアを興す(～651)	
235～284	軍人皇帝時代	239年、邪馬台国の女王卑弥呼が魏に遣使
260	ウァレリアヌス帝がペルシア王シャープール1世に捕らえられる	265年、魏滅び、晋建国
284	ディオクレティアヌス帝即位	
293	ローマ帝国の四分統治始まる	
313	コンスタンティヌス帝、ミラノ勅令を発布、キリスト教の信仰の自由を承認	
324	コンスタンティヌス帝、ローマ帝国の再統一	

西暦	ローマ史	日本および世界
	破る	
前200~197	第２次マケドニア戦争	
192~188	アンティオコス戦争	
149~146	第３次ポエニ戦争	
146	カルタゴ滅亡。コリントを破壊し、マケドニアを属州にする	
		前141年、漢（前漢）の武帝即位
135	シチリアで奴隷反乱	
133	ティベリウス＝グラックスの改革	
123	ガイウス＝グラックスの改革	
107	マリウスの兵制改革	
91~88	イタリア同盟市戦争	
88~85	第１次ミトリダテス戦争	
82	スッラが独裁官になる（～前80）	
73~71	スパルタクスの反乱	
60~53	第１回三頭政治（ポンペイウス、カエサル、クラッスス）	
58~51	カエサルのガリア遠征	
44	カエサル暗殺される	
43~31	第２回三頭政治（アントニウス、オクタウィアヌス、レピドゥス）	
31	アクティウムの海戦でオクタウィアヌスが、アントニウスとクレオパトラの連合軍を破る	
30	ローマの侵攻によりプトレマイオス朝が滅亡（エジプトはローマの属州に）	
27	オクタウィアヌス、アウグストゥスの称号を得る（ローマ帝政の始まり）	
後6	ユダヤ、ローマの属州となる	
		後８年、王莽、新建国（～23）
9	トイトブルクの戦いで、ローマ軍ゲルマン人	

年　表

西暦	ローマ史	日本および世界
前753	ロムルスがローマを建設（伝承）	
550		アケメネス朝ペルシア建国（～前330）
509	王政が倒され共和政体が成立	
494	護民官制度設置	前490年、第２次ペルシア戦争、マラトンの戦い 前480年、第３次ペルシア戦争、テルモピュライの戦い
450頃	十二表法制定	
390	ガリア人、ローマ市を略奪	
367	リキニウス・セクスティウス法制定	
		前333年、イッソスの戦い、アレクサンドロス大王がダレイオス３世を撃破 前317年頃、マウリヤ朝成立
287	ホルテンシウス法成立	
272	タレントゥム陥落、ローマのイタリア半島制覇なる	
264~241	第１次ポエニ戦争。ローマ、シチリアを支配下におく	
		前247年頃、アルサケス朝パルティア建国（～後224） 前221年、秦、中国を統一
218~201	第２次ポエニ戦争	
214~205	第１次マケドニア戦争	
202	ザマの戦い、スキピオ軍がハンニバル軍を	漢（前漢）建国（～後８）

エウセビウス　Eusebius（260頃〜339）　パレスティナの都市カエサレイアの司教。ディオクレティアヌス帝とその後継者たちの下で行われたキリスト教大迫害を生き抜き、コンスタンティヌス帝の下で活躍する。様々なキリスト教著作で知られるが、特にローマ帝国下でのキリスト教の様子を豊富な史料引用で紹介する『キリスト教会史』は後の教会史家に大きな影響を与えた。また、頌詞（しょうし）演説や『コンスタンティヌスの生涯』などの作品で当時の皇帝政策をキリスト教の視点から解釈した。

アンミアヌス＝マルケリヌス　Ammianus Marcellinus（330頃〜391）　紀元４世紀の歴史家。シリアのアンティオキア出身。１世紀末のネルウァ帝の治世から378年のハドリアノポリスの戦いにおけるウァレンス帝戦死までの帝国史をラテン語で執筆。タキトゥスの歴史叙述の継承を志向する。その歴史著作31巻のうち、14巻以降が現存。ユリアヌス帝への傾倒を見せる筆致などがあるものの、彼自身、ローマ軍人として活躍したこともあり、鮮やかな古代末期の政治・社会像を現代に伝えている。

また、騎士身分の公職を歴任し、トラヤヌス帝やハドリアヌス帝の下で活躍した。

タキトゥス Tacitus（56頃～120頃） 北イタリアあるいは南フランスの出身。元老院議員として経歴を重ね、97年には統領も務めた。政治家としてよりも、むしろ歴史家として知られている。その著作のうち『年代記』『同時代史』といった歴史書のほか、岳父の伝記である『アグリコラ』やゲルマン人の民族誌である『ゲルマニア』などの作品も残されている。小プリニウスとも書簡のやり取りがあり、当時から名を馳せていた様子が分かる。

プルタルコス Plutarchos（50以前～120以降） ギリシア中部カイロネイアの名門家系の出身で、伝記作家、あるいは哲学者として知られる。生涯の多くをカイロネイアで過ごしたが、ローマやアテナイ、エジプトも訪れ、元老院議員らとの交流もあった。その著作は早くから人気があり、4世紀にはすでに古典として扱われていた。その代表作『英雄伝』は22組の「対比列伝」と4編の単独の伝記からなる。この他にも『モラリア』としてまとめられる多くの作品が残されている。

ディオ＝カッシウス Dio Cassius（164頃～229以降） 小アジアのニカイア出身の元老院議員で、プラエトル、アシア総督など歴任した後、229年にはアレクサンデル＝セウェルス帝とともに統領を務めた。彼が残した歴史書はローマ建国から229年までを扱っており、彼が死去したのは少なくともこれ以降と考えられる。その著作は断片的にしか伝わっていないが、共和政末期から元首政初期にかけては比較的よく残っており、重要な史料である。

『ローマ皇帝群像』作家 Scriptores Historiae Augustae（4世紀後半？）
『ローマ皇帝群像』は、一部欠損はあるものの、ハドリアヌス帝からディオクレティアヌス帝即位前までの皇帝たちの伝記集である。これらの伝記は6名の著者によって執筆され、ディオクレティアヌス帝やコンスタンティヌス帝らに捧げられたことになっている。しかし、現在では一人の作家の手で書かれたものと考えられており、執筆年代については議論が百出している状態である。史料としては信頼性に乏しいものの、同時代を扱う史料が限られるため、しばしば利用されている。

の急死を受け、正帝となると、宮廷官僚の縮小、宗教的寛容、臣下との格式ばらない接触など、コンスタンティヌス帝以来の政策を大きく改めた。また、キリスト教教育を受けていながら新プラトン主義への傾倒を見せたことやキリスト教徒の教職就任を禁止する法を出すなどしたことから、背教者として有名。対外的にはササン朝ペルシアへの大規模な遠征を実施したが、皇帝自身も戦死するなど失敗に終わった。

テオドシウス　Theodosius（在位379～395）　ハドリアノポリスの戦いでローマ軍がゴート族に大敗を喫した混乱直後に即位し、軍の再建とゴート族の鎮圧に尽力。更に、二度にわたって帝国西部で擁立された僭称帝との内戦に勝利する。内政的にはニカイア信条派のキリスト教徒の擁護姿勢を取り、ミラノ司教アンブロシウスから悔悛を求められた挿話や、異端・異教を厳しく弾劾する勅法を発布したことで有名。なお、彼の死以降、ローマ帝国の東西分割統治は常態化することになる。

アウグスティヌス　Augustinus（354～430）　北アフリカの都市ヒッポの司教。親交のあったマニ教徒たちとの関係を頼りに、宮廷での立身出世を図るも挫折。キリスト教へ転向し、生まれ故郷の北アフリカで異教徒やマニ教徒、キリスト教分派のドナティストとの激しい論争を繰り広げる。自らの改宗までの過程を綴った『告白』やゴート族のローマ市劫略を題材にした歴史哲学書の『神の国』は著名。ギリシア哲学とキリスト教思想の結合に取り組み、西欧中世の神学形成に大きな影響を与えた。

リウィウス　Livius（前59～後17）　北イタリア・パドヴァ出身の歴史家。その著書『ローマ史』はローマの始まりから前９年までを扱い、全142巻からなっていた。ただし、現存するのは１～10巻や21～45巻などその一部にすぎない。その著書はローマ興隆の歴史を記録することにあったが、道徳の低下への批判的姿勢も見られる。アウグストゥスの治世を生き、その理想を共有していたことは確かだが、体制の代弁者だったわけではないとされる。

スエトニウス　Suetonius（70頃～130頃）　北アフリカのヒッポ・レギウス出身と考えられる。伝記作家として知られ、その代表作である『ローマ皇帝伝』はカエサルからドミティアヌス帝まで12人の皇帝を扱う。年代紀風の記述ではなく、皇帝個人に注目して記述する形式を取る。小プリニウスの書簡にも現れるなど、ローマでは知られた著述家だったらしい。

夫帝の死後、カラカラはゲタを殺害することになる。学芸の保護者としても知られ、フィロストラトスが『テュアナのアポッロニオスの生涯』を書くきっかけともなった。

ガリエヌス帝 Gallienus（在位253～268） 父であるウァレリアヌス帝の手で253年に正帝とされ、260年に父帝がペルシアに敗れその虜囚となってからは単独で統治した。彼の治世にはゴート人の侵入が激化した他、ガリアでは分離帝国が形成され、東方ではパルミュラが勢力を伸ばした。自身も部下に暗殺されている。その治世には混乱が相次ぎ、史料上、彼の評価は高くない。しかし、軍制改革を進めた点など近年では再評価も進んでいる。

アウレリアヌス帝 Aurelianus（在位270～275） ドナウ地方の出身で、軍人として頭角を現す。即位後、ドナウ川対岸のダキア属州を放棄したほか、ローマ市の市壁建設を行った。さらにゼノビア率いるパルミュラを破り、ガリアの分離帝国にも勝利して、帝国の統一を回復した。通貨改革などにも着手したものの、東方遠征の途次、暗殺された。

ディオクレティアヌス帝 Diocletianus（在位284～305） ダルマティア出身で284年にニコメディアで即位した。打ちつづく内乱・外寇に対処すべく、286年には同僚だったマクシミアヌスを正帝とし、293年には同郷のコンスタンティウスとガレリウスを副帝としている。３世紀後半の混乱を収拾するため、税制・地方統治制度・通貨制度・宮廷儀礼など様々な改革を行い、帝国の安定に道を開いた。他方、治世末の303年にキリスト教徒迫害を始めたことでも知られる。病のためか、305年に退位し、隠棲した。

コンスタンティヌス帝 Constantinus（在位306～337） 父であるコンスタンティウス帝の死をうけ、306年にヨークで即位した。ディオクレティアヌス帝退位後の政治的混乱を収拾し、324年には帝国全土を支配下に収めた。この間、313年には所謂（いわゆる）ミラノ勅令でキリスト教を公認し、その後もキリスト教を支援する姿勢を取った。新たな通貨制度を確立した他、330年にはコンスタンティノープルに遷都するなど、後の帝国の礎を築いた一人。ペルシア遠征の途次、ニコメディアで死去。

ユリアヌス Julianus（在位361～363） 先帝コンスタンティウス２世

べく東方からの帰路途上、小アジアで病没した。

ハドリアヌス帝　Hadrianus（在位117～138）　スペイン南部の家系出身。幼少時よりトラヤヌスの庇護を受け、その後押しのもと要職を歴任、皇帝即位時はシリア属州総督であった。治世初期と末期における自身が関与した有力元老院議員の処刑によって同時代人からも批判を受けた。だが、帝国各地を限なく視察し帝国防衛に意を注ぐ一方、先帝が創始した貧困家庭の子女養育基金を整備するなど優れた施策を行った。またギリシア文化を愛好し、自ら建築、詩作に取り組んだ。

アントニヌス＝ピウス帝　Antoninus Pius（在位138～161）　有力富裕家系の出身。138年ハドリアヌス帝の養子となり、まもなく皇帝に即位。養父とは対照的に治世の大半を首都ローマで過ごし、各地の総督らを巧みに統率することで23年の長きにわたり帝国の安寧を維持した。その寛容で公正な性格から同時代における人気は高く、その人柄ゆえに「ピウス」（孝行者）の名が贈られたと言われる。

マルクス＝アウレリウス帝　Marcus Aurelius Antoninus（在位161～180）　五賢帝最後の皇帝。スペイン南部出身の名門家系に生まれ、138年即位前のアントニヌス＝ピウス帝の養子となる。161年、義弟ルキウス＝ウェルスとともに皇帝に即位し、ローマ史上初の共治帝となる。東方での対パルティア戦の勝利も束の間、首都を襲った疫病とドナウ方面におけるゲルマン人の侵入への対処に忙殺された。その遠征先で『自省録』を執筆するなど高邁な精神と哲学的素養に秀でていた。

セプティミウス＝セウェルス帝　Septimius Severus（在位193～211）　北アフリカのレプティス・マグナ出身で、ローマで元老院議員となる。190年に統領を務め、パンノニア総督在任中の193年にペルティナクス帝が暗殺されると、軍団によって推戴された。197年には内戦を制し、帝国全土を支配下に収める。パルティアに勝利しメソポタミアに新たな属州を設置した。また、軍団兵の待遇を改善するなど、帝位の礎が軍事力にあることを示した。遠征先のヨークで死去。

ユリア＝ドムナ　Julia Domna（170～217）　シリアの都市エメサの祭司長の娘として生まれ、187年に即位前のセプティミウス＝セウェルスと結婚した。後の皇帝カラカラとゲタという２人の息子たちにも恵まれたが、アルメニア王位問題の解決に尽力した。そして58年アルメニアの首都を奪取、親パルティア派の前国王を放逐し、親ローマ派の国王を据えることに成功した。その後シリア属州総督になるが、ある陰謀計画へ加担した疑いをもたれ、ネロ帝によって自害を強要された。

パウロ Paulus 紀元1世紀に活躍。始めはユダヤ教のパリサイ派としてキリスト教徒を迫害したが後に改宗し、キプロス島、小アジア、バルカン半島の諸都市へのキリスト教伝道活動を積極的に実施。彼が各地の教会へ認(したた)めた書簡は原始キリスト教の教義の形成に大きな影響を及ぼすことになった。ローマ市民権を得ていたため、ユダヤ人たちから訴えを受けた時にローマ皇帝への上訴をして、首都ローマへ赴くが、ネロ帝のキリスト教徒迫害によって処刑されたと伝えられる。

ウェスパシアヌス帝 Titus Flavius Vespasianus（9～79） 父の代に騎士身分になった新興家系の出であったが、本人は元老院入りを果たす。ネロの死の当時、ユダヤ反乱鎮圧を指揮していたが、東方の軍団の支持を得て皇帝を称する（69年）。ウィッテリウス帝を破り、ネロ帝死後の混乱を終息させた。ユリウス・クラウディウス朝の血統に属さなかったが、新帝には元老院決議により支配の正当性が認められた。本人は質素な生活をおくる一方で、増税を行い、また、「コロッセウム」（現コロッセオ）として知られる円形闘技場の建設にも着手した。

アグリコラ Agricola（40～93） ブリタニア総督。南ガリアの出身で、元老院議員身分に属する。歴史家タキトゥスの義父にあたり、タキトゥスの著作『アグリコラ』を通じて詳細な経歴が知られる。それによれば、ブリタニアやガリアでの軍事・行政職を経て、78年頃ブリタニア総督となる。そして属州の北方境界を画定した後スコットランドにまで侵攻、戦果をあげる。同時に公正寛大な統治姿勢によって属州民の人望を得て、属州の安定化に貢献した。

トラヤヌス帝 Trajanus（在位98～117） スペイン南部の出身。上部ゲルマニア属州総督であった時に五賢帝の初代ネルウァ帝の養子となり、98年、皇帝に即位。その軍事的才能と節度ある態度は元老院、民衆、軍隊との良好な関係の構築に寄与した。二度の遠征によってダキア（現ルーマニア）をローマ属州に加え、また東方では対パルティア戦で勝利を重ね、一時メソポタミア全域を帝国版図とした。北方辺境での騒乱に対処す世の後半にはカプリ島に隠棲し、一時期は親衛隊長セイヤヌスに権勢をほしいままにさせていた。

ゲルマニクス　Germanicus（前15〜後19）　２代皇帝ティベリウスの弟クラウディウス＝ドルススの息子。ティベリウスの養子となる。二度にわたりライン川以東のゲルマニアに侵攻、ローマの領域拡大にはならなかったが、人気は絶大だった。やがてティベリウス帝によってローマに召還されると、養父とともに18年の統領に就任し、その後継者としての立場が明らかとなる。その直後に赴いた東方で現地総督との不和や無断でのエジプト訪問が問題化、翌年アンティオキアで死去した。

アグリッピナ（小）　Julia Agrippina（15〜59）　ゲルマニクスとアグリッピナ（大）の長女。ドミティウス＝アヘノバルブスと結婚し、後の皇帝ネロを産む。その後クラウディウス帝と再婚、アウグスタの称号を得る。息子ネロの即位を目論み夫を毒殺したと言われるが、真偽は定かではない。ネロ帝治世初期には政治的影響力を誇ったが、後に疎んじられて失脚。実子のネロ帝の命によって殺害された。

ネロ　Nero Claudius Caesar（37〜68）　54年の即位後数年は、親衛隊長ブルスと哲学者セネカの補佐を受けて善政を行ったが、治世当初の義弟に次いで、母、妻、補佐役を相次いで殺害、死に追いやり、暴君として名を残した。さらに64年のローマ市大火が自らの宮殿用地を確保するために引き起こしたと非難され、大火の首謀者としてキリスト教徒迫害を行う。68年、ガリア総督ウィンディクスを皮切りに属州諸軍団が立ちあがり、元老院に公敵とされ、自殺した。

セネカ　Seneca（前4頃〜後65）　哲学者、文人。スペイン南部に生まれ、家系は騎士身分ながら富裕であった。ローマで諸学を修めた後、公職に就くも姦通罪に問われてコルシカ島に流刑。クラウディウス帝妃アグリッピナ（小）の支援でローマに戻り、その息子ネロの家庭教師となる。ネロの即位後は相談役として仕えたが、次第に不和となり、65年ピソの謀反に際し連座してその罪を問われ自害した。ストア派哲学者として知られ、自然学への造詣も深かった。

コルブロ　Corbulo（？〜66頃）　帝政初期の名将。下部ゲルマニア属州総督として対ゲルマン人防衛に活躍し、その名声をネロ帝にかわれ東方のオクタウィアヌスの敵対者アントニウスと結び、エジプト王国の存続・再興を図った。他方、オクタウィアヌスには、アントニウスを籠絡し、ローマを脅かす存在として喧伝された。前31年にアクティウムの海戦で敗れ、翌年アレクサンドリアで自殺した。

アウグストゥス Gaius Julius Caesar Augustus（前63〜後14） 大叔父カエサルの遺言により、相続人として養子に指名されオクタウィアヌスと改名する。カエサル暗殺に加担した一派に報復するために、アントニウスとレピドゥスとともに国家再建三人委員に就く（第２回三頭政治）。のちにアントニウスを破り、権力を掌握する（前31年）。最高権力者として君臨しつつも共和政の形態を維持する元首政を樹立。前27年に「アウグストゥス（尊厳者）」の称号を与えられた。常備軍を設立、都市ローマの改造および食糧供給・治安機構を整備し、帝政の礎を築き、また風紀取締令発布などの尚古的政策も実施した。

アグリッパ Agrippa（前63頃〜前12） アウグストゥスの生涯を通じた友人かつ支援者。前37年以降、海軍の整備に尽力し、後にはアクティウムの海戦での勝利にも貢献した。帝政開始以降は属州統治に当たり、公共建築や水道等の整備にも力を注いだ。アウグストゥスの娘ユリアと結婚し５人の子供をもうけ、アウグストゥスの後継者候補に挙がったが、前12年に死去した。

リウィア Livia Drusilla（前58〜後29） 貴人の妻であったのにオクタウィアヌスによって離婚させられ彼の妻となった。この結婚は終生つづいたが、二人の間に子供はできなかった。よき妻として婦徳が讃えられる一方で、連れ子ティベリウスを帝位に就けるために、アウグストゥスの血縁者たちを暗殺させたとも伝えられている。アウグストゥスの死後、アウグスタの称号を与えられ、ティベリウスの共同統治者とさえ見なされる存在であった。だが、晩年には息子との仲はよくなかったと言われる。

ティベリウス Tiberius Julius Caesar Augustus（前42〜後37） アウグストゥスの妻リウィアが前夫との間にもうけた子。軍事的な功績もあったが、アウグストゥスは自らの子孫に帝位を継がせたかったようで、後継者とされるのは、アウグストゥスの孫にして養子のルキウスとガイウスの死後であった。後14年帝位に就くが、元老院との良好な関係を築くことができず、その治世は密告と反逆罪による処罰に彩られたものになった。治スッラ派に身を投じ軍事の才能を発揮し、25歳にして凱旋式を挙行し、Magnus（大いなる者）の添え名を得る。東地中海の海賊征伐、ミトリダテス王との戦争のための指揮大権を得る。これら伝統に反した異例の経歴と権力ゆえに元老院に疎まれるようになり、クラッスス、カエサルと第1回三頭政治を結成する。クラッススの死により同盟の力関係が崩れた後、閥族派にかつがれてカエサルと敵対する。ギリシアのファルサロスでの決戦に敗れ、逃亡したエジプトで殺害された。

ユリウス＝カエサル　Gaius Julius Caesar（前100～前44）　民衆派の政治家で、ポンペイウス、クラッススと政治同盟である第1回三頭政治を結成し、前58年から7年間にわたりガリアを転戦し、制圧した。前49年、元老院の勧告を無視し軍団を解散せず、ルビコン川を渡りイタリアに侵攻。翌年ポンペイウスを首領とする閥族派をギリシアのファルサロスで破るが、多くの政敵を寛恕した。終身独裁官への就任に見られる権力の集中と言動は、王政の樹立を人々に予感させ、前44年共和政支持者たちによって暗殺された。

小カトー　Marcus Porcius Cato（前95～前46）　大カトーの曾孫で、伝統的な貴族による共和政の熱烈な支持者にしてストア派哲学の信奉者であった。共和政を脅かす存在としてカエサルを敵視し、第1回三頭政治にも対抗したが、カエサルとポンペイウスとの抗争においてはポンペイウス派についた。ファルサロスの戦いの後はアフリカのウティカを治め、カエサルに投降することを潔しとせず、当地で自殺した。

キケロ　Marcus Tullius Cicero（前106～前43）　弁論家として頭角をあらわした「新人」政治家。自らの『カティリナ弾劾』演説が伝えるように統領に就任した前63年に、国家転覆を謀ったカティリナの陰謀を阻止し、「国家の父」と称される。その後の内乱ではポンペイウスに従うが、カエサルに寛恕される。カエサル暗殺後、彼の遺将アントニウスへの非難演説『フィリッピカ』により怒りをかい、やがて殺害された。法廷弁論だけでなく、哲学書・書簡が残り、ローマ史上最大の知識人・文人として知られる。

クレオパトラ　Cleopatra（前69～前30）　プトレマイオス朝最後の女王。ポンペイウスを追ってきたカエサルの支持を得て、兄弟姉妹間の王位をめぐる争いを制し、カエサルとの間に一子をもうける。カエサルの暗殺後も業の財源としたことで政敵との対立は深まり、カピトリウム丘上にて支持者とともに殺害された。

ガイウス＝グラックス Gaius Gracchus（前153頃〜前121） グラックス兄弟の弟。前123年、護民官に選出される。政府による穀物買い上げ・安価販売制によって穀物価格の安定化と平民の支持を獲得、また属州における徴税請負制度導入によって財政問題の解決と騎士階層の台頭を狙った。翌年護民官に再任され、カルタゴの故地への植民市建設と同盟市住民へのローマ市民権付与の実現に尽力したが、元老院の反対は根強く、元老院最終勧告を機に生じた騒乱の最中、自害した。

ガイウス＝マリウス Gaius Marius（前157頃〜前86） ヌミディア王ユグルタやゲルマン人との戦争を勝利に導いた成り上がりの政治家。古来の武器自弁の有産市民ではなく、無産市民の志願者を中心に軍団を組織した。有力軍事指導者と兵士の私的紐帯（ちゅうたい）が強まり、選挙・民会にも影響を与えたので、この軍制改革はその後の内乱の下地にもなっている。かつての部下で「閥族派」のスッラにローマを逐われるが、スッラの小アジア遠征中に権力を奪取し、「閥族派」の粛清を行った。

スッラ Lucius Cornelius Sulla Felix（前138〜前78） 無名貴族の家の生まれで、マリウスの部下であったが、「閥族派」の支持を得て、マリウスに対抗する存在となる。ポントス王ミトリダテス６世征伐の軍事指揮権を脅かされた際にローマ市へ兵を向け、マリウスを放逐する。小アジアへの遠征後、権力を掌握し、前81年に独裁官に就任して護民官の権限を弱め、元老院の力を強化する復古的改革を行った。改革後は独裁官を辞し、私人として世を去った。

クラッスス Marcus Licinius Crassus（前115頃〜前53） 名門貴族リキニウス氏の出身で、父と兄をマリウスの粛清によって失いスッラ派についた。イタリア全土を席巻したスパルタクス率いる奴隷反乱鎮圧に功績がある政治家で、大富豪でもあり、カエサルのパトロンとして出資をしていた。ポンペイウスと対立していたが、カエサルの仲介により両者とともに第１回三頭政治を結成する。軍功を求め、パルティア遠征を試みたが、カラエにて敗死した。

ポンペイウス Gnaeus Pompeius Magnus（前106〜前48） 私兵を率い

350頃〜前271頃）　前307年と前296年の統領で前312年には監察官も務めた。監察官在任中にローマからカプアへと至るアッピア街道やローマ市初の水道であるアッピア水道を建設している。晩年には盲目となったが、エペイロス王ピュロスとの和睦に傾いていた元老院を叱咤激励し徹底抗戦を決意させたといわれ、晩年まで意気軒昂だった。添え名「カエクス」は盲目であったことに由来する。

コルネリウス＝スキピオ＝アフリカヌス　Cornelius Scipio Africanus（前236〜前185頃）第２次ポエニ戦争でのローマ勝利の立て役者。通称「大スキピオ」。20代の若さで統領の代理指揮権を付与されイベリア半島に赴くと、カルタゴ側拠点カルタゴ・ノヴァを始め半島をほぼローマの勢力下においた。前205年、統領に就任するとアフリカ遠征に着手し、前202年、ザマの戦いでハンニバル軍を撃破、第２次ポエニ戦争をローマの勝利に導いた。晩年は政敵の執拗な非難に悩まされた。

マルクス＝ポルキウス＝カトー　Marcus Porcius Cato（前237頃〜前149）　その清廉潔白と攻撃的性格で知られる共和政ローマの代表的政治家。通称「大カトー」。第２次ポエニ戦争での従軍を経て政界へ進出、前195年、統領に就任。その後イベリア半島に遠征し、司令官として名声を博す。前184年、監察官に就任し、公共事業を手がけるなど功績をあげる一方、その冷酷無情な姿勢から多くの政敵をつくる。晩年カルタゴ打倒を力説した。『農業論』など学芸活動も際立つ。

スキピオ＝アエミリアヌス　Scipio Aemilianus（前184頃〜前129）　通称「小スキピオ」。アエミリウス＝パウルスの次男として生まれ、後にスキピオ家に養子入りした。イベリア半島、アフリカでの従軍後、世論の後押しを受けて、前147年、統領に就任、対カルタゴ戦の指揮権を得て、翌年カルタゴを滅ぼす。前142年には監察官に選出されている。その後二度目の統領としてイベリア半島の騒乱鎮圧に活躍する。ギリシア人の歴史家ポリュビオスとの親交はよく知られる。

ティベリウス＝グラックス　Tiberius Gracchus（前163頃〜前133）　グラックス兄弟の兄。イベリア半島で従軍の後、前133年、護民官に選出される。有力元老院議員らの支持を背景に、貴族層による大土地所有を制限し、貧農へ農地を分配する土地改革法案を提出したが、同僚護民官や一部元老院議員による妨害を受ける。さらにペルガモン王の遺産を土地分配事

主要人物略伝

タルクィニウス=プリスクス　Tarquinius Priscus（在位前616頃～前579頃）　ローマ5代目の王。エトルリアの町タルクィニアからローマへ移住し、名もエトルリア風のルクモからルキウスに改める。民会によって王に選出されると、サビニ人ら外敵との戦争を遂行した他、騎兵隊の拡張、元老院議員の増員など種々の政策を敢行。伝承によれば、ローマ市内の湿地帯とりわけフォルム周辺の灌漑整備や大競走場の創建にも関与した。ローマのエトルリア文明からの影響を象徴する王。

セルウィウス=トゥッリウス　Servius Tullius（在位前578頃～前535頃）
　ローマ6代目の王。伝承によれば、市民のトリブス（区／部族）への編成、現存するセルウィウス城壁の築造、人口調査の実施、財産額に基づいて階級分けされた軍事・投票単位ケントゥリア（百人隊）の考案など種々の内政改革を実施し、対外的にも強敵ウェイー市の挑戦を退けるなど、王政期ローマの繁栄をもたらした王。だが、政争の結果、元奴隷の汚名を着せられ王位から放逐、不遇な死を迎えたとされる。

タルクィニウス傲慢王　Tarquinius Superbus（在位前534頃～前510頃）
　ローマ7代目の王。先王セルウィウスから王位を奪い、市民に抑圧的に振る舞った暴君として知られる。他方で周辺諸都市との軍事同盟であるラテン同盟の再編、ユピテル神殿や大下水溝を始めとする大規模な建設事業の実施などローマの対外的地位強化やインフラ整備を進めた。息子が貴族の子女ルクレティアを凌辱した事件を契機に、不人気だった王はローマから追放され、これをもってローマは共和政に移行する。

マルクス=フリウス=カミルス　Marcus Furius Camillus（前445頃～前365頃）　共和政期を代表する軍人・政治家の一人。前4世紀初頭、近隣のエトルリア人都市ウェイーの攻略に成功するも、一時失脚し亡命を余儀なくされる。その間にローマはケルト人に敗北、ローマ市も占領・略奪の憂き目を見た。彼はローマ市へ戻ると、ケルト人を撃破したという。ウェイー攻略やケルト人対策のため彼は5度にわたって独裁官を務め、ロムルスにつぐ第2の創建者とも言われた。

アッピウス=クラウディウス=カエクス　Appius Claudius Caecus（前

〈ヤ行〉

〈ラ行〉

〈マ行〉

〈ナ行〉

〈ハ行〉

〈タ行〉

〈サ行〉

〈カ行〉

索 引

本巻全体にわたって頻出する用語は省略するか、主要な記述のあるページのみを示した。
＊を付した語は巻末の「主要人物略伝」に項目がある。

〈ア行〉

KODANSHA

本書の原本は、二〇〇七年八月、「興亡の世界史」第04巻として
小社より刊行されました。

本村凌二（もとむら　りょうじ）

1947年熊本県生まれ。東京大学大学院人文科学研究科博士課程単位取得退学。文学博士（西洋史学）。東京大学大学院総合文化研究科・教養学部教授，早稲田大学国際教養学部特任教授などを経て，現在，東京大学名誉教授。おもな著書に『薄闇のローマ世界』『古代ポンペイの日常生活』『愛欲のローマ史』『ローマ帝国 人物列伝』『教養としての「世界史」の読み方』『競馬の世界史』『裕次郎』など。

講談社学術文庫

定価はカバーに表示してあります。

興亡の世界史

地中海世界とローマ帝国

本村凌二

2017年９月11日　第１刷発行
2023年６月27日　第７刷発行

発行者　鈴木章一
発行所　株式会社講談社
東京都文京区音羽2-12-21　〒112-8001
電話　編集（03）5395-3512
販売（03）5395-4415
業務（03）5395-3615

装　幀　蟹江征治
印　刷　大日本印刷株式会社
製　本　株式会社国宝社

ISBN978-4-06-292466-5

「講談社学術文庫」の刊行に当たって

　これは、学術をポケットに入れることをモットーとして生まれた文庫である。学術は少年の心を養い、成年の心を満たす。その学術がポケットにはいる形で、万人のものになることは、生涯教育をうたう現代の理想である。

　こうした考え方は、学術を巨大な城のように見る世間の常識に反するかもしれない。また、一部の人たちからは、学術の権威をおとすものと非難されるかもしれない。しかし、それはいずれも学術の新しい在り方を解しないものといわざるをえない。

　学術は、まず魔術への挑戦から始まった。やがて、いわゆる常識をつぎつぎに改めていった。学術の権威は、幾百年、幾千年にわたる、苦しい戦いの成果である。こうしてきずきあげられた城が、一見して近づきがたいものにうつるのは、そのためである。しかし、学術の権威を、その形の上だけで判断してはならない。その生成のあとをかえりみれば、その根は常に人々の生活の中にあった。学術が大きな力たりうるのはそのためであって、生活をはなれた学術は、どこにもない。

　開かれた社会といわれる現代にとって、これはまったく自明である。生活と学術との間に、もし距離があるとすれば、何をおいてもこれを埋めねばならない。もしこの距離が形の上の迷信からきているとすれば、その迷信をうち破らねばならぬ。

　学術文庫は、内外の迷信を打破し、学術のために新しい天地をひらく意図をもって生まれた。文庫という小さい形と、学術という壮大な城とが、完全に両立するためには、なおいくらかの時を必要とするであろう。しかし、学術をポケットにした社会が、人間の生活にとってより豊かな社会であることは、たしかである。そうした社会の実現のために、文庫の世界に新しいジャンルを加えることができれば幸いである。

一九七六年六月　　　　野間省一